JAHRBUCH 2018: CRUISE LINER IN HAMBURG

Die Elbphilharmonie lockt viele Schiffe in die Stadt

Der Boom der Kreuzschifffahrt in Hamburg ist ungebrochen. 2006 lag die Zahl der Kreuzfahrtpassagiere noch bei 63.000, im Dezember 2017 wurde der 800.000 Passagier begrüßt. Diese gute Entwicklung hat auch einen positiven Einfluss auf Unternehmensansiedlungen und die Schaffung von Arbeitsplätzen. Zurzeit sind rund 4000 Beschäftigte in der Kreuzschifffahrt in Hamburg tätig und erwirtschaften eine jährliche Bruttowertschöpfung in Höhe von 411 Millionen Euro.

Auch im Jahr 2018 werden wieder viele kleine und große Cruiseliner an der Elbe erwartet. Mit ihrer Nachfrage nach Kreuzfahrten ab Hamburg tragen die Kreuzfahrtpassagiere wesentlich zum Erfolg des Standortes Hamburg bei. Auch die große Zahl an Seh-Leuten, die von nah und fern nach Hamburg kommen, um die Schiffe an ihrem Liegeplatz zu bewundern oder ihnen auf der Elbfahrt zuzuwinken, zeigt die ungebrochene Faszination für die Kreuzschifffahrt. Seit Anfang 2017 können Hamburg-Besucher nicht nur Schiffe, sondern auch die Elbphilharmonie bestaunen. Bereits nach wenigen Monaten ist das Konzerthaus zu einem viel beachteten Anziehungspunkt geworden und lockt Menschen aus der ganzen Welt nach Hamburg.

Auch für die Reedereien ist die Elbphilharmonie ein weiterer Grund mit ihren Schiffen in die Elbmetropole zu kommen. Hamburg bietet mit seiner vielfältigen Terminalinfrastruktur jeweils maßgeschneiderte Lösungen an. Das Cruise Center Steinwerder wird seit Juni 2015 regelmäßig von Kreuzfahrtschiffen der neuesten Generation angelaufen. Während der Liegezeit können Schiffe mit LNG (Flüssiggas) versorgt werden. Ein Bus-Shuttle fährt direkt vom S-Bahnhof Veddel zum Terminal. Das Cruise Center Altona wurde im Juni 2011 in Betrieb genommen und bietet die Versorgungsmöglichkeit der Schiffe mit Landstrom an. Das Cruise Center in der HafenCity punktet mit seiner unmittelbaren Nähe zur Innenstadt. Zurzeit laufen die Planungen für ein mehrgeschossiges Kreuzfahrtterminal im Südlichen Überseequartier in der HafenCity. Auch hier wird eine alternative Energieversorgung während der Liegezeit der Schiffe angeboten.

Hamburg heißt alle Kreuzfahrtpassagiere und Sehleute herzlich willkommen: Wir freuen uns auf Ihren Besuch!

Frank Horch
Senator der Behörde
für Wirtschaft, Verkehr
und Innovation
Freie und Hansestadt
Hamburg

MIT UNS SETZEN SIE AUF DIE RICHTIGE KARTE

Als erfahrener Partner im Hotel-Management auf Kreuzfahrtschiffen hat sea chefs sich seit mehr als 15 Jahren einen Namen gemacht und sorgt für erstklassigen Service an Bord. Von der Konzeption und Planung über Einkauf und Logistik bis hin zur perfekten Umsetzung im täglichen Betrieb sorgt sea chefs für reibungslose Abläufe im Premium-Segment. Mit der richtigen Portion Leidenschaft, Engagement und Erfahrung sorgen die administrativen und logistischen Abteilungen an Land ebenso für größte Kundenzufriedenheit wie die sea chefs Crews an Bord der von uns betreuten Schiffe.

Setzen Sie auf sea chefs – setzen Sie auf das Ass der Branche!

Besuchen Sie uns auf:
seachefs.com
Welt. Klasse. Team.

INHALT

www.cruise-liner-in-hamburg.de

18
Zum Erstanlauf im Hamburger Hafen werden in diesem Jahr dreizehn Luxusliner traditionell vom Feuerlöschboot mit Wasserfontänen begrüßt, wie auch 2017 die „Norwegian Jade"

22
Alle zwei Jahre kommt die „Europa" zu Blohm+Voss ins Trockendock. Auf der Liste standen diesmal 840 Punkte, die innerhalb von nur 16 Tagen abgearbeitet werden mussten

182
Zehn Jahre fuhr die „Hanseatic" für die Hamburg Atlantik Linie bis sie vor 60 Jahren im Hafen von New York ausbrannte. Damals an Deck schon besonders beliebt: Shuffleboard

197
Atelierbesuch bei Uli Pforr auf der Veddel. Der Hamburger Künstler schuf eines von 5681 Werken – eine Rauminstallation mit Triptychon auf Leinwand – für die „Mein Schiff 5"

- **3** Die Elbphilharmonie lockt viele Schiffe in die Stadt *Von Frank Horch*
- **6** Hamburg ist wieder eine feste Größe auf der Weltkarte *Von Johann Stooß*
- **7** Bis 2020 die modernste und sauberste Flotte der Welt *Von Wybcke Meier*
- **8** Leserbriefe an die Redaktion
- **10** Hamburg bleibt auf Erfolgskurs
- **18** Fontänen und traditionelle Plakettenübergabe
- **22** Herz-OP für die schönste Yacht der Welt
- **30** Immer wieder neueste Ideen aus Papenburg
- **34** Feinste Kochkunst im Grandhotel auf See
- **42** Auf Steinwerder wird jetzt Strom gespeichert
- **44** Ohne Hindernisse auf eine Traumreise
- **48** Die Schiffsreise beginnt schon an der Haustür
- **53** Über vier Seiten zum Ausklappen: Panoramabild vom Hamburger Hafen

57 Die Schönen der Meere geben sich die Ehre

58	AIDAaura	124	Hamburg
62	AIDAbella	128	Hanseatic
64	AIDAcara	130	Le Soléal
68	AIDAluna	132	Mein Schiff 1 DIE NEUE
70	AIDAmar	134	Mein Schiff 4
72	AIDAnova	138	MSC Magnifica
74	AIDAperla	140	MSC Meraviglia
78	AIDAsol	142	Navigator of the Seas
82	AIDAvita	144	Norwegian Jade
86	Albatros	148	Oceana
88	Amadea	150	Ocean Majesty
90	Artania	152	Pacific Princess
92	Astor	154	Prinsendam
94	Astoria	156	Queen Elizabeth
96	Asuka II	158	Queen Mary 2
98	Aurora	162	Queen Victoria
100	Azura	164	Royal Princess
102	Balmoral	166	Saga Pearl II
104	Boudicca	168	Saga Sapphire
106	Braemar	170	Seabourn Ovation
108	Columbus	172	Sea Cloud II
110	Costa Mediterranea	174	Silver Wind
112	Costa Pacific	176	Viking Sky
116	Europa	178	Viking Sun
120	Europa 2	180	World Odyssey

- **182** „Hanseatic": Neues Lebensgefühl in der Zeit des Wirtschaftswunders
- **188** Die Herrin der Kostüme an Bord der „AIDAaura"
- **197** Surrealistische Kunstwerke auf dem Meer
- **200** Ein Leitfaden für Quiddjes
- **204** Ein Flaggschiff für das neue Hafenmuseum
- **206** Mit einem Taxi flexibel durch das Wattenmeer
- **206** Learning Journeys zu den digitalen Hotspots
- **208** Zukunft des Schlepperballetts ist gesichert
- **210** Liegezeiten im Hamburger Hafen
- **213** Kreuzfahrtplaner: Alle Hamburger Termine
- **226** Hamburger Hafengeburtstag, Impressum

JAHRBUCH 2018: CRUISE LINER IN HAMBURG

Hamburg ist wieder eine feste Größe auf der Weltkarte

Es ist noch nicht so lange her, da beklagten wir in Hamburg den Niedergang der Passagierschifffahrt für unsere Stadt. Mit der Einstellung der letzten Englandfähre schien eine Ära ihr Ende gefunden zu haben. Heute, rund 15 Jahre später, profitiert die Stadt vom Boom der Kreuzfahrtbranche und die Hamburger, wie auch die vielen Touristen, die die großen Passagierschiffe bestaunen wollen, haben erheblich zum touristischen Aufschwung in dieser Stadt beigetragen. Hamburg ist als Destination wieder eine feste Größe auf der Weltkarte.

Doch wie lange hält der Boom an und wieviel Kreuzfahrttourismus verträgt die Stadt? Feststellbar ist, dass die Branche immer neue Zielgruppen anspricht, die sich dann für Kreuzfahrten begeistern. Das kann dann eine Heavy Metal Tour, Explorer Kreuzfahrten für Abenteuerlustige oder einfach nur eine neue interessante Destination sein.

Weltweit werden neue Kreuzfahrtschiffe in Auftrag gegeben, neue Kreuzfahrtterminals müssen gebaut werden, um vom Wachstum auch weiter zu profitieren. Das Thema Nachhaltigkeit und Umweltverträglichkeit beschäftigt gleichzeitig immer mehr Betroffene. Und die Branche braucht qualifizierte Fachkräfte, die sich den Herausforderungen stellen, die ein Job auf einem Cruiseliner mit sich bringt. Sonst droht das schnelle Wachstum der Branche zu Lasten der Qualität und der Serviceorientierung in der Gästebetreuung zu gehen. Passgenaue Ausbildungen und Studiengänge sind aber Mangelware und müssen weiter ausgebaut werden – auch in Zusammenarbeit mit den Reedereien.

Durch den seit sechs Jahren existierenden Cruise Talk in der EBC Hochschule und Talkrunden auf den Schiffen hat die Hochschule viele der genannten Themen aus der Kreuzfahrt aufgegriffen und mit Fachleuten diskutiert. Mittlerweile existiert ein Kompetenz-Center für Cruise Management unter anderem mit einem Forschungsbereich sowie ein Weiterbildungs- und Studienangebot Cruise Management an der Hamburger Hochschule in der Esplanade.

Als Hamburger Hochschule verstehen wir uns hier durch vielfältige Aktivitäten als kritischer Begleiter einer boomenden Branche, die sich auf weltweite Standards verständigen muss.

Johann Stooß
Präsident
EBC Hochschule

Die Hochschule Euro-Business-College (EBC) ist eine private, staatlich anerkannte Hochschule mit langjähriger Erfahrung in der akademischen Ausbildung. Die Lehranstalt bietet an drei Standorten – Berlin, Düsseldorf, Hamburg – internationale, praxisorientierte Studienangebote an. Johann Stooß ist seit November 2015 Präsident der EBC

JAHRBUCH 2018: CRUISE LINER IN HAMBURG

Bis 2020 die modernste und sauberste Flotte der Welt

Hamburg ist ganz klar unser Heimathafen. In der Hansestadt nahm TUI Cruises vor zehn Jahren seine Geschäfte auf, heute kümmern sich in Hamburg, aber auch am Standort Berlin insgesamt rund 400 engagierte Kolleginnen und Kollegen um all das, was die „Mein Schiff"-Flotte ausmacht. Und auf der Elbe wurden vier unserer sechs Schiffe getauft.

Eine hell erleuchtete und strahlende Elbphilharmonie und daneben unser wunderschönes, neues Schiff: Die Taufe der „Mein Schiff 6" im vergangenen Juni war sicherlich einer der Höhepunkte unserer Unternehmensgeschichte. Stellvertretend für das neue Hamburger Wahrzeichen taufte Iveta Apkalna, Titularorganistin der Elbphilharmonie, unseren jüngsten Neubau. Die Bilder dieser Taufe werden uns noch lange in Erinnerung bleiben.

Und auch 2018 verwandelt sich die Elbe für die neue „Mein Schiff 1" wieder in das größte Taufbecken der Welt. Neun Jahre nachdem unser erstes Schiff hier getauft wurde und die Erfolgsgeschichte von TUI Cruises Fahrt aufnahm, wird hier aus unserem fünften Neubau unsere neue Nummer 1. Für dieses besondere Schiff, das mit vielen neuen Bereichen aufwartet, haben wir ein besonderes Ereignis gewählt: Am 11. Mai wird auf dem Hamburger Hafengeburtstag die Champagnerflasche am Bug zerschellen. Wir freuen uns schon sehr darauf.

Doch bei all der Begeisterung der Hamburger für Kreuzfahrten: Uns erreichen auch regelmäßig kritische Nachfragen zu unseren Schiffen. Dabei ein zentraler Punkt: die Schiffsemissionen. Doch hier können wir selbstbewusst sagen: Wir werden bis 2020 die modernste und sauberste Kreuzfahrtflotte weltweit haben. Unsere dann sechs Neubauten sind alles Energie-Effizienz-Schiffe, die 30 Prozent weniger Energie verbrauchen als andere Kreuzfahrtschiffe ihrer Größe. Unser innovatives und modernes Abgas-Nachbehandlungssystem, das rund um die Uhr und weltweit im Einsatz ist, verringert die Schwefelemissionen bis zu 99 Prozent, die Stickoxide bis zu 75 Prozent und den Partikelausstoß um 65 Prozent. Unser Geschäft lebt von einer intakten Umwelt. Daher ist es selbstverständlich für uns, die Auswirkungen auf die Umwelt so gering wie möglich zu halten und deutlich über die gesetzlichen Forderungen hinauszugehen.

Jetzt wünsche ich Ihnen viel Spaß bei der Lektüre und würde mich freuen, wenn wir Sie 2018 an Bord der „Mein Schiff"-Flotte begrüßen dürfen.

**Wybcke Meier
Vorsitzende der Geschäftsführung von TUI Cruises**

TUI Cruises wurde 2008 gegründet. Die Kreuzfahrtreederei wendet sich an Kunden im deutschsprachigen Raum und bietet mit seiner „Mein Schiff"-Flotte Urlaub auf dem Meer an. Das Unternehmen ist ein Joint Venture der TUI AG aus Hannover und Royal Caribbean Cruises Ltd., der zweitgrößten Kreuzfahrtgesellschaft der Welt

LESERBRIEFE AN DIE REDAKTION

Was macht die „Hummel"?

In der Cruise-Liner-Ausgabe von 2016 las ich mit großem Interesse den Beitrag über die „Hummel". Wenn mit ihrer Hilfe der Strom für die Kreuzfahrtschiffe im Hafen umweltfreundlich erzeugt werden kann, beruhigt das unser schlechtes Gewissen ein wenig. Denn wer einmal die Abgasfahnen beispielsweise der in den windstillen norwegischen Fjorden liegenden Schiffe gesehen hat, ahnt, welche Belastung von dem Qualm für Mensch und Natur ausgeht.

Im vergangenen Sommer sahen wir die „Hummel" jedoch mehrmals von der Autobahn A7 aus, wie sie untätig im Hafen lag. Warum kommt sie nicht zum Einsatz? Was ist von der angekündigten Vorstellungstour durch die Ostsee geworden? Es wäre doch schade, wenn diese tolle Idee, warum auch immer, nicht genutzt wird! Vielleicht recherchieren Sie für die nächste Ausgabe einmal, woran es hakt?

XAVER HÄMMERLING, MÜNCHEN

Kreuzfahrt mit Familie

Mich begeistert die Detailtreue der Artikel über die Kreuzfahrtschiffe, die Hamburg besuchen. Der Artikel aus Sicht der siebenjährigen Nelly während der Kreuzfahrt mit der „Mein Schiff 3" hat es mir besonders angetan. Ich bin mit meiner Familie selbst auf der „Mein Schiff" gereist und kann dem Artikel voll zustimmen. Die Fotos spiegeln das Schiff genauso wider, wie es wirklich dort aussieht. Am liebsten hätte ich direkt wieder eine Kreuzfahrt mit der „Mein Schiff" gebucht. In meiner Freizeit schreibe ich im Kreuzfahrtblog über meine Reisen auf Kreuzfahrtschiffen, damit sich auch andere vom Kreuzfahrtfieber anstecken lassen. Anregungen für meine nächste Kreuzfahrt habe ich mir während des Lesens auch schon geholt. Den Erscheinungstermin von Cruise Liner in Hamburg 2018 habe ich mir schon notiert.

RALF REBE, DORTMUND
www.kreuzfahrt4punkt0.de

Zehnmal ein Kreuzfahrttag

Die TUI-Kinderbetreuung trifft ins Herz der Kleinen! Auch unsere Tochter war ganz begeistert von einer „Mein Schiff"-Kreuzfahrt – ihr größter Wunsch ist es, wieder in See zu stechen. Um ihr die Zeit zu verkürzen, schenken wir ihr Gutscheine für jeweils einen Tag an Bord. Sie findet jetzt auf dem Geburtstagstisch, unter dem Weihnachtsbaum und zwischen Ostereiern eine hübsch verpackte Karte und klebt diese in ein kleines Piratenbuch. Wenn zehn zusammen sind, geht's los!

DIRK KRÖMER, HAMBURG

Fünf Sterne im Internet

Fundstück auf www.amazon.de

Grandios und ein absolutes MUSS für jeden Schiffsenthusiasten. Wie in jedem Jahr erfüllt das Buch auch dieses Mal wieder alle Erwartungen. Viele Hintergrundinfos zu den Schiffen, Reedereien mit einer Vielzahl von Bildern, erwarten den Leser. Auch wenn es Schiffe sind, die jedes Jahr da und damit auch in dem Buch vertreten sind, wird es nie langweilig. Preislich ist es auch angemessen, für das was man bekommt in jedem Fall.

DANIEL BARABÁS

Melanie Kiel vermerkt auf ihrer Website www.komm-auf-kreuzfahrt.de

Ein tolles Buch für Kreuzfahrtbegeisterte, Ship-Spotter und Hamburg-Besucher. Die Bilder und Texte sind nicht nur informativ, sie machen auch Lust auf die nächste Kreuzfahrt ab Hamburg.

Leserbriefe per E-Mail an: cruiseliner@hamburg.de oder per Fax an: 040-889 13 903

MS EUROPA | MS EUROPA 2

EINE KLASSE FÜR SICH.

„Keine anderen Schiffe erreichen zurzeit die hohen Standards, die MS EUROPA und MS EUROPA 2 und ihre Crews setzen."

Douglas Ward, Berlitz Cruise Guide

Die EUROPA und EUROPA 2 erhielten wiederholt als weltbeste Kreuzfahrtschiffe die höchste Auszeichnung: 5-Sterne-plus*. Erleben Sie jetzt eleganten Luxus und die große Freiheit der höchsten Kategorie.

Weitere Informationen erhalten Sie unter hl-cruises.de

*Lt. Berlitz Cruise Guide 2018

Cruise Liner in Hamburg ≈

Hamburg bleibt auf Erfolgskurs

Feuerwerk muss einfach sein: 2018 erwartet der Hamburger Hafen erneut Rekordzahlen bei den Schiffsanläufen und den Passagieren. Im Gegensatz zum Güterumschlag steigen die Zahlen im Kreuzfahrtgeschäft rasant. Auch Taufen von Schiffsneubauten stehen wieder auf dem Programm

Lichtermeer: In die Choreografie zur Taufe der „Mein Schiff 6" am 1. Juni 2017 wurde erstmals auch die kurz zuvor eröffnete Elbphilharmonie mit einbezogen

Hamburgs jüngstes Wahrzeichen lässt sich auch von Bord erleben

Kreuzfahrer, die am Terminal HafenCity an oder von Bord gehen, dürfen sich besonders freuen: Der Kurs ihres Schiffes führt an der Elbphilharmonie vorbei. Spektakuläre An-, Aus- und Einsichten sind damit garantiert. 2018 machen 13 Reedereien mit ihren Schiffen 37-mal hier, an Hamburgs östlichstem Terminal, fest. Hinzu kommt noch die „Astor", die noch weiter in die alten Hafenbecken fahren wird, um ausnahmsweise am Kirchenpauerkai anzulegen. Hier werden sonst nur Südfrüchte, Container und rollende Ladung umgeschlagen

Cruise Liner in Hamburg ≈

Die in Papenburg gebaute „Norwegian Jade" stellte sich für die Sommersaison 2017 erstmals in der Elbmetropole vor

Cruise Days sorgen für eine tolle Show

Neben dem jährlichen Hafengeburtstag sind die Hamburg Cruise Days das Ereignis der Kreuzfahrtbranche. 2017 fanden sie bereits zum sechsten Mal statt. Trotz typischen Hamburger Schmuddelwetters kamen hunderttausende Besucher an den Hafenrand. Statt wie geplant sechs zogen allerdings nur fünf Cruiseliner bei der Auslaufparade die Elbe herunter. Die „Mein Schiff 3" (Bildmitte) musste am Liegeplatz bleiben, kurz vor dem Ablegen verfing sich ein Tau in einem der Propeller. Damit war das Schiff manövrierunfähig

Lässt kaum ein Spektakel im Hafen aus: Die „AIDAprima" wird vor den Landungsbrücken mit einem Feuerwerk begrüßt

Auf der Elbe wird es eng: Schlepper passen auf, dass sich „MSC Preziosa" und „Europa 2" nicht zu nahe kommen

Cruise Liner in Hamburg ≈

Mit dem Bus zum Schiff

Das Cruise Center Steinwerder hat sich nach seiner Eröffnung schnell zum leistungsfähigsten Terminal im Hafen entwickelt. Hier ist Platz auch für die größten Kreuzfahrtschiffe. Für Passagiere, die mit der Bahn nach Hamburg kommen, hat es allerdings einen großen Nachteil: Es ist schwer zu erreichen. Eine gute Möglichkeit für die Anreise bieten Shuttlebusse, die vom S-Bahnhof Veddel verkehren. Die Tour muss jedoch vorab online gebucht und bezahlt werden, nur so ist die Mitnahme garantiert. Mehr im Web unter www.hansetix.de/cruisegate/cruisegate-steinwerder

Der Anleger auf Steinwerder wird nur selten von Hafenfähren und Barkassen angelaufen

17.03. AIDAperla
AIDA Cruises, 3300 Passagiere
124.100 BRZ, Länge: 300 Meter
Heimathafen: Genua, Italien

29.04. MSC Meraviglia
MSC Kreuzfahrten, 5714 Passagiere
167.600 BRZ, Länge: 315 Meter
Heimathafen: Panama-Stadt, Panama

10.05. Asuka II
NYK Cruises, 872 Passagiere
50.142 BRZ, Länge: 241 Meter
Heimathafen: Yokohama, Japan

28.05. Azura
P&O Cruises. 3096 Passagiere
115.000 BRZ, Länge: 290 Meter
Heimathafen: Hamilton, Bermuda

29.05. Navigator of the Seas
Royal Caribbean Line, 3276 Passagiere
138.279 BRZ, Länge: 311 Meter
Heimathafen: Nassau, Bahamas

10.06. Seabourn Ovation
Seabourn Cruise Line, 604 Passagier
40.350 BRZ, Länge: 198 Meter
Heimathafen: Nassau, Bahamas

13.09. Royal Princess
Princess Cruises, 3560 Passagiere
142.714 BRZ, Länge: 330 Meter
Heimathafen: Hamilton, Bermuda

03.10. Viking Sky
Viking Cruises, 930 Passagiere
47.800 BRZ, Länge: 228 Meter
Heimathafen: Bergen, Norwegen

04.10. Pacific Princess
Princess Cruises, 670 Passagiere
30.277 BRZ, Länge: 180 Meter
Heimathafen: Hamilton, Bermuda

01.12. AIDAnova
AIDA Cruises, 6654 Passagiere
183.900 BRZ, Länge: 337 Meter
Heimathafen: Genua, Italien

06.05. Mein Schiff 1 TAUFE AM 11. MAI

TUI Cruises, 2894 Passagiere
111.500 BRZ, Länge: 315,7 Meter
Heimathafen: Valletta, Malta

16.05. Le Soléal

Ponant, 264 Passagiere
10.992 BRZ, Länge: 142 Meter
Heimathafen: Mata-Utu, Frankreich

04.07. Viking Sun

Viking Cruises, 930 Passagiere
47.800 BRZ, Länge: 228 Meter
Heimathafen: Bergen, Norwegen

Fontänen und traditionelle Plakettenübergabe zum Erstanlauf

„Wasser marsch!" heißt es für die kleinen, schon relativ betagten Löschboote der Hamburger Feuerwehr immer dann, wenn ein Kreuzfahrer zum ersten Mal die Elbmetropole anläuft. Voraussetzung für das nasse Spektakel: Es brennt nicht gerade im Hafen. Auch 2018 wird es wieder kräftige Fontänen aus den Löschkanonen geben, denn dreizehn Schiffe haben sich für den Erstanlauf angemeldet. Gleich zweimal kommen Schiffe von AIDA Cruises die Elbe hinauf: Am 17. März läuft die „AIDAperla", das Schwesterschiff der „AIDAprima", aus dem Mittelmeer Deutschlands größten Seehafen an. Am 2. Dezember folgt mit der „AIDAnova" der jüngste Neubau mit dem Kussmund im Bug. Eine sicherlich wieder spektakuläre Taufe steht am 11. Mai, pünktlich zum Hamburger Hafengeburtstag, für die „Mein Schiff 1" an. Allen Erstanläufern wird zudem eine Plakette vom Hamburger Hafenkapitän übergeben. Ab Sommer 2018 werden die Wasserfontänen mit rund 100 Metern deutlich höher sprudeln als zuvor, dann nämlich wird das erste von zwei neuen, wesentlich leistungsfähigeren Löschbooten in Dienst gestellt

≈ *Cruise Liner in Hamburg*

Hafengeburtstag: Immer wieder (AIDA)prima

Kaum wurde die „AIDAprima" in ihrem heimlichen Heimathafen Hamburg getauft, da wird sie auch schon wieder in wärmere Gefilde verlegt. Doch mit der „AIDAperla" gibt es gleichwertigen Ersatz: Das Schwesterschiff der „prima" verholt aus dem Mittelmeer in den Norden und wird ab 2018 vom Hamburger Hafen aus in See stechen – und natürlich im Mai auch wieder am Hafengeburtstag teilnehmen. Bereits vom 17. März an startet die „perla" zu einwöchigen Metropolentouren Richtung Westeuropa

Cruise Liner in Hamburg ≈

Herz-OP für die

Frisch in Farbe: Nach dem Refit ist die „Europa" bereit zum Auslaufen. Das Ziel ist Bilbao

≈ *Werftzeit bei Blohm+Voss*

schönste Yacht der Welt

Seit 1999 schon ist die „Europa" auf den Weltmeeren unterwegs – und damit nicht mehr die allerjüngste. Eine gut zweiwöchige Werftzeit bei Blohm+Voss im Herbst 2017 sorgte auch für eine technisch aufwendige Operation an Herz und Hirn des Schiffes

Cruise Liner in Hamburg ≈

Nur im Dock kann am Unterwasserschiff gearbeitet werden. Dabei werden nicht nur der Anstrich erneuert, sondern auch die Azipods gründlich zerlegt und inspiziert. 1999, im Jahr ihrer Indienststellung, war die „Europa" eines von nur drei Schiffen mit diesem Antrieb

TEXT VON BEHREND OLDENBURG

„Hier fließt enorm viel Geld rein", sagt Mark Behrend nachdenklich. „Und für den Gast ist es nachher nicht einmal zu erkennen." Der Kapitän der „Europa" steht im herbstlich-zugigen Schwimmdock der Hamburger Werft Blohm+Voss und zeigt auf die beiden mächtigen Azipod-Antriebe am Heck des Kreuzfahrtschiffes. Wie ein Außenbordmotor können sich die Gondeln samt Propeller in alle Richtungen drehen und sorgen so vor allem beim An- und Ablegen für hervorragende Manövriereigenschaften.

„Zwei Jahre waren wir unterwegs und sind mit Gästen um die Welt gereist. Dabei haben wir dem Schiff eine ganze Menge abverlangt. Auf das Herzstück unseres Schiffes, die Antriebsanlage, müssen wir uns immer verlassen können", betont Behrend. Und damit das so bleibt, hat die Reederei Hapag-Lloyd Cruises tief in die Tasche gegriffen und einen Millionenbetrag in die Technik investiert. „Aber das ist eben so bei Dingen, die nicht kosmetisch, sondern chirurgisch gelöst werden müssen", meint der Kapitän. Der Vergleich ist wirklich passend: Mit ein wenig Farbe ist es bei dieser Werftzeit wahrlich nicht getan.

Wo der Chirurg zum zierlichen Skalpell greift, nimmt der Werftarbeiter schweres Gerät in die Hand, ohne Kettenzüge, Kräne, Flex und Schweißbrenner geht hier gar nichts. Und so werden die Azipods zerlegt und gründlich in-

≈ *Werftzeit bei Blohm+Voss*

16 Tage
60 Fremdfirmen
840 Punkte auf der Liste
850 beteiligte Arbeiter
2900 qm Teppich
3500 Liter Farbe

Sturm und Regen erschweren die Außenarbeiten an der „Europa". Teilweise müssen die Arbeiten wetterbedingt sogar eingestellt werden. Dennoch kann am Ende der enge Zeitplan gehalten werden und der Kreuzfahrer pünktlich auf die nächste Reise gehen

spiziert, dazu auch deren Steuerungselektronik komplett ausgetauscht. Hierbei handelt es sich jedoch nicht um einen kleinen handlichen Computer, sondern um einen riesigen Schaltschrank. Dieser unförmige Kasten, den die Schiffbauer Cycloconverter nennen, wandelt seit der Indienststellung der „Europa" vor 18 Jahren die elektronischen Steuerbefehle von der Kommandobrücke in Volt und Ampere, in Richtung und Drehzahl der Propeller an den Azipods um. Und zwar offenbar mit höchster Zuverlässigkeit, wie Kapitän Behrend berichtet: „Der ist nicht kaputt, aber leider gibt es keine Ersatzteile mehr. Damit wird das Risiko zu groß, dass wir vielleicht irgendwo liegenbleiben könnten."

Also muss das Teil raus – mit Abmessungen von elf Metern Länge und zwei Metern Höhe keine leichte Operation. Zwölf Quadratmeter Stahl werden dazu aus dem Boden der über dem Cycloconverter liegenden Crewmesse herausgebrannt, ein ungefähr ebenso großes Loch in die Backbord-Bordwand geschnitten. „Unsere Seitenpforten in den Bordwänden sind leider viel zu klein", bedauert Behrend den massiven Eingriff. Auf dem gleichen Wege kommt ein neuer Steuerungscomputer an Bord, bevor die Löcher in der Außenhaut und im Deck wieder zugeschweißt werden können. „Das Ganze hier ist wirklich wie eine Herzoperation – und nicht nur das, wir haben gleichzeitig auch Teile ≫

Cruise Liner in Hamburg ≈

Eine neue Öffnung im Rumpf sorgt für einen schnellen Austausch

Um den großen Cycloconverter, der die Antriebsgondeln ansteuert, auswechseln zu können, brennen Werftarbeiter ein großes Loch in die Außenhaut. Für ihn gibt es keine Ersatzteile mehr. Nach der „Operation" wird die Öffnung wieder zugeschweißt

des Gehirns getauscht", berichtet der Kapitän nicht ohne Stolz einige Tage später. „Wir haben nämlich auch viele neue dicke und dünne Kabel verlegt und eine neue Software aufgespielt, damit die Pods wirklich das tun, was wir ihnen vorgeben. Das ist eine Arbeit, die man nicht zu 99 Prozent machen kann, sondern zu 100 Prozent machen muss."

Dass alle einen richtig guten Job gemacht haben, beweist die erste Probefahrt mit der nagelneuen Steuerungstechnik durch die Deutsche Bucht bis ins Skagerrak. Böen mit bis zu elf Windstärken und fünf Meter hohen Wellen verlangen der neuen Technik und der Crew an Bord einiges ab.

Während der umfangreichen Technikarbeiten läuft die Abteilung „Facelifting" ebenfalls zu Höchstleistungen auf. Immerhin bleiben nur gut zwei Wochen, um an Bord 2900 Quadratmeter Teppich neu zu verlegen, 3500 Liter Farbe zu verstreichen und unzählige neue Möbel aufzubauen. „Es gibt keinen Bereich an Bord, den wir vernachlässigt haben", sagt der Chef von Hapag-Lloyd Cruises, Karl J. Pojer, und freut sich, „dass am Ende doch alles irgendwie fertig geworden ist." Ein komplett neu konzipierter Spabereich, neue Bäder in 36 Suiten, neue Teakböden und aufgehübschte Gesellschaftsräume sollen helfen, den Fünfsterne-plus-Standard bis zur nächsten Werftzeit zu halten. ≫

MEIN MORGENRITUAL: FERNSEHEN.

Aufstehen mit Ausblick. Mit unseren geräumigen Balkonkabinen wird Wachwerden jeden Tag zum Erlebnis.

PREMIUM ALLES INKLUSIVE*

TUI Cruises

Mehr im Reisebüro, unter +49 40 600 01-5111 oder auf www.tuicruises.com

* Im Reisepreis enthalten sind ganztägig in den meisten Bars und Restaurants ein vielfältiges kulinarisches Angebot und Markengetränke in Premium-Qualität sowie Zutritt zum Bereich SPA & Sport, Kinderbetreuung, Entertainment und Trinkgelder. | TUI Cruises GmbH · Heidenkampsweg 58 · 20097 Hamburg · Deutschland

Cruise Liner in Hamburg ≈

Für die 18 Jahre alte Schaltanlage gibt es keine Ersatzteile mehr

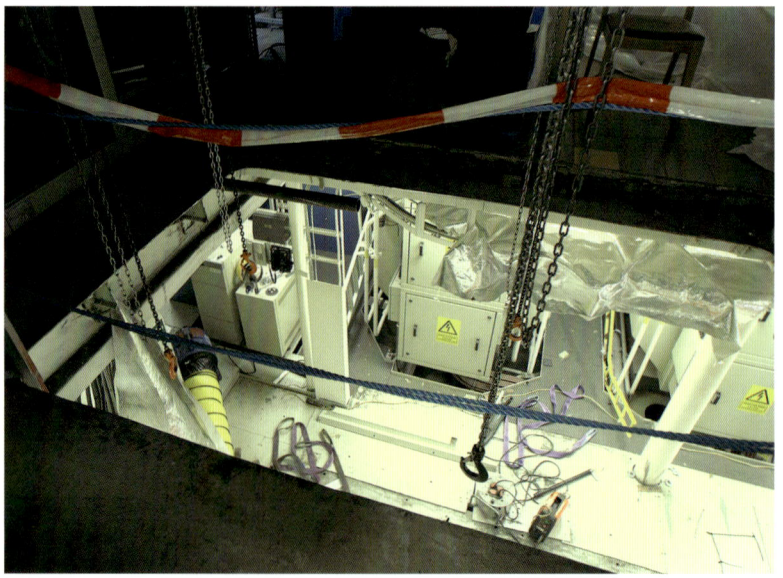

Beim Austausch der Antriebssteuerung für die Azipods und der anschließenden Neuverkabelung dürfen auch unter Zeitdruck keine Fehler passieren. Die Seetüchtigkeit des Schiffes hängt von ihrer zuverlässigen Funktion ab. Ein Job nur für Spezialisten

Blohm+Voss in Kürze

Seit der Gründung vor rund 140 Jahren hat Blohm+Voss in Hamburg fast 1000 Schiffe gebaut. Heute stehen jedoch komplexe Umbauten und Überholungen aller möglichen Schiffstypen im Fokus. Sechs Schwimmdocks und ein Trockendock halten die Werftarbeiter für ihre „Kunden" bereit. Mit einer Länge von über 350 Metern und einer Breite von knapp 60 Metern ist das Trockendock „Elbe 17" eines der größten in Nordeuropa. Ein weiterer Schwerpunkt ist der Neubau von Marineschiffen und der Ausbau von Megayachten. 2016 übernahm die Bremer Lürssen-Gruppe die in wirtschaftlich schwieriges Fahrwasser geratene Werft. Blohm+Voss engagiert sich auch kulturell. So ist sie regelmäßig Gastgeber für das Elbjazz-Festival

Blohm+Voss • Hermann-Blohm-Straße 3 • 20457 Hamburg
Telefon 040-311 90 • www.blohmvoss.com

In der Tat ist am Ende ein kleines Wunder vollbracht: Die 850 Arbeiter haben alle 840 Punkte auf der Werftliste abgearbeitet, die „schönste Yacht der Welt", wie Hapag-Lloyd Cruises seine „Europa" nennt, wirft pünktlich die Leinen mit Ziel Bilbao los. Und während sich die Gäste an Bord über den neuen Look freuen, weiß Kapitän Mark Behrend, dass er sich auf das neue Herz des Schiffes in jeder Situation verlassen kann – auch wenn die Passagiere von dieser Operation nichts mitbekommen haben. Aber so soll es an Bord eines Kreuzfahrtschiffes ja auch sein.

Behrend Oldenburg liebt den Hamburger Hafen und arbeitet nebenher als Erklärer auf der Barkasse. Hauptberuflich ist der Wirtschaftsingenieur als Journalist und Kommunikationsberater für Schifffahrtsverlage und Unternehmen aus dem maritimen Tourismus, dem Schiffbau und der Logistik aktiv

Ultra-Luxus-Kreuzfahrten mit ZUGHANSA® und SEABOURN

Seabourn macht den Unterschied
The world's finest ultra-luxury cruise line

Unschlagbarer Service
➢ „Intuitiver, freundlicher Service durch Mitarbeiter, denen Ihr Wohl am Herzen liegt.
➢ Trinkgeld ist weder erforderlich noch wird es erwartet - mit diesem Service möchte die Crew Sie einfach nur erfreuen!

Die besten Restaurants auf hoher See
➢ Gourmet-Restaurants, die es mit den Besten weltweit aufnehmen können. Sie zahlen hierfür keinen Aufpreis!
➢ Speisen Sie wo, wann und mit wem Sie möchten. Von lässig bis elegant, drinnen, im Freien oder in Ihrer Suite. Die Auswahlmöglichkeiten laden dazu ein, spontan zu sein.
➢ Premium Getränke mit erlesenen Weinen und Spirituosen sind auf dem gesamten Schiff im Reisepreis enthalten. Treffen Sie die anderen Gästen in sorgenfreier Atmosphäre in der niemand die Rechnung zu bezahlen braucht.

Kleine Schiffe mit maximal 300 Suiten...
... mit atemberaubendem Meerblick - die meisten davon mit Veranda. Auf den Schiffen Encore und Ovation stehen Ihnen exklusive Veranda-Suiten zu Ihrer Verfügung.

Jetzt ZUGHANSA® - Mehrwerte sichern und telefonisch buchen!

☎ **0 25 73.920 928 50**

ZUGHANSA®
eine Marke der NOWATOURS GmbH_48356 Nordwalde
Sie erreichen uns: Mo.-Fr. 9 - 18 Uhr | Sa. 9 - 12.30 Uhr
Aktuelle Angebote: www.zughansa-deals.de

Die amerikanischen Gäste wird es freuen: In der Lasertag-Arena können sie unter freiem Himmel rund um die Uhr mit Laserpistolen auf andere Passagiere feuern. Die Anlage gleicht einer verlassenen Raumstation

Das jeweils neueste Kreuzfahrtschiff ist nicht unbedingt immer größer, hat aber garantiert noch spektakulärere Innovationen für die Passagiere an Bord. Die 2018 für Norwegian Cruise Line in Dienst kommende „Norwegian Bliss" macht da keine Ausnahme

Immer wieder neueste Ideen

≈ *Norwegian Bliss*

TEXT VON BEHREND OLDENBURG

Neu sind Rennstrecken für E-Karts auf Megaschiffen zwar nicht – aber noch nie verlief der Rundkurs auf 300 Metern und über zwei Decks. Die Fahrer können vier Geschwindigkeitsstufen vorgeben

Natürlich, denkt man, muss er das so sagen: „Die ‚Norwegian Bliss' ist derzeit zweifellos unser beeindruckendstes Schiff." Das jedenfalls behauptet Andy Stuart, President von Norwegian Cruise Line, kurz NCL. Und setzt noch einen drauf: „Mit ihr haben wir das Borderlebnis unserer Gäste auf eine neue Ebene gehoben. Zum einen, weil wir die bewährten Highlights unserer gesamten Flotte auf einem Schiff vereint haben. Zum anderen kommen einzigartige Neuheiten auf See dazu. Sie führen zu einem ultimativen Kreuzfahrterlebnis." Worte, wie sie wohl auch jedem anderen Chef einer Kreuzfahrtreederei bei der Vorstellung des jüngsten Neubauprojekts über die Lippen gehen.

Machen wir zunächst einen nüchternen Faktencheck: Mit der „Norwegian Bliss" baut die Papenburger Meyer Werft bereits das 13. Schiff für NCL. Mit einer Vermessungsgröße von 167.800 BRZ bietet sie rund 4000 Passagieren Platz und wird im Frühjahr 2018 in Fahrt gehen. Auch wenn das Design auf der bewährten „Breakaway"-Klasse basiert, konstruierten die Schiffbauer viele Bereiche völlig neu. Der Hintergrund: Die „Norwegian Bliss" ist speziell für Alaska-Kreuzfahrten konzipiert und muss besonders strenge Umweltauflagen erfüllen. Im Pflichtenheft standen außerdem Punkte wie hohe Energieeffizienz, LED-Beleuchtung, weitgehende Automation, optimierter Unterwasseranstrich für einen möglichst geringen Widerstand sowie die Gewichtsoptimierung aller verbauten Materialien. Auffällig sind außerdem viele neue verglaste und überdachte öffentliche Räume, die speziell für das Fahrtgebiet Alaska ausgelegt sind.

Doch was sind nun die „einzigartigen Neuheiten", von denen Andy Stuart spricht? Nachdem die „Norwegian Joy", das Schwesterschiff, bereits mit einer Kart-Rennstrecke ausgerüstet wurde, setzen die Macher des Neubaus jetzt noch einen drauf: Die Kurven und Geraden der neuen Bahn ergeben immerhin 300 Meter – die aktuell längste Rennstrecke an Bord eines Kreuzfahrtschiffes. Sie verläuft auf zwei Ebenen, gefahren wird mit elektrisch betriebenen Karts. Vier vorab einstellbare Geschwindigkeitsbereiche sollen dafür ≫

Das Interieur an Bord ist wie auf allen NCL-Schiffen eindrucksvoll gestaltet. Den bunten Bug malt der auf Bilder von Meerestieren spezialisierte amerikanische Künstler Robert Wyland

sorgen, dass Anfänger, Fortgeschrittene und Profis gleichermaßen auf ihre Kosten kommen. Immerhin sind Spitzengeschwindigkeiten von bis zu 50 Stundenkilometern möglich, verspricht NCL.

In einer Freiluftarena können die Passagiere mit Hilfe von Laserpistolen ihre Treffsicherheit unter Beweis stellen und dabei vergessen, dass sie sich auf einem Kreuzfahrtschiff befinden. Das Areal ist als verlassene Raumstation gestaltet und rund um die Uhr geöffnet.

Ansonsten ist das Kabinen-, Unterhaltungs- und Wellnessangebot „as usual" – vielleicht alles noch ein wenig mehr und ein wenig größer, als es die Gäste von anderen Schiffen gewohnt sind. Auf dem Pool- und Sonnendeck warten zwei große Schwimmbecken und sechs Infinity-Whirlpools auf Badegäste, der Aqua-Park lockt mit zwei mehrstöckigen Wasserrutschen mit durchsichtigen Abschnitten, die den Ausblick aufs Meer erlauben. Das kulinarische Angebot ist gewohnt breit, das neue „Texas Smokehouse Q" zelebriert auch im hohen Norden das Barbecue. Wer im Urlaub auf den morgendlichen Starbucks Coffee nicht verzichten mag, kommt jetzt ebenfalls auf seine Kosten.

Auf den Bierfreund warten gleich 24 Biersorten vom Fass und mehr als 50 verschiedene Flaschenbiere. Stellen sich abschließend nur noch zwei Fragen: Müssen die Gäste, die es nach einem Besuch im „District Brew House" auf die Kartbahn zieht, auch einen Alkoholtest machen, damit sie nicht auf hoher See von der Bahn fliegen? Und ist für den Einsatz im hohen Norden auch genügend Streusalz mit an Bord?

 Norwegian Cruise Line
Kreuzberger Ring 68 • 65205 Wiesbaden
Telefon 0611-360 70 • www.ncl.de
Beratung und Buchung in jedem guten Reisebüro

Norwegian Bliss in Kürze

Flagge: Bahamas
Heimathafen: Nassau
Länge: 325,9 Meter
Tonnage: 167.800 BRZ
Geschwindigkeit: 22,5 Knoten
Besatzung: 2100
Passagiere: 4004
Kabinenanzahl: 2041, davon 456 innen
Bauwerft: Meyer Werft, Papenburg
Indienststellung: 2018

2018 feiert Costa 70 Jahre Kreuzfahrten – feiern Sie das ganze Jahr mit!

Seit unserer ersten Reise mit der „Anna C" am 31. März 1948 sind 70 Jahre vergangen. Wir wollen das ganze Jahr 2018 mit Ihnen an Bord der Costa Schiffe feiern: Mit vielen Events, kulinarischen Überraschungen und besonderen Ausflügen werden Ihre Kreuzfahrten unvergesslich schön. Wählen Sie unter 260 Destinationen Ihre Traumroute und erleben Sie „Italien auf See".

Bestellen Sie jetzt den aktuellen Katalog:
im Reisebüro, telefonisch unter 040 / 570 12 13 14 oder auf www.costakreuzfahrten.de

Costa. Die italienische Art, die Welt zu entdecken.

Cruise Liner in Hamburg ≈

Auf einen Drink bei leichter Pianomusik im Martinis auf Deck 6. Für exklusive Einladungen kann das Privée von Gästen gebucht werden (rechts)

Dass man der feinen Küche immer noch etwas Neues entlocken kann, beweisen die Köche auf der „Riviera". Wer schon einmal auf diesem Schiff war,

Feinste Kochkunst im

≈ *Gourmetreise*

weiß, wovon die Rede ist. Jenseits der Raffinesse der Speisen besticht die Gastfreundlichkeit, mit der die Servicecrew vom ersten Moment begeistert

Grandhotel auf See

Cruise Liner in Hamburg ≈

TEXT VON GISELA WASSMANN

Schon auf den ersten Metern an Bord, nach dem Einchecken in Barcelona, werden wir an ein Grandhotel erinnert: eine geschwungene Treppe, darüber ein überdimensionaler Kristallkronleuchter des Glaskünstlers Lalique. Hochwertiges Innendesign überall. Die Mischung aus Komfort, Gemütlichkeit und lässiger Eleganz, ohne Krawattenzwang und Dresscode, lässt uns den Alltag schnell vergessen. Und dazu die feine Küche!

Die kulinarische Reise beginnt für uns am ersten Abend im Buffetrestaurant Terrace Café mit seinem legeren und zwanglosen Ambiente. Verlockend, das vielfältige Angebot an Speisen. Deftig, scharf, leicht oder süß. Morgens, mittags und abends können wir drinnen oder auf der Außenterrasse sitzen. Je nach Region wird das Angebot mit landestypischen Spezialitäten aktualisiert. Leicht und üppig das Frühstück. Anders das Hauptrestaurant Grand Dining Room: gepolsterte Stühle, festlich eingedeckte Tische, opulente Deckenbeleuchtung, gediegenes Ambiente. Wie in allen Restaurants, werden wir von makellos gekleidetem Personal zuvorkommend bedient. Die Speisekarte, auch auf Deutsch erhältlich, besteht aus zehn verschiedenen Vorspeisen, Suppen und Salaten sowie zwölf Hauptgerichten zum Abendessen. Zum Frühstück und bis spät nachmittags hat das Waves Grill am Pooldeck geöffnet. Amerikanische Klassiker wie Burger, Sandwiches und Hot Dogs werden auf Wunsch zubereitet. Nebenan zur Auswahl Milchshakes und individuell gemixte Vegan Smoothies, frisch gepresste Säfte und hausgemachte Eiscremes.

Pünktlich um 16:00 Uhr ist Tea Time im Horizon, das im klassisch-englischen Stil eingerichtet ist. Eine verführerische Auswahl traditioneller Teesorten ist hier das Wesentliche. Feinste Petits Fours, ≫

Klassisch wie im Bistro

So versteht Meisterkoch Jacques Pépin sein Boeuf Bourguignon. Ein Abend in dem gemütlich eingerichteten Jacques ist ein Erlebnis. Wertvolle Antiquitäten, Holzmöbel und aus seiner privaten Sammlung stammt die Kunst

Surf and Turf am Grill

Burger, Hot Dogs und Sandwiches werden in mehreren Variationen auf Bestellung frisch zubereitet. Ob mit Wagyu Beef, Lachs, Hähnchen oder Käse, klassisch oder asiatisch. Lunchzeit von 11:30 Uhr bis 16:00 Uhr

≈ *Gourmetreise*

Auf edlem Porzellan

Im italienischen Spezialitätenrestaurant vorweg ein Oktopus Carpaccio mit Champagne Vinaigrette und warmem Kartoffelsalat. Angerichtet auf Versaces „Les Trésors de la Mer" von Rosenthal. So lässt es sich im Toscana bei einem passenden Wein aus Italien stilvoll speisen

Fernöstliches Vergnügen

Angebratenes Thunfischfilet mit Shiso, Sesamkruste und Wasabicreme ist ein guter Start in die aromatische Vielfalt der asiatischen Küche. Die Zeit in dem modern interpretierten Red Ginger mit seiner beruhigenden Wasserfallwand wird man so schnell nicht vergessen

Service von allen Seiten

Keine Selbstbedienung. Ein freundliches Team hinter den Buffets stellt auf Wunsch feinste Delikatessen aus einem vielfältigen Angebot an internationalen Speisen zusammen. Aufmerksamer Service geleitet den Gast zum Tisch

Nicht immer nur Steaks

Geröstete Rote Bete und Knoblauchziegenkäse mit Champagner und Trüffelvinaigrette sind eine kulinarische Überraschung. Lobster aus Maine, Schwertfisch und der Klassiker: The Polo Grill Surf & Turf. Das Fleisch hat US-Prime-Qualität

Scones mit Sahne oder getoastete Mini-Sandwiches werden dazu serviert. Im Hintergrund spielt leise ein Streichquartett. Ein Favorit unter Kaffeeliebhabern ist das Batistas neben der Bibliothek mit Blick übers Schiff und das weite Meer.

Lounge- oder Popmusik im Horizon lassen nach Dinner oder Entertainment beim Cocktail, Hochprozentigem, Wein oder Bier den Abend ausklingen. Noch mehr Überraschungen halten die Spezialitätenrestaurants bereit, in denen Reservierung erforderlich ist. Im traditionellen Steakhouse Polo Grill mit seinen weiß gedeckten Tischen sitzen wir in gemütlichen Lederstühlen mit hohen Lehnen. Insbesondere die Fleischzubereitungen sind einfach spitze. In der Landhausküche Jacques, in der Starkoch Jacques Pépin mit französischen Spezialitäten überzeugt, ist das Boeuf Bourgignon ein Highlight, mein Favorit ohnehin. Ein roter Chardonnay rundet diesen Hauptgang perfekt ab. Wer Lust auf klassisch italienische Küche hat, geht ins Toscana. Und das Red Ginger besticht durch asiatische Küche. Die außergewöhnliche Zusammensetzung aus Zutaten und Aromen machen die Gerichte zu einzigartigen Erlebnissen. Das La Reserve und Wine Spectator im Zusammenschluss bietet nicht nur Weinseminare und Jahrgangsweinproben, sondern auch Gourmetabende. Kombiniert mit köstlichen Gerichten.

Bei einer Einladung von Generalmanager Dominique Nicolle zum Dinner ins Privée, lernen wir einen besonderen Raum kennen, den Passagiere für private Dinner bis zu zehn Personen buchen können. In der Mitte des Raumes steht ein großer ovaler, weißer Tisch, der von dem amerikanischen Designer Dakota Jackson entworfen wurde. Das rote Ornament in der Mitte, angelehnt an ein Maori-Tattoo, ist eine Hommage an die Marshallinseln, dem Land des Schiffsregisters der „Riviera". Von der Decke erhellt ein zehnarmiger Kronleuchter aus Muranoglas den Raum.

≈ *Gourmetreise*

The GRAND DINING Room

Prachtvoller Charme

Im geräumigen, eleganten Speisesaal sind die Tische mit feinstem Porzellan, Silberbesteck und Riedel-Gläsern eingedeckt. Vom Dessert bleibt nichts übrig, so exzellent war es. Auch die Seenotrettungsübung findet in diesem Saal statt

In der Eingangshalle: frischer Orchideenstrauß in großer Kristallvase auf dem Glastisch „Cactus" aus der Werkstatt des Künstlers Lalique

Handverlesenes Mobiliar, Textilien, Porzellan und Gemälde, sogar von Pablo Picasso und Joan Miró, bieten in allen Restaurants den perfekten Rahmen für ein genussvolles Essen. Jeder Platz ist selbstverständlich mit einer Stoffserviette eingedeckt. An die 5000 Servietten werden täglich gereinigt.

Unübertroffen ist die Qualität der Lebensmittel. „Gute Speisen brauchen gute Zutaten und die beginnen beim Einkauf", sagt Marc Walter, verantwortlich als F&B-Manager. Über 40 Sorten Mehl kommen von Poulichette, handgeformte Butter von Elle & Vire und Foie Gras-Produkte von Rouge aus Frankreich. Die Backwaren, immerhin 200 Sorten, werden alle an Bord zubereitet. Auch 800 Crewmitglieder aus 54 Ländern müssen versorgt werden. Sie kümmern sich um das Wohl der Passagiere aus rund 40 Nationen. Auf unserer Reise ≫

Cruise Liner in Hamburg ≈

durch das Mittelmeer bis nach Venedig sind wir zwei von lediglich 14 Deutschen an Bord der „Riviera" und fühlen uns dabei ausgesprochen wohl.

Wer sein kulinarisches Wissen erweitern möchte, kann das auf einer Culinary Tour tun. So buchen 16 Passagiere einen Ausflug zu einer Fischfarm in Slowenien. Ein milder Herbsttag belohnt uns Ausflügler. Die Slow Food-zertifizierte Fonda Fischfarm liegt in einer idyllischen Bucht von Piran. Ein Motorboot bringt uns zu den Fischbecken. „Sieben Jahre lang füttern wir unsere Fische von Hand", sagt die Meeresbiologin Dr. Irena Fonda lächelnd, „mit bestem Biofutter, ganz ohne Zusatzstoffe, Chemie oder Medikamente. Wohl dosiert, sonst werden die Barsche zu dick. Und dafür dürfen sie sich Zeit lassen zu wachsen." So ist es verständlich, dass die Fondas nur rund 52 Tonnen Brandins, wie der Wolfsbarsch hier genannt wird, pro Jahr produzieren. Mit einem Quecksilbergehalt, der etwa 15-mal niedriger ist als bei ihren wild lebenden Artgenossen. Gemeinsam mit ihrem Bruder Lean und ihrem Vater hat sie sich der biologischen Zucht von Wolfsbarschen verschrieben. „Wir wollen den besten Fisch der Welt anbieten", sagt Fonda ambitioniert. Auch Muscheln sind in ihrer Aufzucht. Anschließend bestätigt ein mehrgängiges Menü im nahen Restaurant Hisa Torkla den unübertrefflichen Geschmack. Nicht nur der Wolfsbarsch begeistert, sondern auch Gnocchi mit schwarzen Trüffeln aus der Region.

Wer die Kunst des Kochens erlernen möchte, kann es in Kursen im Culinary Center tun. Auf einem Ausflug begleiten Meisterköche die Teilnehmer auch beim lokalen Marktbesuch. Zurück an Bord leiten erfahrene Köche an, geben Tipps bei der Zubereitung und bringen Kochtechnik bei, aber die Speisen bereitet jeder selbst zu. Gemeinsam beim fröhlichen Miteinander werden sie probiert.

Riviera in Kürze

Flagge: Marshallinseln
Heimathafen: Majuro-Atoll
Länge: 238 Meter
Tonnage: 65.000 BRZ
Geschwindigkeit: 20 Knoten
Besatzung: 800
Passagiere: 1258
Kabinenanzahl: 629, davon 18 innen
Bauwerft: Fincantieri, Genua, Italien
Indienststellung: 2012

Oceania Cruises • Kreuzberger Ring 68 • 65205 Wiesbaden
Telefon 069-222 23 300 • www.oceaniacruises.com

Service ist ein Muss an Bord

Die Gäste erwarten eine individuelle Bedienung. Auf der „Riviera" servieren traditionelle Butler auf Wunsch die zubereiteten Speisen von der Küche direkt in die 155 Suiten

≈ *Gourmetreise*

FONDA

So sieht Fisch frisch aus

Meeresbiologin Irena Fonda demonstriert, woran man frischen Fisch erkennt. Ihre Familie hat sich entschieden, in der Bucht von Piran die besten Fische der Welt zu züchten. Mit Erfolg zurzeit Wolfsbarsch und Miesmuscheln

Fisch riecht nach nichts, wenn er frisch ist

Kellie Evans stimmt im Culinary Center die Teilnehmer auf den Tagesausflug ein

Im slowenischen Dorf Korte werden im Restaurant Hisa Torkla Thunfisch sowie Wolfsbarsch frisch von der naheliegenden Fischfarm serviert

Cruise Liner in Hamburg ≈

Auf Steinwerder wird jetzt Strom gespeichert

Kaffee, Bekleidung, Elektronikartikel oder Maschinenteile – die Liste der Güter, die im Hamburger Hafen lagern, ist unendlich lang. Jetzt ist ein ganz besonderes Produkt hinzugekommen, das hier im wahrsten Sinne des Wortes gespeichert wird: elektrische Energie

TEXT VON BEHREND OLDENBURG

Auf dem Gelände des Cruise Center Steinwerder steht seit Kurzem ein flaches, unscheinbares Gebäude, das es jedoch in sich hat: Hier lagern jeweils 250 Kilogramm schwere Batteriemodule, die zuvor über 100 Elektrofahrzeuge mit Strom versorgt haben und dabei das Ende ihres Lebenszyklus erreicht haben. Am Anfang stand die Frage, wohin mit den weiterhin wertvollen Batterien aus den E-Mobilen? Das vom Energiekonzern Vattenfall, dem Autobauer BMW und dem Zulieferer Bosch initiierte Projekt „Battery 2nd Life" soll die Energiewende einen entscheidenden Schritt nach vorne bringen. Die gebrauchten Stromspeicher sind für das Recycling nämlich noch viel zu schade und können für den stationären Betrieb weiter sinnvoll genutzt werden. Dazu werden sie nach dem Ausbau getestet, neu verkabelt und zu riesigen Stromspeichern zusammengeschaltet. „Diese Batterien können wir in einer stationären Anwendung noch super verwenden", sagt Daniel Hustadt, der das Gemeinschaftsprojekt leitet. „Wir nehmen dann einfach ein paar mehr, um die gleiche Leistung zu erreichen", erklärt er, „denn in stationären Anwendungen spielen das Volumen und das Gewicht ja nicht so eine große Rolle wie im Fahrzeug."

Der Großspeicher im Hamburger Hafen hat jedoch nicht die Aufgabe, Terminals, Büros oder Haushalte mit Strom zu versorgen, sondern die Spannung im Stromnetz stabil zu halten. „Diese Regelenergie ist immer dann nötig, wenn entweder zu viel oder zu wenig Strom im Netz vorhanden ist", erläutert Hustadt. „Und diese Schwankungen treten durch die Energiewende, also durch den Einsatz von zunehmend mehr Windrädern und Photovoltaikanlagen, immer öfter auf." Dazu wandelt ein Konverter den Gleichstrom der Batterien in den erforderlichen Wechselstrom um, der dann ins Netz eingespeist werden kann. Für Besucher hat sich der Projekt-

Ein Hafenlagerhaus der ganz besonderen Art: Neben dem Cruise Center Steinwerder fangen Batterien Schwankungen im Stromnetz ab

leiter ein schönes Beispiel zur Verdeutlichung ausgedacht: „Das müssen Sie sich hier wie eine Badewanne vorstellen, die kontinuierlich einen Level halten muss. Sie haben den Wasserhahn aufgedreht, aber gleichzeitig auch den Stöpsel gezogen. Oben geben Sie also Leistung hinzu, unten nehmen Sie Leistung durch den Abfluss heraus. Zu- und Abflussmengen sind jedoch nicht immer gleich, sondern schwanken, beispielsweise durch Kraftwerksausfälle, durch

So funktioniert der Batteriespeicher

Nach einigen Jahren lässt die Kapazität der Stromspeicher an Bord von E-Mobilen langsam nach. Sie müssen dann jedoch nicht recycelt werden, sondern werden zu großen Stromspeichern verkabelt. Ihre neue Aufgabe: das Stromnetz stabil zu halten

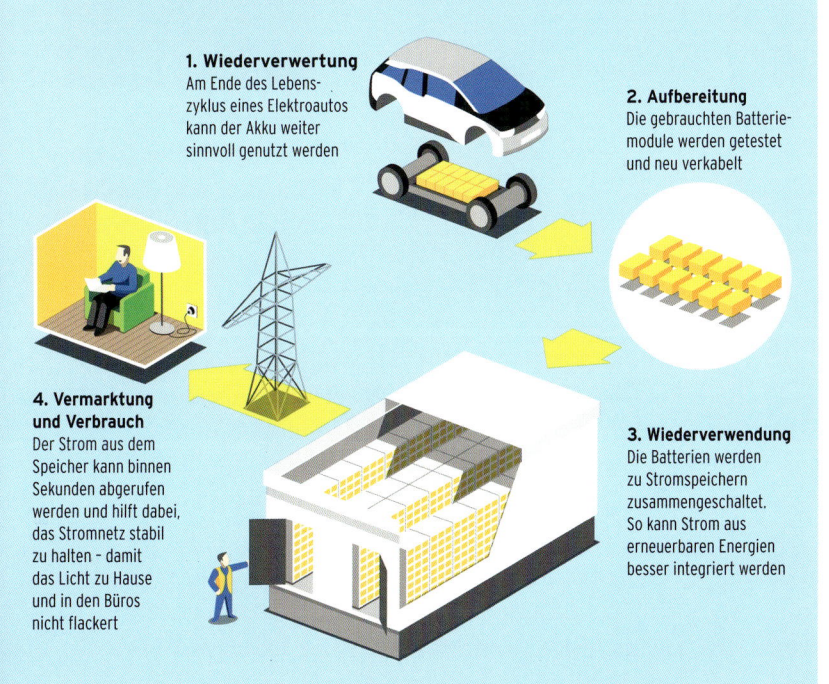

1. Wiederverwertung
Am Ende des Lebenszyklus eines Elektroautos kann der Akku weiter sinnvoll genutzt werden

2. Aufbereitung
Die gebrauchten Batteriemodule werden getestet und neu verkabelt

3. Wiederverwendung
Die Batterien werden zu Stromspeichern zusammengeschaltet. So kann Strom aus erneuerbaren Energien besser integriert werden

4. Vermarktung und Verbrauch
Der Strom aus dem Speicher kann binnen Sekunden abgerufen werden und hilft dabei, das Stromnetz stabil zu halten – damit das Licht zu Hause und in den Büros nicht flackert

unvorhergesehene Einspeisung von Erneuerbaren Energien oder durch plötzliche Störungen im Netz." 600 bis 700 Megawatt Leistung sind derzeit nötig, um die Schwankungen im deutschen Stromnetz auszugleichen, immerhin zwei Megawatt davon kann die neue Pilotanlage auf Steinwerder liefern. Zum Vergleich: Diese Menge würde ausreichen, um einen durchschnittlichen Zwei-Personen-Haushalt sieben Monate lang mit Strom zu versorgen. Zehn Jahre lang soll das zweite Leben der Batterien noch dauern, danach, so Hustadt, müssen sie endgültig entsorgt werden.

Das Entwicklungsprojekt „Battery 2nd Life" umfasst neben dem Stromspeicher auf Steinwerder noch zwei weitere Maßnahmen: Schon seit September 2014 dienen gebrauchte Batterien in der Hamburger HafenCity als Zwischenspeicher und Leistungspuffer an Schnellladesäulen für Elektroautos. Und bei einer weiteren Anwendung wird der Eigenverbrauch aus der Photovoltaikanlage des Vattenfall-Heizwerks in der HafenCity maximiert, indem in sonnigen Zeiten mit niedrigem Strombedarf die Energie in diesen Batterien zwischengespeichert werden.

Cruise Liner in Hamburg ≈

Ohne Hindernisse auf eine Traumreise

Immer mehr Urlaubsorte und Hotels richten sich auf Gäste ein, die Barrierefreiheit brauchen. Wie sieht es auf einem Kreuzfahrtschiff aus? Stefanie Leinfelder hat sich aufs Meer gewagt

AUFGESCHRIEBEN VON RICARDA GERHARDT

Die Liebe zu Reisereportagen, vor allem die TV-Serie „Verrückt nach Meer", brachten Stefanie Leinfelder auf die Idee, eine Kreuzfahrt zu unternehmen. Es dauerte jedoch zwei Jahre, bis sie ihre Traumreise endlich verwirklichen konnte: An Bord der „Mein Schiff 3" gibt es nur zehn barrierefreie Kabinen, davon lediglich vier Balkonkabinen. Eine frühzeitige Buchung ist darum empfehlenswert!

Nach der Anreise mit dem Auto von Attenfeld bei Ingolstadt nach Hamburg schifft sich die Familie auf der „MS3" ein. Stefanie Leinfelder wird von ihren Eltern Josefa und Reinhard begleitet.

Die Leinfelders können bevorzugt einchecken und schieben den Rollstuhl der Tochter problemlos über die Rampe aufs Schiff. Auch an Bord gibt es keine Hindernisse und zwischen den Decks bewegt man sich natürlich mit dem Fahrstuhl.

Die Kabine ist geräumig und bietet genug Platz zum Rangieren. Ein bisschen anstrengend wird es auf den dicken Teppichen in vielen Teilen des Schiffes: Sie bremsen den Rollstuhl. Wenn die junge Frau allein mit ihren Armen anschieben muss, wird es mühsam. Auch für ihre Eltern ist es anstrengend, sie über längere Distanzen auf den Teppichen zu schieben.

Erinnerungsfoto mit Kapitän Sebastian Naneder und dem Ersten Offizier Philipp Crotogino (links)

Familie Leinfelder nach zweijähriger Vorfreude endlich an Bord der „Mein Schiff 3"; viel Platz in der behindertengerechten Kabine auf Deck 9 mit gut durchdachtem Bad

becker marine systems

CLEAN ENERGY AT PORT

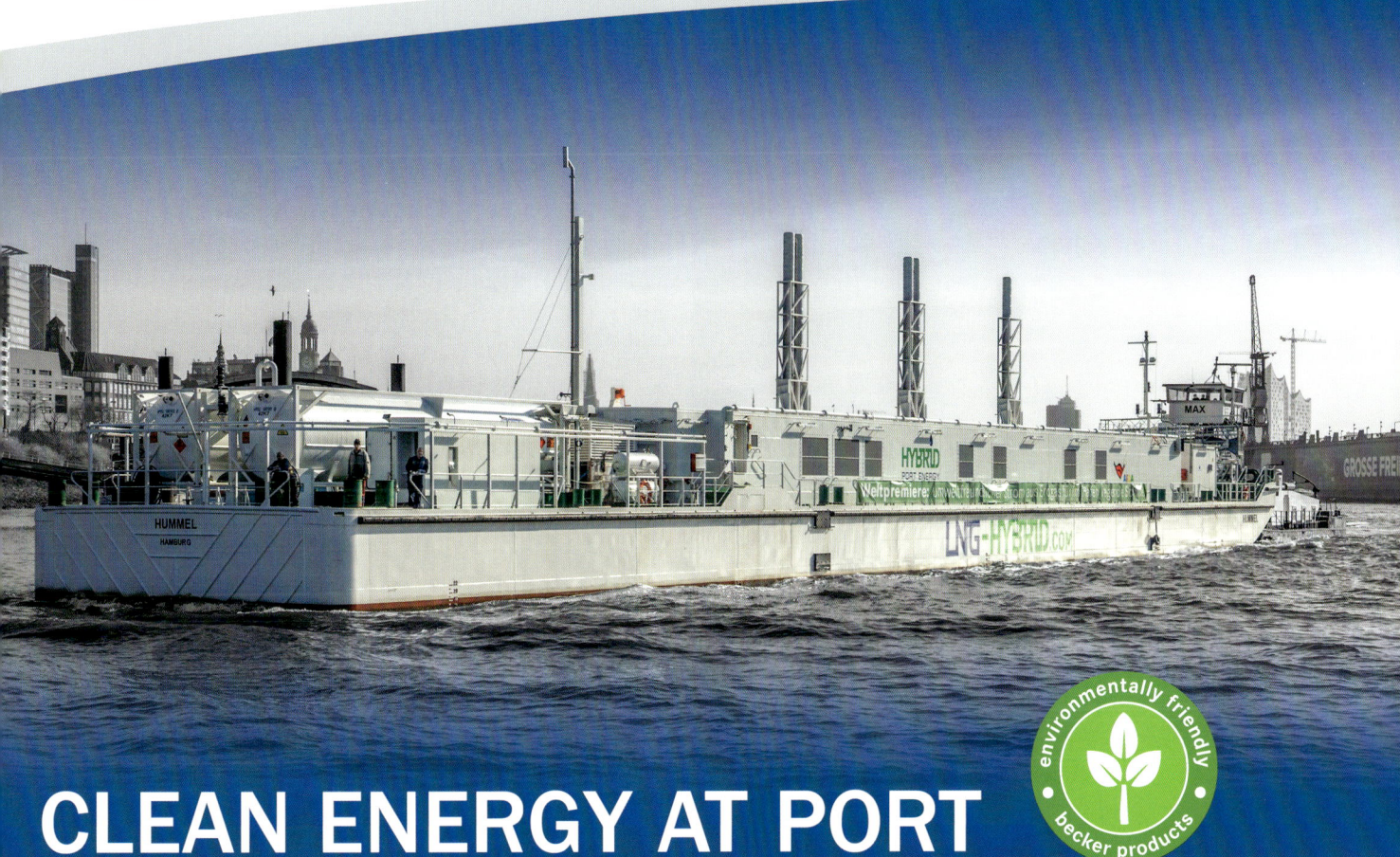

environmentally friendly · becker products

The LNG Hybrid Barge generates clean energy for cruise ships at port. Compared to using on-board diesel engines to produce energy, the barge's power supply dramatically reduces harmful emissions.

Another concept, the LNG PowerPac®, has been developed in order to supply clean energy for other ships at port such as container, bulker or tanker vessels.

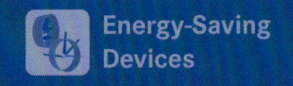

With the support of Federal Ministry of Transport and Digital Infrastructure

- Manoeuvring Systems
- Energy-Saving Devices
- Alternative Energies

www.becker-marine-systems.com

Cruise Liner in Hamburg ≈

Dann gibt es eine böse Überraschung: Die „Mein Schiff 3" hängt durch ein Missgeschick beim Ablegen fest und kann nicht an der Auslaufparade bei den Cruise Days in Hamburg teilnehmen. Zwar wird die Hälfte der verlorenen acht Stunden wieder eingeholt, doch in Le Havre bleibt keine Zeit für längere Ausflüge.

Erst im nächsten Hafen, in Tilbury bei London, zeigt sich das Hauptproblem für Rollstuhlfahrer auf der Schiffsreise: Die Familie kann nicht an den organisierten Landausflügen teilnehmen, denn der Einstieg in die großen Reisebusse ist nicht möglich.

Glücklicherweise finden sie einen Fahrer mit einem Wagen für behinderte Personen. Stefanie kann mit dem Rollstuhl in sein Taxi hineinfahren, mit dem sonst behinderte Kinder transportiert werden, und sogar in ihrem Stuhl sitzen bleiben, der nur festgezurrt wird. Nun fahren sie so durch London, vorbei an Big Ben, dem Tower und der Tower Bridge.

In Zeebrügge verbringt die Familie einen Tag an Bord, denn das Wetter ist zu stürmisch, um in den Hafen einzulaufen: Als Stefanies Lieblingsplatz hat sich längst die Himmel & Meer Lounge auf Deck 12 mit freier Aussicht auf das Wasser erwiesen.

Am nächsten Tag können die Leinfelders in Amsterdam eine Stadtrundfahrt auf eigene Faust machen. Für die nächste Reise wollen sie sich das Programm eines Veranstalters anschauen, der Landausflüge für Rollstuhlfahrer organisiert.

Nach sieben ereignisreichen Tagen an Bord hat Stefanie Leinfelder viele nette und als Rollstuhlfahrerin vorwiegend positive Erfahrungen gemacht: Der Katalog für die nächste Reise ist schon bestellt!

Runa Reisen • Woerdener Straße 5 a • 33803 Steinhagen
Telefon 05204-92 27 80 • www.runa-reisen.de

Bevorzugter Check-in und reibungslose Erreichbarkeit des Schiffs; Landausflüge mussten in Eigenregie organisiert werden, da die Reisebusse nicht rollstuhlgerecht sind

Lieblingsplatz in der Himmel & Meer Lounge auf Deck 12

Zu weich für Rollis: die wunderschönen Teppichböden

In den Restaurants kommt die Rollstuhlfahrerin dagegen gut klar: Die Leinfelders reservieren sich keinen festen Platz, doch sowohl im Buffet- als auch im Hauptrestaurant sind immer Rolliplätze frei.

Beim Ablegemanöver herrscht großes Gedränge, denn alle Passagiere wollen die Aussicht auf den oberen Decks genießen. Stefanie Leinfelder natürlich auch. Dabei kommen ihr die Mitreisenden sehr nahe, und nicht alle respektieren die Grenzen: Vereinzelt steigen Gäste über das Trittbrett ihres Rollstuhls. Sie muss sie mit der Hand anstubsen, wenn es ihr zu viel wird. Die Leute reagieren jedoch freundlich und gehen sofort ein paar Schritte zur Seite.

Weltreisen mit ZUGHANSA®-Mehrwerten ab Hamburg

113-tägige Weltreise
ab 16.046 €

98-tägige Weltreise
ab 12.346 €

Die Reise meines Lebens

2019

☎ 0 25 73.920 928 50

ZUGHANSA®
eine Marke der NOWATOURS GmbH_48356 Nordwalde
Sie erreichen uns: Mo.-Fr. 9 - 18 Uhr | Sa. 9 - 12.30 Uhr
Aktuelle Angebote: www.zughansa-deals.de

ZUGHANSA®
Von Zuhause ins Hotel.

Im ICE geht es entspannt und ohne Stau nach Hamburg. Im Zug sitzt man bequem in der 1. Klasse und freut sich auf die bevorstehende Weltreise

Die Reise beginnt an der Haustür: Die Passagiere werden von einem Taxi abgeholt und zum nächsten ICE-Bahnhof gebracht, das Gepäck reist extra

Das Deluxe-Anreisepaket von Nowatours bietet Kreuzfahrtpassagieren einen komfortablen Transferservice – inklusive eines wunderbaren Abends in einem feinen Hamburger Hotel. Bequemer geht es kaum! Kein lästiges Kofferschleppen und das Auto bleibt in der Garage

Die Schiffsreise beginnt schon

≈ *First-Class-Anreise*

Kleine Stadtrundfahrt: Vom Hauptbahnhof fährt der Shuttleservice die Gäste durch die Innenstadt, an den Landungsbrücken vorbei, weiter über die Elbchaussee zum Hotel

Ganz bequem und ohne Schlepperei vom Bahnsteig zur Limousine: Ein Fahrer holt die Passagiere am Zug ab und kümmert sich um ihr Gepäck

In diesem Jahr geht die Reise mit „Queen Victoria" rund um Südamerika und endet am 25. März in Hamburg. Die Deluxe-Anreise ist bei Buchung einer Cunard-Weltreise über Nowatours inklusive

an der Haustür

49

Cruise Liner in Hamburg ≈

Beste Adresse: Das Hotel Louis C. Jacob liegt hoch über der Elbe, der Blick auf den Fluss und die Schiffe von der Terrasse aus ist unbezahlbar

Hanseatischer Luxus: Am Abend vor der Abfahrt treffen sich die Passagiere im Restaurant des Jacob zu einem exquisiten, aber legeren Abendessen

TEXT VON RICARDA GERHARDT

Die Koffer sind gepackt, die Vorfreude ist groß, doch bevor es aufs Schiff geht, steht noch die leidige Anreise zum Hafen bevor. Auto oder Zug? Eine Bahnfahrt ist bequem, doch eigentlich ist das Gepäck zu schwer. Andererseits: Wo bleibt das Auto am Hafen? Parkplätze sind nur schwer zu finden und zudem teuer.

Das Reisebüro Nowatours aus Nordwalde hat mit seiner Marke Zughansa eine komfortable Lösung geschaffen: Wer eine Cunard-Kreuzfahrt inklusive Deluxe-Anreise bucht, wird zu Hause abgeholt und zum nächsten ICE-Bahnhof gebracht – mit leichtem Handgepäck. Ein Transportservice holt die schweren Koffer bereits zwei bis drei Tage vor der Einschiffung ab; sie werden direkt an Bord und in die Kabine gebracht.

In Hamburg empfängt ein Shuttleservice die Gäste auf dem Bahnsteig, der Fahrer bringt sie mit einem Wagen ins Hotel und hilft natürlich beim Tragen.

Die Passagiere, die mit Cunard auf Weltreise gehen, erwartet ein Welcome-Abend im exzellenten Hotel Louis C. Jacob mit einem köstlichen Dinner, das Zwei-Sternekoch Thomas Martin zubereitet. Zu jedem Gang wird ein passender Whiskey serviert, doch selbstverständlich können die Gäste auch Wein wählen.

Am nächsten Tag, nach einem Frühstück mit traumhafter Aussicht auf die Elbe, geht es zur Einschiffung in den Hafen. Der Shuttleservice bringt die Passagiere direkt zum Cruise Center und hilft natürlich auch wieder mit dem Gepäck. Wenn noch Zeit ist, kann eine Stadtbesichtigung arrangiert werden, bevor die Weltumrundung beginnt.

Zurück in Hamburg wird auch die Heimreise organisiert. In der 1. Klasse im ICE und per Taxi bis nach Hause.

Nowatours
Scheddebrock 56
48356 Nordwalde
Telefon 02573-920 92 80
www.nowatours.de

Hotel Louis C. Jacob
Elbchaussee 401-403
22609 Hamburg
Telefon 040-82 25 50
www.hotel-jacob.de

Am nächsten Morgen mit der Limousine zum Schiff

ABFAHRTEN AUCH AB DEUTSCHLAND

NORWEGIAN'S
PREMIUM ALL INCLUSIVE

INKLUSIVE: GROSSE AUSWAHL AN PREMIUM GETRÄNKEN
INKLUSIVE: TRINKGELDER
INKLUSIVE: VIELFÄLTIGE RESTAURANTERLEBNISSE
INKLUSIVE: SNACKS RUND UM DIE UHR
INKLUSIVE: PREISGEKRÖNTES ENTERTAINMENT
INKLUSIVE: AUSGEWÄHLTE KAFFEESPEZIALITÄTEN
INKLUSIVE: KINDERBETREUUNG
INKLUSIVE: AQUAPARK, FITNESS, HOCHSEILGARTEN…*

JETZT EINE **PREMIUM ALL INCLUSIVE** KREUZFAHRT BUCHEN UNTER **0611 36 07 0**, ONLINE UNTER **NCL.DE** ODER **IN IHREM REISEBÜRO**.

NCL
NORWEGIAN CRUISE LINE®
Feel Free™

WORLD TRAVEL AWARDS WINNER 2017
EUROPE'S LEADING CRUISE LINE
2008 – 2017
www.worldtravelawards.com

*Nicht alle Einrichtungen an Bord aller Schiffe verfügbar. Mehr Informationen unter www.ncl.de. Darstellungsfehler vorbehalten. NCL (Bahamas) Ltd., Niederlassung Wiesbaden | Kreuzberger Ring 68 | D-65205 Wiesbaden. ©2017 NCL Corporation Ltd. Schiffsregister: Bahamas und USA. 6565.147.11.17

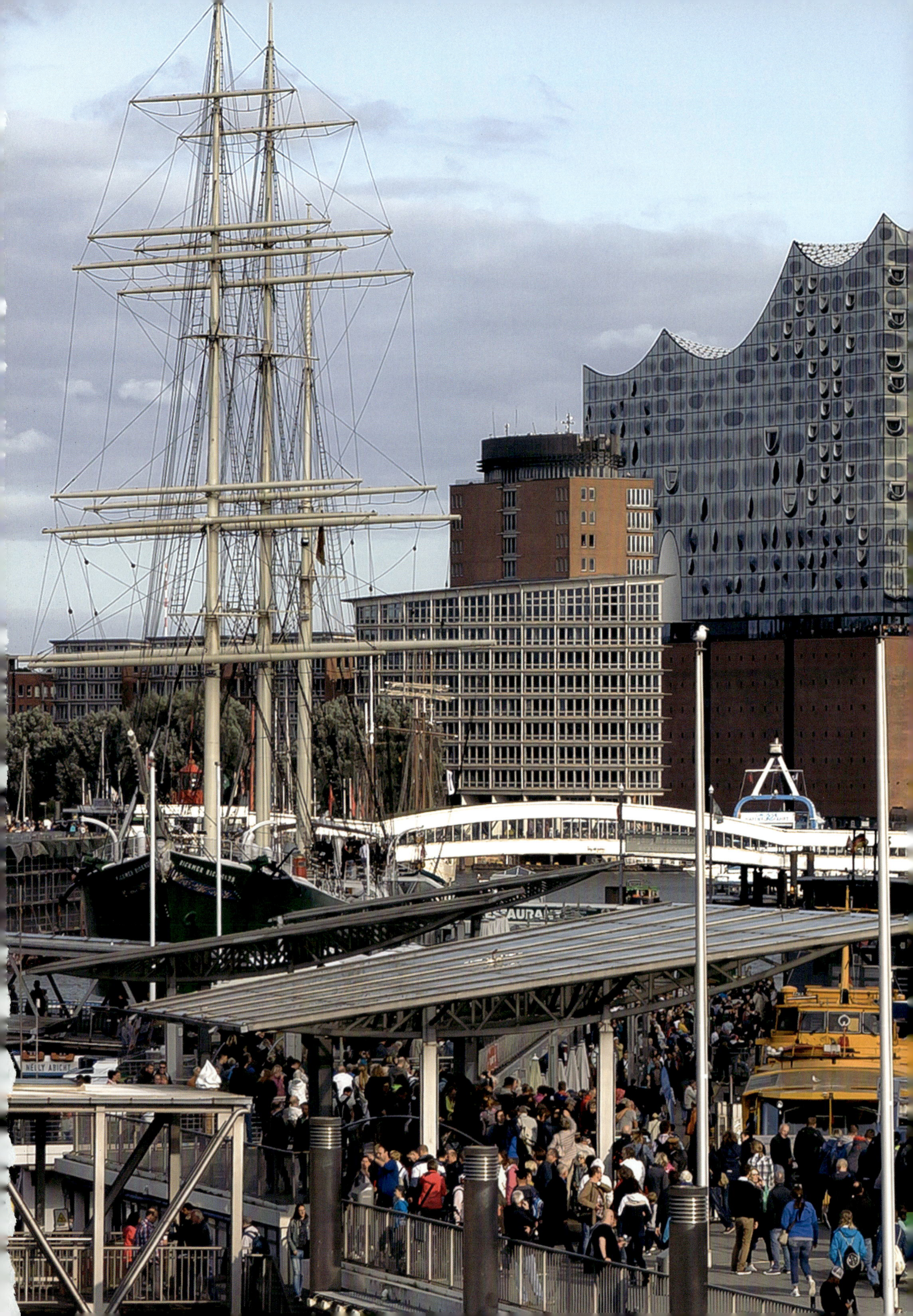

Cruise Liner in Hamburg ≈

Offsetdruck: sechsfarbig mit Dispersionslack, 52 bis 106 cm breit auf 40g bis 700g, 60er, 80er oder 100er bis zum frequenzmodulierten Raster, Computer-to-Plate, Belichtungskurven für unterschiedliche Papierklassen, Weiterverarbeitung: Stanzen, Rillen, Perforieren, Prägen bis 2 mm Materialdicke, Letterpress, Siebdruck, Heißfolienprägung, Blindprägung, Cellophanierung, Kaschierung, Relieflack, Thermolack, Glitterlack, Geruchslack, Falzen, Inline-Rillungen, Falzklebungen, Zusammentragen, Heften, Klebebindung, Fadenheftung, Softcover-Broschüren, Hardcover-Bücher, Schneiden, Blocken, Bohren, Bündeln, Konfektionierung, Response-Steuerung, Mailing, WEB-Bestellplattform, Einlagerung mit automatischen Abruffunktionen, Werbemittelbeschaffung, Logistik, Litho, Packungsentwicklung, Creative Bildbearbeitung, Bildretouche, Druckplattenerstellung, Satz, Layout, Produktion, Schulung, Prototyperstellung, Weißmuster, Dummy, Reinzeichnung, Gestaltung, Digitaldruck, Proof, Colormanagement, Datenkonvertierung, Daten-Preflight, Handmuster, Produktionsberatung, Posterdruck, Digitaldruck, Großformatdruck, Lettershop, Plakate, Banner, Outdoor-Aufkleber, Indoor-Aufkleber, Fahrzeugbeschriftung, Folienplotts, AluDibond-Bilder, Messebeschriftung, Figurenaufsteller, Metapaper-Sandwichkarten, Digitaler Weiß- und Lackdruck, Mailings mit Bildpersonalisierung, Tür- und Fensterbeschriftungen, Flyer, Broschüren, Bücher mit Hard- oder Softcoverbindung, Buttons, Namensschilder, RollUp-Displays, Kundenstopper, Etiketten, Leinwandbilder, Postproduktion, Lookentwicklung, Beautyretuschen, Medienproduktion, Reinzeichnung, Computer Generated Images, Digitaler Setbau, Layouterstellung, elektrische Schönheit, Layoutadaption, Produktion, Mediaversand, Anzeigenservice, Still-, Porträt, Buchproduktion, Katalogproduktion, Litho, Repro, Packaging, Artwork, Corporate publishing, Geschäftsberichte, Lektorat, Satzerstellung, Illustration, Proofs, Farbraumanpassungen, Konzeption, Art Direction, Screen-Design, Produktionsberatung, Materialberatung, Grafik-Design, kompage® Database Publishing, Katalogerstellung Web2print, Softwareentwicklung, IT Service Linux Windows Support, EDV Administration, CDs DVDs USB-Stick, Medienproduktion, CrossMediaPublishing, Medienvervielfältigun, Offsetdruck: sechsfarbig mit Dispersionslack, 52 bis 106 cm breit auf 40g bis 700g, 60er, 80er oder 100er bis zum frequenzmodulierten Raster, Computer-to-Plate, Belichtungskurven für unterschiedliche Papierklassen, Weiterverarbeitung: Stanzen, Rillen, Perforieren, Prägen bis 2 mm Materialdicke, Letterpress, Siebdruck, Heißfolienprägung, Blindprägung, Cellophanierung, Kaschierung, Relieflack, Thermolack, Glitterlack, Geruchslack, Falzen, Inline-Rillungen, Falzklebungen, Zusammentragen, Heften, Klebebindung, Fadenheftung, Softcover-Broschüren, Hardcover-Bücher, Schneiden, Blocken, Bohren, Bündeln, Konfektionierung, Response-Steuerung, Mailing, WEB-Bestellplattform, Einlagerung mit automatischen Abruffunktionen, Werbemittelbeschaffung, Logistik, Litho, Packungsentwicklung, Creative Bildbearbeitung, Bildretouche, Druckplattenerstellung, Satz, Layout, Produktion, Schulung, Prototyperstellung, Weißmuster, Dummy, Reinzeichnung, Gestaltung, Digitaldruck, Proof, Colormanagement, Datenkonvertierung, Daten-Preflight, Handmuster, Produktionsberatung, Posterdruck, Digitaldruck, Großformatdruck, Lettershop, Plakate, Banner, Outdoor-Aufkleber, Indoor-Aufkleber, Fahrzeugbeschriftung, Folienplotts, AluDibond-Bilder, Messebeschriftung, Figurenaufsteller, Metapaper-Sandwichkarten, Digitaler Weiß- und Lackdruck, Mailings mit Bildpersonalisierung, Tür- und Fensterbeschriftungen, Flyer, Broschüren, Bücher mit Hard- oder Softcoverbindung, Buttons, Namensschilder, RollUp-Displays, Kundenstopper, Etiketten, Leinwandbilder, Postproduktion, Lookentwicklung, Beautyretuschen, Medienproduktion,

AHOI

www.printarena.de

Cruise Liner in Hamburg ≈

Liegezeiten
Mo 8. Okt.   8:00 – 20:00 Uhr

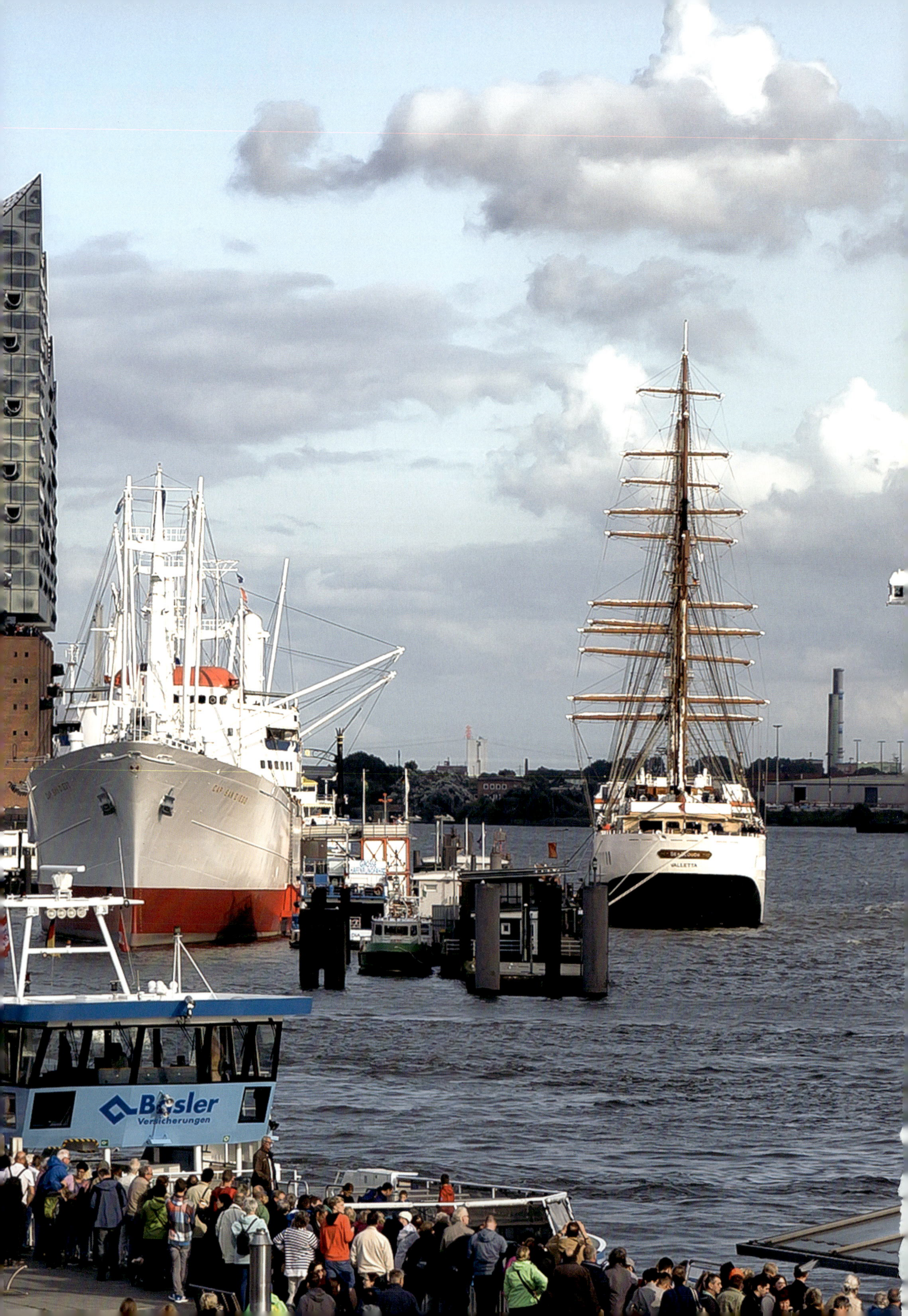

Der Hamburger Hafen in seiner ganzen Vielfalt

Auch wenn sie alle Blicke auf sich zieht: Es ist nicht allein die „Queen Mary 2" (Baujahr 2003), die dieses Panoramabild aus dem Spätsommer 2017 zu einem ganz besonderen Motiv mit den verschiedensten Schiffstypen aus gleich drei Jahrhunderten werden lässt. Stolz ragen links die drei Masten des 1896 vom Stapel gelaufenen Frachtseglers „Rickmer Rickmers" in den Hamburger Himmel. Gleich daneben, vor der Elbphilharmonie, liegt die „Cap San Diego", das größte, noch aktive Museumsschiff der Welt, Baujahr 1962. An der Außenkante der Überseebrücke hat die 2001 getaufte Dreimastbark „Sea Cloud II" für einen Passagierwechsel festgemacht. Dazwischen bahnt sich die auf der Linie 72 eingesetzte Hafenfähre „Harmonie" (Baujahr 2001) ihren Weg zum Anleger an der Elbphilharmonie

Cruise Liner in Hamburg

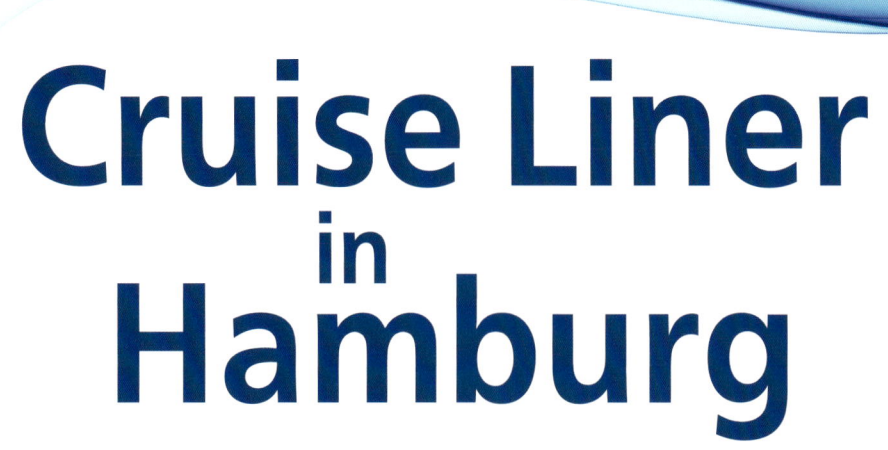

DIE SCHÖNEN DER MEERE GEBEN SICH DIE EHRE

Der Hamburger Hafen ist und bleibt ein Magnet für Kreuzfahrtreedereien und Hamburg-Besucher. Die Branche hat sich zu einem wichtigen Wirtschaftsfaktor in der Hansestadt entwickelt. Für 2017 konnte Cruise Gate Hamburg erneut einen zehnprozentigen Zuwachs an Passagieren vermelden. Auch für 2018 sind die Prognosen rekordverdächtig: 218 Anläufe und rund 880.000 Reisende werden erwartet. Erstmals machen 50 Schiffe fest, dreizehn davon feiern Hamburg-Premiere. Spitzenreiter bei den Anläufen bleibt die AIDA-Flotte mit 88 Besuchen und noch ein Highlight: die Taufe der neuen „Mein Schiff 1" am 11. Mai

≈ AIDAaura

Mit Selection ganz in Ruhe die Kultur genießen

Als zweites AIDA-Schiff geht in diesem Jahr die „aura" auf Weltreise, Starthafen ist Hamburg! Und das neue Selection-Programm fährt mit. Auf den kleineren Schiffen haben Kulturliebhaber Zeit für ausgedehnte Entdeckungen, gut vorbereitet durch ein anspruchsvolles, informatives Bordprogramm

Die „aura" liegt am Cruiseterminal in Altona und wartet auf ihre Passagiere. Ihr geheimnisvolles Lächeln lässt auf eine spannende Reise hoffen

Cruise Liner in Hamburg ≈

Das Treppenhaus wird gespiegelt und erweitert den Raum. Über mehrere Decks hängt ein riesiger Theatervorhang

Reisepreise

Im Oktober geht's los: Die „aura" startet einmal um die Welt. Von Hamburg geht's über die Kanaren, zum Kap Hoorn, durch die Südsee nach Australien, über Kapstadt und Westafrika zurück nach Hamburg. 117 Tage in einer Balkonkabine schlagen mit 35.995 Euro pro Person zu Buche

Die Geschichte ist inzwischen Legende: 1996 warf die Deutsche Seereederei in Rostock viele traditionelle Kreuzfahrtbräuche über Bord und ließ mit ihrer ersten „AIDA" das Prinzip Ferienclub zu Wasser – ohne Dresscode, Captain's Dinner und angestammte Plätze im Restaurant. Dafür mit opulentem Sport- und Wellnessprogramm und buntem Angebot für Kinder. Der Slogan „Kreuzfahrt war gestern. Clubschiff ist heute" erwärmte junge Leute und Familien für eine Urlaubsform, die bis dahin als altmodisch und kostspielig galt. Ein lächelnder Mund am Schiffsbug und ein strahlendes Augenpaar am Rumpf gaben der AIDA-Idee ein unverwechselbares Gesicht. Inzwischen kreuzen zwölf der fröhlichen Schiffe über die Weltmeere. Die Rostocker Reederei AIDA Cruises gehört zur italienischen Costa-Gruppe, die wiederum ist Teil des US-Giganten Carnival Corporation & plc., mit Sitz in Miami, zu dem insgesamt zehn Kreuzfahrtmarken gehören.

Die „AIDAaura", seit 2010 zum ersten Mal wieder in Hamburg, zählt zur zweiten Generation der Clubschiffe. Wie ihre Zwillingsschwester „vita" wurde sie auf der Aker MTW Werft in Wismar gebaut. Während der Prototyp, die „cara" von 1996, noch ganz ohne Balkone daherkam, genießen die „aura"-Gäste in 60 Außenkabinen auf Deck 7 einen Freisitz, die beiden Premium Suiten ganz vorn bieten ein privates Sonnendeck. Leichte Korbmöbel und frische Farben verbreiten Ferienstimmung, über den Betten schwebt ein bunt gemusterter Baldachin.

Für Familien gibt es 27 Doppelkabinen mit Verbindungstür, in 94 Räumen auf Deck 6 stehen vier Betten bereit. Dort ist achtern auch der großzügige Kids Club für Kinder ab drei Jahren

≈ *AIDAaura*

untergebracht, mit eigenem Außenbereich und Pool. An Bord herrscht Feriencampatmosphäre: Gemeinsam mit dem Küchenchef stellen die jungen Gäste ihren eigenen Speiseplan zusammen und sind sogar zum Plätzchen backen in der Bordküche willkommen.

Und auch für die Eltern ist bestens gesorgt: Zwei Buffetrestaurants bieten nahezu rund um die Uhr Speisen an, die Gäste essen, wo, wann und mit wem sie wollen. Gourmetmenüs offeriert das Restaurant „Rossini" gegen Aufpreis. Fünf Bars verführen zum Smalltalk, Flirten und Tanzen. Auch hier wartet die „aura" mit Superlativen auf: Die sternförmige AIDA Bar, pulsierendes Herz des Schiffes, hat einen der längsten Tresen auf See – 56 gezackte Meter.

3450 Quadratmeter Sonnenfläche unter freiem Himmel laden zum Faulenzen ein, darunter ein kleines Areal für FKK-Fans. Der exzellente Wellnessbereich auf Deck 11 lässt kaum einen Wunsch offen: Zwei Saunen, Dampfbäder, Eiswände zur Abkühlung und vielerlei Anwendungen stehen zur Auswahl. Das Sportangebot der AIDA-Flotte ist in der Fülle einzigartig: Golf (Putting Green, Abschlag, Simulator), Basketball- und Vollyballfeld, Joggingpfad, Verleih von Mountainbikes und Tauchequipment, moderne Fitnessgeräte – ein Dorado für Bewegungshungrige.

Auf den kleineren Schiffen, also auch auf der „cara" und der „vita", hat AIDA das Selection-Programm aufgelegt: Die Passagiere können längere Landausflüge zu speziellen Natur- oder Kulturdestinationen unternehmen. Ein darauf abgestimmtes Bordprogramm mit anspruchsvollen Vorträgen, Kursen und kulinarischen Angeboten aus der Region bereitet auf die Ausflüge vor.

AIDA Cruises
Am Strande 3d
18055 Rostock
Telefon 0381-202 70 600
www.aida.de
Beratung und Buchung
in jedem guten Reisebüro

An Deck warten Sonne und Abkühlung im Pool; frischer kann man Thunfisch nicht bekommen; eine Brise weht im Calypso Restaurant

AIDAaura in Kürze

Flagge: Italien
Heimathafen: Genua
Länge: 202 Meter
Tonnage: 42.289 BRZ
Geschwindigkeit: 20 Knoten
Besatzung: 389
Passagiere: 1266
Kabinenanzahl: 633, davon 210 innen
Bauwerft: Aker MTW, Wismar
Indienststellung: 2003, letzte Werftzeit: 2018

Cruise Liner in Hamburg ≈

Schön, sportlich

Liegezeiten
Mi 9. Mai 8:00 – 18:00 Uhr

Im Restaurant Markt, einem der drei Buffetrestaurants, können sich die Passagiere in legerer Atmosphäre mit Köstlichkeite

Reisepreise

Nach einem Winter in Asien kommt die „bella" im Mai zurück und kreuzt auf der Ostsee und vor der Küste Norwegens: Von Kiel geht es über Bergen und Ålesund zum Geirangerfjord und zurück über den Eidfjord. In der Balkonkabine kostet die Reise 1800 Euro pro Person

Hinter dem Glaskeil verbirgt sich das runde Theatrium; im Bereich Body & Soul Sport wird unte

62

≈ *AIDAbella*

und mit genussvoller Küche

**Die „bella" hatte ihren Abschied schon eingeläutet:
Sie sollte auf dem chinesischen Markt eingesetzt werden.
Doch die Reederei entschied sich anders:
Vorerst bleibt die „Schöne" den Europäern erhalten**

Topmodel Eva Padberg brachte am 23. April 2008 in Warnemünde die „AIDAbella" auf den Weg – und die Taufzeremonie, begleitet von einem Feuerwerk beiderseits der Warnow, fiel ähnlich festlich aus wie im Jahr zuvor bei ihrer Zwillingsschwester „AIDAdiva". „Bella" und „diva" – 315 Millionen Euro teuer, baugleich und für gut 2000 Urlauber ausgelegt – sind die ersten Vertreterinnen der dritten AIDA-Generation, die 2009 um die „AIDAluna" erweitert wurde.

Die „bella" begeistert mit ihrer großzügigen Ausstattung: 439 der insgesamt 1025 Kabinen haben einen Balkon, auf den privaten Decks der 18 Suiten laden Hängematten zum Faulenzen ein. Insgesamt bietet das Schiff 6400 Quadratmeter öffentliche Sonnenfläche auf drei Ebenen, dazu drei Außenpools inklusive Kinderbecken und vier Jacuzzis. Sportliche genießen Squash, Basket- und Volleyball auf den Freiluftcourts und auf dem über 500 Meter langen Joggingparcours lassen sich trefflich Pfunde abtrainieren.

Wer Körper und Seele verwöhnen möchte, findet neben Saunen und Dampfbädern Shiatsu- und Thalasso-Behandlungen sowie Edelsteinmassagen. Tropische Atmosphäre selbst in kühleren Regionen verspricht die musikfreie Wellnessoase innerhalb des Spas: Zwischen echten Palmen dürften rasch Entspannung und Ruhe einkehren – bei schönem Wetter wird das Glasdach ausgefahren. Als gläserner Keil in der Mitte des Schiffs ist die 3000 Quadratmeter große Erlebnisbühne der „bella" sogar von außen erkennbar. Das kreisrunde Theatrium bietet rund um die Uhr Musik, Tanz, Theater, Musical, Akrobatik – von einer hauseigenen Entertainment Gesellschaft in Hamburg (wir berichteten 2012 und 2013) eigens für die AIDA-Flotte arrangiert.

Kulinarischen Verlockungen begegnen die Gäste in sieben Restaurants, darunter drei der AIDA-typischen Buffetlokale (Markt, Weite Welt und Bella Vista). Zusätzlich gibt es auf der „bella" eine Sushi Bar, eine Pizzeria, ein Steakhouse sowie den traditionellen Gourmettempel Rossini. Ein Novum sind auch die gut sortierte Vinothek sowie die verglaste AIDA Lounge mit angrenzender Bibliothek vorn am Bug – dort nippen Gäste Cocktails mit Brückengefühl.

AIDA Cruises
Am Strande 3d
18055 Rostock
Telefon 0381-202 70 600
www.aida.de
Beratung und Buchung
in jedem guten Reisebüro

AIDAbella in Kürze

Flagge: Italien
Heimathafen: Genua
Länge: 252 Meter
Tonnage: 69.200 BRZ
Geschwindigkeit: 21,8 Knoten
Besatzung: 607
Passagiere: 2050
Kabinenanzahl: 1025
Bauwerft: Meyer, Papenburg
Indienststellung: 2008, letzte Werftzeit: 2017

Cruise Liner in Hamburg ≈

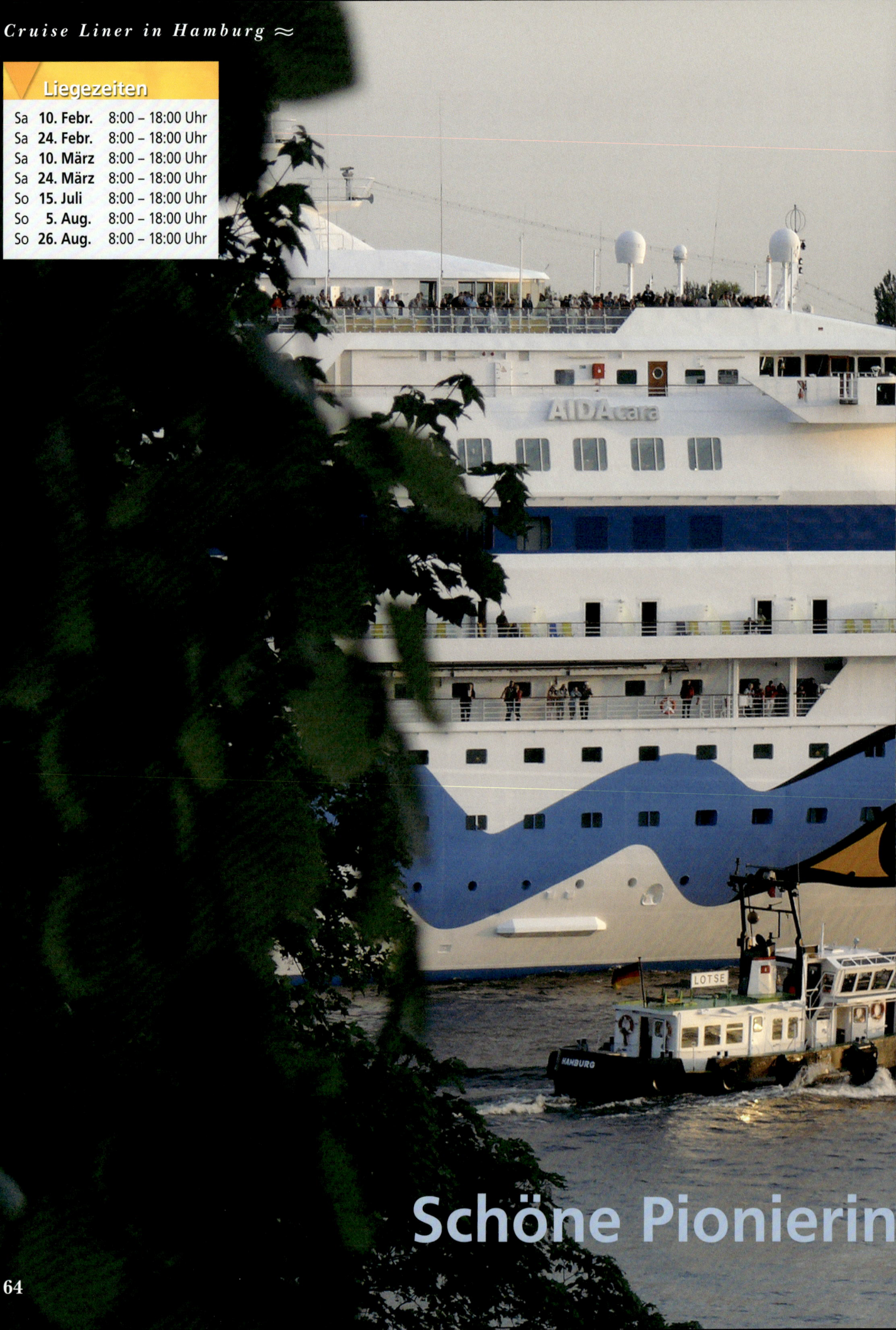

Liegezeiten

Sa	10. Febr.	8:00 – 18:00 Uhr
Sa	24. Febr.	8:00 – 18:00 Uhr
Sa	10. März	8:00 – 18:00 Uhr
Sa	24. März	8:00 – 18:00 Uhr
So	15. Juli	8:00 – 18:00 Uhr
So	5. Aug.	8:00 – 18:00 Uhr
So	26. Aug.	8:00 – 18:00 Uhr

Schöne Pionierin

≈ *AIDAcara*

Der Hafenlotse verlässt das Schiff und die „AIDAcara" hat nun freie Fahrt, die Elbe hinab in die Abendsonne und weiter auf die Meere der Welt

Die „cara" hat im letzten Jahr einmal die Welt umrundet – und damit die erste Weltreise eines AIDA-Schiffes absolviert. An Bord der Ur-AIDA können die Gäste sich mit dem neuen Selection-Programm eingehend über ihr Reiseziel informieren und auf ausgedehnten Ausflügen Land und Leute kennenlernen

fährt mit neuem Programm

Cruise Liner in Hamburg ≈

Auf dem Übungsgrün können Golfer das perfekte Einlochen üben, auch ein Golfsimulator steht zur Verfügung

Reisepreise

Drei Reisen führen die „cara" in diesem Sommer nach Grönland: Über Schottland und die Shetland-Inseln geht es zunächst nach Island, dann weiter über Grönlands Hauptstadt Nuuk in die berühmte Diskobucht. 21 Tage in der Meerblickkabine kosten ab 4105 Euro pro Person

Sie ist die Pionierin der Clubschiff-Flotte: Als im Juni 1996 ihr buntes, einprägsames Gesicht auf den Meeren erschien, glich das im bis dahin eher konservativen Kreuzfahrtgeschäft einer kleinen Revolution. „Keiner hatte damals eine Ahnung, dass das mal so ein Knaller wird", gesteht Feliks Büttner, Schöpfer des AIDA-Antlitzes. Grafiker Büttner, wie sein Auftraggeber damals in Rostock zu Hause, „dachte sofort an die Nofretete", fuhr nach Kairo, sah sich im Ägyptischen Museum um – und brachte leuchtende Mandelaugen samt roter Lippen für den Schiffsbug zu Papier. Die Frau des damaligen Bundespräsidenten, Christiane Herzog, wurde auserkoren, die Champagnerflasche an der Bordwand zerspringen zu lassen.

Die Ur-AIDA, die den Zusatz „cara" erst mit Erweiterung der Flotte erhielt, kommt verglichen mit ihren jüngeren Schwestern zierlich daher, die Atmosphäre an Bord ist entsprechend familiär. Ihre 590 Kabinen – vor zwei Jahren komplett überholt – sind auf vier Decks verteilt, 202 Unterkünfte liegen innen. Seit einem Umbau im Jahr 2005 bieten 44 Außenkabinen einen eigenen Balkon. Zudem gibt es vier Premium- und zwölf Junior Suiten auf Deck 7, die über private Außenbereiche verfügen. Wer sich für die beste Kategorie ganz vorn am Bug entscheidet, teilt das vorgelagerte Sonnendeck von 20 Quadratmetern allerdings mit den übrigen Gästen der Premium Suiten.

Das gesellige Leben der „cara"-Passagiere spielt sich auf den Decks 8 bis 11 ab. Sie bedienen sich entweder selbst an üppigen, kreativ angerichteten Buffets im Restaurant Markt oder im Calypso,

≈ *AIDAcara*

das am Heck von Deck 9 auch zum Schlemmen an frischer Seeluft einlädt. Besondere lukullische Genüsse und eine ruhigere Atmosphäre verspricht das Rossini – ein feines À-la-carte-Lokal.

Erstklassig wie auf allen AIDA-Schiffen ist das Unterhaltungsprogramm, das ein professionelles Showensemble im zweigeschossigen Theater am Bug der Decks 8 und 9 präsentiert. Unter den Aufführungen ist die aufwendige Musicalproduktion „Der Weltenwandler", eine Party-Mitmach-Show und mit dem „Songbook: Bryan Adams" ein interessantes, völlig neues Format: Eine Band spielt die Songs vorher ein und wird nun auf eine Leinwand projiziert. Ein Sänger des Bord-Ensembles übernimmt den Part von Bryan Adams, und ein Moderator führt mit unterhaltsamen Fragen durch die Show. Als kleineres AIDA-Schiff bietet auch die „cara" Selection-Reisen an: Das Bordprogramm ist mit Vorträgen und Kursen auf die Destination abgestimmt.

Auch sportliche Gäste kommen auf ihre Kosten: auf dem Jogging-Parcours, der das sechste Deck komplett und ohne Hindernisse umrundet, dem Volley- und Basketballfeld, beim Golf mit dem Simulator oder auf dem Putting Green, bei Landausflügen per Mountainbike oder Tourenrad, die am Biking-Schalter zu leihen sind.

Im Jahr 2016, zum 20. Jubiläum, ließ die Reederei die „cara" auf der Werft Navantia Shiprepairs im spanischen Cadiz überholen. Neben einer umfassenden Renovierung der Kabinen, Farbanstrichen und neuer Teppiche, wurden die Poolbar und die Calypso Bar auf Deck 9 modernisiert, außerdem die Anytime Bar und ihre Tanzfläche auf Deck 11 umgestaltet.

AIDA Cruises
Am Strande 3d
18055 Rostock
Telefon 0381-202 70 600
www.aida.de
Beratung und Buchung
in jedem guten Reisebüro

Die AIDA Bar mit dem großen sternförmigen Tresen auf Deck 8, eine Meerblick Suite, im Ruhebereich des Spa, auf dem Sonnen- und Pooldeck

AIDAcara in Kürze

Flagge: Italien
Heimathafen: Genua
Länge: 193 Meter
Tonnage: 38.557 BRZ
Geschwindigkeit: 20 Knoten
Besatzung: 369
Passagiere: 1266
Kabinenanzahl: 590, davon 202 innen
Bauwerft: Kvaerner Masa, Helsinki, Finnland
Indienststellung: 1996, letzte Werftzeit 2016

Cruise Liner in Hamburg ≈

Traumwandlerisches

Liegezeiten
Di 29. Aug. 8:00 – 18:00 Uhr

Im Theatrium erleben die Zuschauer einzigartige Shows in einem modernen Ambiente, und durch das Skylight scheint nach

Reisepreise
Im Juli erkundet die „luna" den Norden: Start ist in Kiel, über die Orkneys und Island geht es nach Spitzbergen und zum Polarkreis, zurück die norwegische Küste entlang über Tromsö, die Lofoten und Bergen. 17 Tage in der Balkonkabine kosten 4590 Euro pro Person

Freundlich und schön schiebt sich der Oceanliner auf der Elbe Richtung Nordsee; Buffetrestaurant

≈ *AIDAluna*

Theater auf der Mondgöttin

"Somnambul" heißt das Stück um einen artistischen Schlafwandler, das extra für die „AIDAluna" geschrieben wurde. In diesem Sommer kommt sie einmal nach Hamburg, bevor sie in die Neue Welt aufbricht

manchmal der Mond

ella Vista auf Deck 11

Den Hamburger Hafen besuchte das Mondschiff noch vor ihrer Taufe in Palma de Mallorca: Die „luna" gab hier am 21. März 2009 ihr Debüt, der dritte Neubau der Sphinx-Generation aus Papenburg kreuzte unter der Köhlbrandbrücke hindurch – mit an Bord auch Taufpatin Franziska Knuppe.

Das Model aus Rostock schritt zwei Wochen später zur Tat. Der Zeremonie war die Jungfernfahrt vorgeschaltet, und wer die Reise ab Hamburg gebucht hatte, durfte am 4. April mitfeiern. Um 22:18 Uhr erhielt die 315 Millionen Euro teure „luna" unter sternenklarem Himmel ihren Namen. Ein prächtiges Feuerwerk erleuchtete die Altstadt von Palma, Star-Geiger David Garrett spielte im Theatrium das „Claire de Lune" (Mondlicht) von Claude Debussy. Die perfekte Inszenierung wurde per Satellit ins Internet übertragen – eine AIDA-Premiere – und von 12.000 Zuschauern in aller Welt live mitverfolgt.

Sonnige Gelbtöne, edles Olivenholz und leichte Stoffe bestimmen das Interieur der Kabinen. 439 haben einen Balkon, auf den Decks der 18 Suiten laden Hängematten zum Faulenzen ein. Insgesamt 6400 Quadratmeter Sonnenfläche verteilen sich auf drei Ebenen, und drei Außenpools inklusive Kinderbecken und vier Jacuzzis garantieren großes Badevergnügen.

Die Wellnessbereiche der jüngsten AIDA-Schiffe zählen mit 2300 Quadratmetern zu den größten auf deutschsprachigen Cruiselinern. Das Body & Soul Spa der „luna" entführt in die Welt eines indischen Tempels. Saunen, Dampfbäder und 14 Behandlungskabinen stehen zur Wahl. Tropische Atmosphäre, unabhängig vom Reiseziel, verspricht die Wellnessoase innerhalb des Spas, wo man inmitten von Palmen entspannen kann.

Das dreigeschossige Theatrium ist als gläserner Keil von außen erkennbar. Unter der Kuppel präsentiert das Ensemble der „luna" 20 verschiedene Spektakel – und eines ist dem Schiff auf den Leib geschrieben: Das Stück „Somnambul" lockt die Zuschauer in vom Mond inspirierte Traumwelten. Großes Kino erleben die Gäste in der Arena auf Deck 11 und 12: Dort laufen Spielfilme über den 36 Quadratmeter großen LED-Screen; eine Laseranlage nutzt gar das Firmament als Projektionsfläche.

AIDA Cruises
Am Strande 3d
18055 Rostock
Telefon 0381-202 70 600
www.aida.de
Beratung und Buchung
in jedem guten Reisebüro

AIDAluna in Kürze

Flagge: Italien
Heimathafen: Genua
Länge: 252 Meter
Tonnage: 69.200 BRZ
Geschwindigkeit: 20 Knoten
Besatzung: 607
Passagiere: 2050
Kabinenanzahl: 1025, davon 213 innen
Bauwerft: Meyer, Papenburg
Indienststellung: 2009, letzte Werftzeit 2014

Cruise Liner in Hamburg ≈

Liegezeiten

Mi	24. Okt.	8:00 – 18:00 Uhr
Sa	3. Nov.	8:00 – 18:00 Uhr
Sa	10. Nov.	8:00 – 18:00 Uhr
Sa	17. Nov.	8:00 – 18:00 Uhr
Sa	24. Nov.	8:00 – 18:00 Uhr

Einsteigen und

Die Kuppel des Theatriums ragt in den Freizeit- und Sonnenbereich auf Deck 12 hinein, drumherum können die Passagiere si

Reisepreise

Wer mit der „mar" nicht nur auf der Ostsee kreuzen möchte, bucht die Transferfahrt: Mitte April geht's los auf Jamaika, zunächst zu den Kleinen Antillen, über die Azoren nach Europa bis nach Kopenhagen. 24 Tage kosten in der Außenkabine 3040 Euro pro Person

Das lächelnde Schiff hält Einzug in den Hafen; die Show „Kauri" spielt in einer faszinierende

70

≈ *AIDAmar*

das Entertainment genießen

Nicht nur das AIDA-Sportangebot hat Maßstäbe gesetzt, auch das Unterhaltungsangebot ist immer bunter und besser geworden – wie etwa die aufwendige „Kauri"-Show, die exklusiv auf der „mar" gezeigt wird

Eine Weltpremiere bescherte AIDA Cruises der Hansestadt zum 823. Hafengeburtstag am 12. Mai 2012. Zur Premiere der „AIDAmar" waren gleichzeitig vier Kussmund-Schwestern auf der Elbe unterwegs. „luna", „blu" und „sol" bildeten zunächst eine Sternenformation, Bug an Bug – Nervenkitzel für die Kapitäne. Dann fuhren sie in Reih und Glied den Strom hinab und trafen den Täufling auf Höhe des Fischmarkts, wo die Hamburgerin Sissi Kuhlmann, bei einem Casting als Taufpatin mit dem schönsten Kussmund gekürt, die Champagnerflasche knallen ließ. Ein festliches Feuerwerk illuminierte den Nachthimmel – und begeisterte mehr als hunderttausend Seheleute an Land.

Die Hotelfachfrau schickte ein besonders umweltfreundliches Kreuzfahrtschiff auf Jungfernfahrt: Erstmals hat die Papenburger Meyer Werft ein „Heat Recovery System" eingebaut – die Abwärme des Bordantriebs wird für den Betrieb der Klimaanlage und die Wasseraufbereitung genutzt. Damit spart „mar" 1000 Liter Treibstoff am Tag. Und seit dem Werftaufenthalt 2015 wurde auch das Abgasfiltersystem weiter verbessert. Technische Neuerung: Flat-Screens holen den Blick aufs Meer oder auf das nächste Ziel in die 375 Innenkabinen hinein.

Auf der „mar" finden die Gäste Ruhe und Erholung in indonesischem Ambiente. Riesige Tropenbäume mit Luftwurzeln und große Sandsteinreliefs erinnern an einen balinesischen Dschungel. Harmonische Farbwelten und viel Tageslicht bestimmen das Innendesign. Der Wohlfühlbereich misst insgesamt 2602 Quadratmeter, großzügiger geht es kaum auf den Ozeanen. In 34 Spa Kabinen sowie fünf Spa Suiten werden Körper und Seele verwöhnt, zum Beispiel mit dem Körperpeeling Bali Rasul, inklusive Fußbad und Teezeremonie. Im Fitnessbereich Body & Soul Sport können Sportbegeisterte bis zu 30 verschiedene Kurse wie Easy Step, Pilates oder Power Workout betreiben.

Am Abend finden die Gäste im Theatrium ein abwechslungsreiches Programm. Ein besonderes Bonbon ist die Show „Kauri", die in eine faszinierende Unterwasserwelt führt. Diese Unterhaltungsshow wurde eigens für die „AIDA mar" entwickelt und ist nur auf diesem Schiff zu bestaunen.

AIDA Cruises
Am Strande 3d
18055 Rostock
Telefon 0381-202 70 600
www.aida.de
Beratung und Buchung
in jedem guten Reisebüro

AIDAmar in Kürze

Flagge: Italien
Heimathafen: Genua
Länge: 252 Meter
Tonnage: 71.304 BRZ
Geschwindigkeit: 20 Knoten
Besatzung: 607
Passagiere: 2194
Kabinenanzahl: 1097, davon 375 innen
Bauwerft: Meyer, Papenburg
Indienststellung: 2012, letzte Werftzeit 2015

Cruise Liner in Hamburg ≈

Liegezeiten
Sa **1. Dez.** 8:00 – 24:00 Uhr
So **2. Dez.** 0:00 – 18:00 Uhr

Neu, hell und mit

Tolle Aussicht: Die „nova" zieht an der Hamburger Elbphilharmonie vorbei in Richtung HafenCity. Im Dezember wird diese

Reisepreise
Im Dezember ist Premiere: Die „nova" startet in Hamburg und fährt über Southampton, La Coruña, Lissabon und Madeira nach Teneriffa, Fuerteventura, Lanzarote und Gran Canaria. Die 13-tägige Jungfernfahrt schlägt pro Person mit 2680 Euro in einer Balkonkabine zu Buche

Außenbereich des Body & Soul Spa mit Whirlpools auf Deck 8; Wohnbereich einer geräumige

≈ *AIDAnova*

besten Grüßen an die Elbe

Die „AIDAnova" wird Platz für mehr als 6000 Passagiere bieten und damit das größte Kreuzfahrtschiff auf dem deutschen Markt werden. Mit an Bord: Ein TV-Studio, ein Mystery Room und eine Karaoke Bar

Nachdem AIDA Cruises die letzten zwei Schiffe in Japan bauen ließ, es aber zu Verzögerungen bei der Auslieferung kam, verlässt man sich in Rostock für den nächsten Neubau lieber auf Altbewährtes: Der Auftrag für das 13. Schiff ging wieder an die Meyer Werft im niedersächsischen Papenburg.

Die „AIDAnova" wird der erste Liner der Helios-Klasse und mehr als 6000 Passagiere aufnehmen können. Damit steht sie zwischen den größten Kreuzfahrtschiffen der Welt, der „Harmony of the Seas" (5400 Gäste) und der „Symphony of the Seas", die ab April bis zu 6800 Passagiere befördert. Beide Schiffe haben eine Bruttoraumzahl (BRZ), die über 220.000 liegt, die „nova" ist mit knapp 184.000 BRZ dagegen flächenmäßig deutlich kleiner. Allerdings wird sie einer der umweltfreundlichsten Liner: Als erstes Schiff wird sie im Hafen und auf See mit flüssigem Erdgas betrieben.

Nach ihrer Taufe, deren Ort bislang noch nicht bekannt gegeben wurde, wird die „nova" am 2. Dezember von Hamburg aus zu den Kanaren aufbrechen, wo sie auch den Winter verbringt.

Die Kabinen sind in Sand- und Erdtönen gestaltet, Polster, Vorhänge und Teppiche in kräftigen bunten Farben verleihen eine interessante Note. Wie auf den vorherigen Neubauten gibt es ein Lanai-Deck und einen Beachclub mit dem bewährten Foliendach.

16 Restaurants erwarten die Gäste, darunter Erlebnisdinner im Time Machine Restaurant, der Gourmettempel Rossini, ein Steakhouse und eine Sushi Bar. Außerdem eine Street Food-Meile, wo es mit Currywurst, Döner und Stulle einen Snack auf die Hand gibt.

Neben dem bewährten Sportangebot und dem Body & Soul Spa stehen im Four Elements ein Kletterpfad und eine Doppel-Wasserrutsche zur Verfügung.

Novum auf der „nova": Im Studio können bis zu 500 Gäste zusehen, wie eine TV-Sendung produziert wird, geplant sind unter anderem Game- und Kochshows. Im Theatrium sehen die Gäste eine exklusiv für die „nova" geschriebene Show, und wer gern selbst aktiv wird, kann im Mystery-Raum bei einem Mitmach-Event Rätsel lösen oder sich in der Rock Box Bar am Karaokesingen versuchen. 16 andere Bars sowie eine Diskothek runden die Abendunterhaltung ab.

AIDA Cruises
Am Strande 3d
18055 Rostock
Telefon 0381-202 70 600
www.aida.de
Beratung und Buchung
in jedem guten Reisebüro

AIDAnova in Kürze

Flagge: Italien
Heimathafen: Genua
Länge: 337 Meter
Tonnage: 183.900 BRZ
Geschwindigkeit: 21,5 Knoten
Besatzung: ca. 1600
Passagiere: 6654
Kabinenanzahl: 2500, davon 763 innen
Bauwerft: Meyer Werft, Papenburg
Indienststellung: 2018

Cruise Liner in Hamburg ≈

Liegezeiten

Sa	17. März	8:00 – 18:00 Uhr
Sa	24. März	8:00 – 18:00 Uhr
Sa	31. März	8:00 – 18:00 Uhr
Sa	7. April	8:00 – 18:00 Uhr
Sa	14. April	8:00 – 18:00 Uhr
Sa	21. April	8:00 – 18:00 Uhr
Sa	28. April	8:00 – 18:00 Uhr
Sa	5. Mai	8:00 – 18:00 Uhr
Mi	12. Mai	8:00 – 18:00 Uhr
Sa	19. Mai	8:00 – 18:00 Uhr
Sa	26. Mai	8:00 – 18:00 Uhr
Sa	2. Juni	8:00 – 18:00 Uhr
Sa	9. Juni	8:00 – 18:00 Uhr
Sa	16. Juni	8:00 – 18:00 Uhr
Sa	23. Juni	8:00 – 18:00 Uhr
Sa	30. Juni	8:00 – 18:00 Uhr
Sa	7. Juli	8:00 – 18:00 Uhr
Sa	14. Juli	8:00 – 18:00 Uhr
Sa	21. Juli	8:00 – 18:00 Uhr
Sa	28. Juli	8:00 – 18:00 Uhr
Sa	4. Aug.	8:00 – 18:00 Uhr
Sa	11. Aug.	8:00 – 18:00 Uhr
Sa	18. Aug.	8:00 – 18:00 Uhr
Sa	25. Aug.	8:00 – 18:00 Uhr
Sa	1. Sept.	8:00 – 18:00 Uhr
Sa	8. Sept.	8:00 – 18:00 Uhr
Sa	15. Sept.	8:00 – 18:00 Uhr
Sa	22. Sept.	8:00 – 18:00 Uhr
Sa	29. Sept.	8:00 – 18:00 Uhr
Sa	6. Okt.	8:00 – 18:00 Uhr
Sa	13. Okt.	8:00 – 18:00 Uhr
Sa	20. Okt.	8:00 – 18:00 Uhr
Sa	27. Okt.	8:00 – 18:00 Uhr
Mi	31. Okt.	8:00 – 18:00 Uhr
So	4. Nov.	8:00 – 18:00 Uhr

Ein neues Lächeln für den

≈ *AIDAperla*

Plätze tauschen mit dem Schwesterschiff: Die „prima" wird auf die Kanaren und ins Mittelmeer versetzt, die „perla" kommt in die Hansestadt

Die „AIDAperla" wird das neue Stadt-Schiff Hamburgs: Sie löst ihre Schwester, die „prima", auf der Metropolenroute in den Häfen im Ärmelkanal ab und übernimmt deren Stammplatz am Cruise Center in Steinwerder. Im Winter kreuzt sie in der Karibik und erkundet die Kleinen und Großen Antillen

Hamburger Michel

75

Cruise Liner in Hamburg ≈

Über den Beachclub auf Deck 16 ist eine Folie aus Hightech-Materialien gespannt, die das kalte Wetter aussperrt

Reisepreise

Ab Mitte März übernimmt die „perla" die Metropolenroute: Vom Hamburger Cruise Center in Steinwerder geht es nach Southampton und über Le Havre, Zeebrügge und Rotterdam zurück. Die einwöchige Kreuzfahrt kostet ab 1250 Euro pro Person in einer Meerblickkabine

Moderatorin Lena Gercke, einst „Germanys Next Topmodel", ließ am 30. Juni 2017 im Hafen von Palma de Mallorca die Champagnerflasche an der Bordwand der „AIDAperla" zerschellen und schickte damit das zwölfte Schiff der seit mehr als 20 Jahren stetig wachsenden AIDA-Flotte auf die Reise.

Gebaut wurde die „perla" im japanischen Nagasaki auf der Werft Mitsubishi Heavy Industries. Sie ist nach der „prima" das zweite Schiff der Hyperion-Klasse, doch wie bereits bei ihrem Schwesterschiff verzögerte sich ihre Auslieferung um ein Jahr. Wie alle AIDA-Schiffe wird die „perla" von der in Genua ansässigen Reederei Costa Crociere betrieben. Im Mittelmeer sollte sie auch ihre Heimat finden und dauerhaft zwischen Rom und Barcelona kreuzen. Doch als die „perla" im März 2017 an AIDA Cruises übergeben wurde, stand bereits fest, dass die „prima" Hamburg verlassen wird. Die „perla" wurde als ihre Nachfolgerin auserkoren. Der Neubau wird nun nach nur einer Saison im Mittelmeer von Mitte März bis November auf der Metropolenroute im Ärmelkanal von/bis Hamburg fahren. Danach geht es zum Überwintern in die Karibik, bevor das Frühjahr sie zurück in die Hansestadt bringt.

Herz des Schiffes ist die AIDA-Plaza auf Deck 7, im Gegensatz zur „prima" ist der Bereich nicht im häufig als kalt empfundenen Weiß gehalten, sondern etwas abgetönt, Böden und Leisten sind in Erdfarben abgesetzt.

14 verschiedene Kabinenvarianten warten auf die Gäste, hervorzuheben sind vor allem die Lanai Kabinen auf Deck 8 mit integriertem Wintergarten. Das Deck kann komplett zu Fuß umrundet werden, und Strandkörbe laden zum Verweilen einladen, allerdings müssen sich die

≈ *AIDAperla*

Gäste hier an den Fußverkehr vor ihrer kleinen Veranda gewöhnen, die jedoch mit einem Sichtschutz abgeschirmt ist.

Fünf verschiedene Buffetrestaurants und die kostenpflichtigen Gourmettempel Rossini, Buffalo Steak House sowie die Sushi Bar laden zum Abendessen. Im Casa Nova gehört das Essen zu den Inklusivleistungen, Getränke sind kostenpflichtig. Den kleinen Hunger zwischendurch stillen Tapas Bar, Brauhaus und die French Brasserie, eine schnelle Currywurst gibt es in der Scharfen Ecke. Wer selbst den Löffel schwingen möchte, bucht im Tim Mälzer Kochstudio einen Kurs oder veranstaltet selbst eine Kochparty. Drinks servieren 15 Bars und Lounges, darunter auch eine Vinothek.

Bestes Urlaubswetter garantiert die Hightech-Folie, die den Beach Club auf Deck 15 und 16 überzieht, über dem Sportbereich Four Elements mit Klettergarten lässt sich das Foliendach ein- und ausfahren. Novum im Sportbereich: Power Plates garantieren einen optimalen Work-out.

Das Entertainment auf der „perla" steht ganz im Zeichen der Neunzigerjahre: Die Show Viva 90s wurde unter Beteiligung von Musikproduzent Mousse T. entwickelt und präsentiert die besten Hits des Jahrzehnts. Zum Mitmachen sind die Gäste beim Glücksrad aufgefordert, und bei Voice of the Ocean können sich Mutige sogar bei einem Casting als Sänger versuchen. Wer nur zuschauen möchte, besucht die Tanz- und Artistikshow Secret Garden. Am späteren Abend zeigt der Club Nightfly eine Kabarettshow – nur für Erwachsene. Und wer danach noch abhotten möchte, kann das bis in die Morgenstunden in der Diskothek D6.

AIDA Cruises
Am Strande 3d
18055 Rostock
Telefon 0381-202 70 600
www.aida.de
Beratung und Buchung
in jedem guten Reisebüro

Blick auf Deck 7 und die Tische des Weite Welt Restaurants; der Gang führt zum Restaurant Rossini, Fitness auf dem Band, Lanai Kabine

AIDAperla in Kürze

Flagge: Italien
Heimathafen: Genua
Länge: 300 Meter
Tonnage: 124.100 BRZ
Geschwindigkeit: 21,5 Knoten
Besatzung: 900
Passagiere: 3286
Kabinenanzahl: 1643, davon 312 innen
Bauwerft: Mitsubishi Heavy, Nagasaki, Japan
Indienststellung: 2017

Cruise Liner in Hamburg ≈

Liegezeiten

Sa	7. April	8:00 – 18:00 Uhr
Mi	11. April	8:00 – 18:00 Uhr
So	15. April	8:00 – 18:00 Uhr
Do	19. April	8:00 – 18:00 Uhr
Mo	23. April	8:00 – 18:00 Uhr
Fr	27. April	8:00 – 18:00 Uhr
Di	1. Mai	8:00 – 18:00 Uhr
Sa	5. Mai	8:00 – 18:00 Uhr
Mi	9. Mai	8:00 – 18:00 Uhr
So	13. Mai	8:00 – 18:00 Uhr
Mi	23. Mai	8:00 – 18:00 Uhr
Sa	2. Juni	8:00 – 18:00 Uhr
Di	12. Juni	8:00 – 18:00 Uhr
Fr	29. Juni	8:00 – 18:00 Uhr
Mo	9. Juli	8:00 – 18:00 Uhr
Do	19. Juli	8:00 – 18:00 Uhr
So	29. Juli	8:00 – 18:00 Uhr
Mi	8. Aug.	8:00 – 18:00 Uhr
Sa	18. Aug.	8:00 – 18:00 Uhr
Di	28. Aug.	8:00 – 18:00 Uhr
Fr	7. Sept.	8:00 – 18:00 Uhr
Mo	17. Sept.	8:00 – 18:00 Uhr
Do	27. Sept.	8:00 – 18:00 Uhr
Mo	1. Okt.	8:00 – 18:00 Uhr
Fr	5. Okt.	8:00 – 18:00 Uhr
Di	9. Okt.	8:00 – 18:00 Uhr
Sa	13. Okt.	8:00 – 18:00 Uhr

Das Sonnenschiff läuft in den Hamburger Hafen ein, begrüßt von Sonnenstrahlen und begleitet von einem Ballon und einem Rettungsboot

Willkommen in

≈ *AIDAsol*

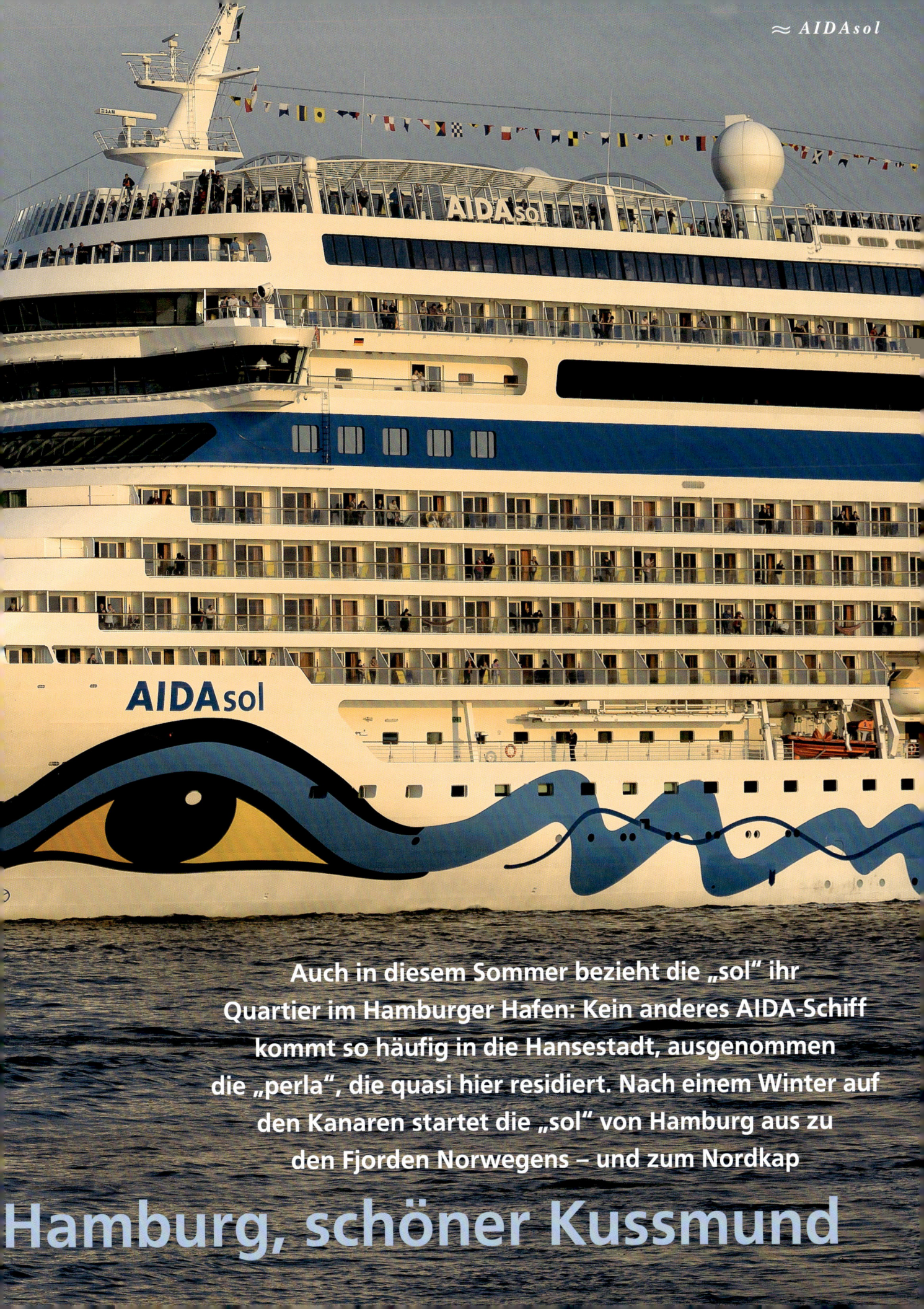

Auch in diesem Sommer bezieht die „sol" ihr Quartier im Hamburger Hafen: Kein anderes AIDA-Schiff kommt so häufig in die Hansestadt, ausgenommen die „perla", die quasi hier residiert. Nach einem Winter auf den Kanaren startet die „sol" von Hamburg aus zu den Fjorden Norwegens – und zum Nordkap

Hamburg, schöner Kussmund

Modernes Ambiente, formschön und in fröhlichen Farben: die Casino-Bar und der Treppenaufgang zum Theatrium

Reisepreise

Im Juni geht die „sol" auf Nordtour: von Hamburg zum Polarkreis. Über die Orkney Inseln, Island und Spitzbergen bis nach Hammerfest, zurück die norwegische Küste entlang mit Stopp auf den Lofoten. 17 Tage in der Außenkabine kosten ab 3330 Euro pro Person

Sie setzte sich gegen mehr als 1500 Konkurrentinnen durch und steht nun auf Augenhöhe mit schönen, berühmten Frauen wie Eva Padberg, Heidi Klum und Jette Joop: Bettina Zwickler, Reisebüroinhaberin und Kapitänstochter, taufte am 9. April 2011 die Achte im Bunde der AIDA-Schiffe in ihrer Heimatstadt Kiel. Erstmals ließ die Rostocker Reederei dem Täufling nicht von einer Prominenten allzeit gute Fahrt wünschen, sondern vertraute die feierliche Zeremonie einer bis dahin unbekannten Dame an.

Nach dem Motto „AIDA Cruises sucht die Taufpatin" (TV-Casting-Shows lassen grüßen) durften sich Interessierte in der Weblounge online bewerben – und dem Urteil der AIDA-Fans stellen. Fünf Kandidatinnen bestritten das Halbfinale, das während der ersten Fanreise von Hamburg nach Kiel ausgetragen wurde. Das Finale der „Top Drei" blieb den Passagieren der zweiten Fantour vorbehalten. Auf diesen Kurztrips, im Handumdrehen ausverkauft, bekamen eingeschworene AIDA-Fans Gelegenheit, den Flottenneuling noch vor der Taufe unter die Lupe zu nehmen. Und die Crew trat die Jungfernreise bereits bestens trainiert an.

„Du schönes Schiff! Wohin dich deine Reisen auch führen mögen – dein sonniges Lächeln wird die Menschen glücklich machen." Nach diesen Worten ließ Bettina Zwickler um 21:35 Uhr souverän die Sektflasche an den Bug der „AIDAsol" knallen, 45.000 Kreuzfahrtbegeisterte sahen ihr dabei am Kieler Ostseekai zu. Ein zehnminütiges Feuerwerk – 3000 Kilo Pyrotechnik, 10.000 Einzeleffekte – illuminierte den nächt-

≈ *AIDAsol*

lichen Frühlingshimmel und begleitete das Auslaufen des weißen Liners Richtung Kopenhagen.

Herzstück der „AIDAsol", aus 55 Stahlblöcken à 450 Tonnen zusammengeschweißt. Besonderheit aller Sphinx-Schiffe ist das Theatrium, eine Mischung aus Marktplatz und Manege. Der gewölbte gläserne Keil, eine architektonische Meisterleistung, schiebt sich beidseitig über die Bordwand hinaus. Für je eine Seitenwand, die Tageslicht ins Schiff fluten lässt, wurden rund 400 Quadratmeter Glas verbaut, für die Kuppel in zehn Metern Höhe über der Bühne des dreigeschossigen Theaterraumes sind es 38 Quadratmeter. Die einzelnen Scheiben wiegen bis zu 400 Kilo.

Wie jedem neuen AIDA-Liner hat Musicalkomponist Martin Lingnau (wir berichteten 2012) auch der „sol" eine Show auf den Leib geschrieben. Die fantasievolle Inszenierung „Fata Morgana" spielt in der staubigen Wüstenwelt von Sonnengöttern, aber auch im surrealen Lebensraum von Wassernymphen.

Helle Farben und das Spiel mit Blau und Weiß bestimmen das Interieur des Schiffs. Stoffe und Teppiche in den Kabinen sind von der Natur inspiriert. Wie in der griechischen Inselwelt sollen sich die Gäste im Fitness- und Wellnessbereich fühlen – mit 2602 Quadratmetern derzeit wohl die größte Wohlfühloase auf See. Malereien in Blaunuancen auf weiß gestrichenen Wänden, Fliesenmosaike, Skulpturen, große Amphoren, kunstvoll drapierte Tücher und sogar Olivenbäume, bis zu sechs Meter hoch, verbreiten mediterranes Flair. Und wenn das ovale Glasdach zurückfährt, atmen die Spa-Gäste sogar frische Meeresluft – die perfekte Ergänzung zum Thalasso-Angebot.

AIDA Cruises
Am Strande 3d
18055 Rostock
Telefon 0381-202 70 600
www.aida.de
Beratung und Buchung
in jedem guten Reisebüro

Am Brauhaus ziert eine Taube den Kessel; eine Suite; im Treppenhaus auf Deck 9; die Show wird live in die Bar des Theatriums übertragen

AIDAsol in Kürze

Flagge: Italien
Heimathafen: Genua
Länge: 253 Meter
Tonnage: 71.304 BRZ
Geschwindigkeit: 20 Knoten
Besatzung: 607
Passagiere: 2174
Kabinenanzahl: 1097, davon 375 innen
Bauwerft: Meyer, Papenburg
Indienststellung: 2011, letzte Werftzeit 2013

Cruise Liner in Hamburg ≈

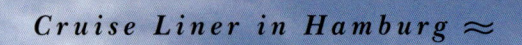

Liegezeiten

So	25. März	8:00 – 18:00 Uhr
Do	5. April	8:00 – 18:00 Uhr
Mo	16. April	8:00 – 18:00 Uhr
Fr	27. April	8:00 – 18:00 Uhr
Fr	25. Mai	8:00 – 18:00 Uhr
Di	5. Juni	8:00 – 18:00 Uhr
Di	4. Sept.	8:00 – 18:00 Uhr
Sa	15. Sept.	8:00 – 18:00 Uhr

Blick auf die „vita" von einem Tenderboot aus, das die Gäste zu interessanten Zielen an Land bringt. Das Schiff hat nur wenige Balkonkabinen

Als kleineres AIDA-Schiff ist die „vita" bei ruhesuchenden Gästen und bei Familien beliebt. An Bord genießen die Passagiere das neue Selection-Programm mit längeren Landaufenthalten und einem anspruchsvollen kulturellen Entertainment

Wo die Träume

≈ AIDAvita

in die Ferne schweifen

83

Cruise Liner in Hamburg ≈

Sonne, Wind und Wasser in der Anytime Bar auf Deck 10 am Heck: Hier lassen sich die Elemente unmittelbar erleben

Reisepreise

Im Frühjahr kreuzt die „vita" vor Norwegen, im Juni startet sie von Hamburg aus zur Atlantiküberquerung: Über Schottland und Island geht's nach St. John's, Halifax, Boston und schließlich nach New York. 17 Tage in der Außenkabine kosten 2765 pro Person

Das zweite Schiff der inzwischen stark angewachsenen AIDA-Flotte wurde 2002 in Dienst gestellt – da fuhr die Ur-AIDA, die heutige „cara", bereits seit sechs Jahren auf den Weltmeeren. Der Kreuzfahrterfolg der Clubschiffe war so groß, dass die Reederei gleich das Schwesterschiff, die „aura", mit in Auftrag gab, die ein Jahr später ausgeliefert wurde. Verglichen mit den Schiffen der zweiten und dritten AIDA-Generation, die Platz für mehrere Tausend Gäste bieten, ist das Reisen auf der „vita" mit maximal 1266 Passagieren eine geradezu familiäre Angelegenheit. Ihre wundervolle Ausstattung mit viel Holz lässt echte maritime Atmosphäre aufkommen: Man fühlt sich in jedem Moment wie auf einem Schiff und nicht wie in einem schwimmenden Hotel.

Gebaut hat die „AIDAvita" die Aker MTW Werft in Wismar, in Warnemünde fand am 4. Mai 2002 die Taufe statt. Als Taufpatin konnte die Reederei eine Art Popstar der Politik gewinnen: Doris Schröder-Köpf, die Ehefrau des damaligen Bundeskanzlers Gerhard Schröder, ließ die Champagnerflasche an der Bordwand zerschellen. Die Zeremonie stand am Anfang einer Reihe von späteren Megaevents, und illustre Namen gestalteten das musikalische Rahmenprogramm: Die Popgrößen DJ Bobo und die deutsche Girlband No Angels setzten Entertainmentmaßstäbe und gaben einen Hinweis auf das avisierte Zielpublikum.

Die „vita" punktet mit großzügigen Außenflächen zum Sonnenbaden und Relaxen, auch der Sport- und Spa-Bereich Body & Soul ist geräumig gestaltet. Die 633 Kabinen verfügen durchschnittlich über 20,5 Quadratmeter, die Premium Suiten sind mehr als doppelt so groß und haben ein privates Sonnendeck fast in Kabinengröße. Die moderne Poollandschaft auf Deck 10, wieder mit viel Holz gestaltet, kann man auf einem 500 m langen Joggingparcours umrunden (Deck 11), und ganz oben gibt es sogar die Möglichkeit zum hüllenlosen Sonnen. Der Sportbereich ist mit modernsten Kraft- und Cardiogeräten ausgestattet, und neben einer Vielfalt an Fitnesskursen warten ein Volleyballfeld, ein Basketballkorb sowie ein Golfsimulator auf Sportfreunde.

Die Passagiere speisen leger in den beiden Buffetrestaurants (Calypso und Markt) oder etwas formeller im Gourmetrestaurant Rossini, Snacks serviert der Poolgrill auf Deck 10. Für abendliches Entertainment sorgt eine Show im Theater, oder es locken eine Diskothek sowie vier weitere Bars.

Einen eleganten Rückzugsort bietet die im Stil der amerikanischen Südstaaten eingerichtete Hemingway Lounge zum Lesen oder Surfen im Internet. Kunstliebhaber besuchen die Galerie auf Deck 8 mit Werken von zum Beispiel James Rizzi. Die Ocean Bar auf Deck 7 am Heck, ausgestattet mit Teakholzstühlen und maritimem Ambiente, ist der perfekte Platz, um in aller Ruhe das Auslaufen bei einem Drink zu genießen.

Natürlich gibt es an Bord einen Kids Club für die Kleinen, doch beim Umbau im Jahr 2011 hat die Reederei auch an die jugendlichen Passagiere gedacht: Die neue Teens Lounge Waikiki im Stil einer hawaiianischen Beach Bar lädt mit viel Holz, Palmen und bequemen Sitzsäcken zum Chillen ein. Hier können sich die Teenager mit einer Nintendo Wii und einer modernen Soundanlage für DJ Workshops selbst im Popgenre tummeln und ihre Gesangsfähigkeiten erproben.

AIDA Cruises
Am Strande 3d
18055 Rostock
Telefon 0381-202 70 600
www.aida.de
Beratung und Buchung
in jedem guten Reisebüro

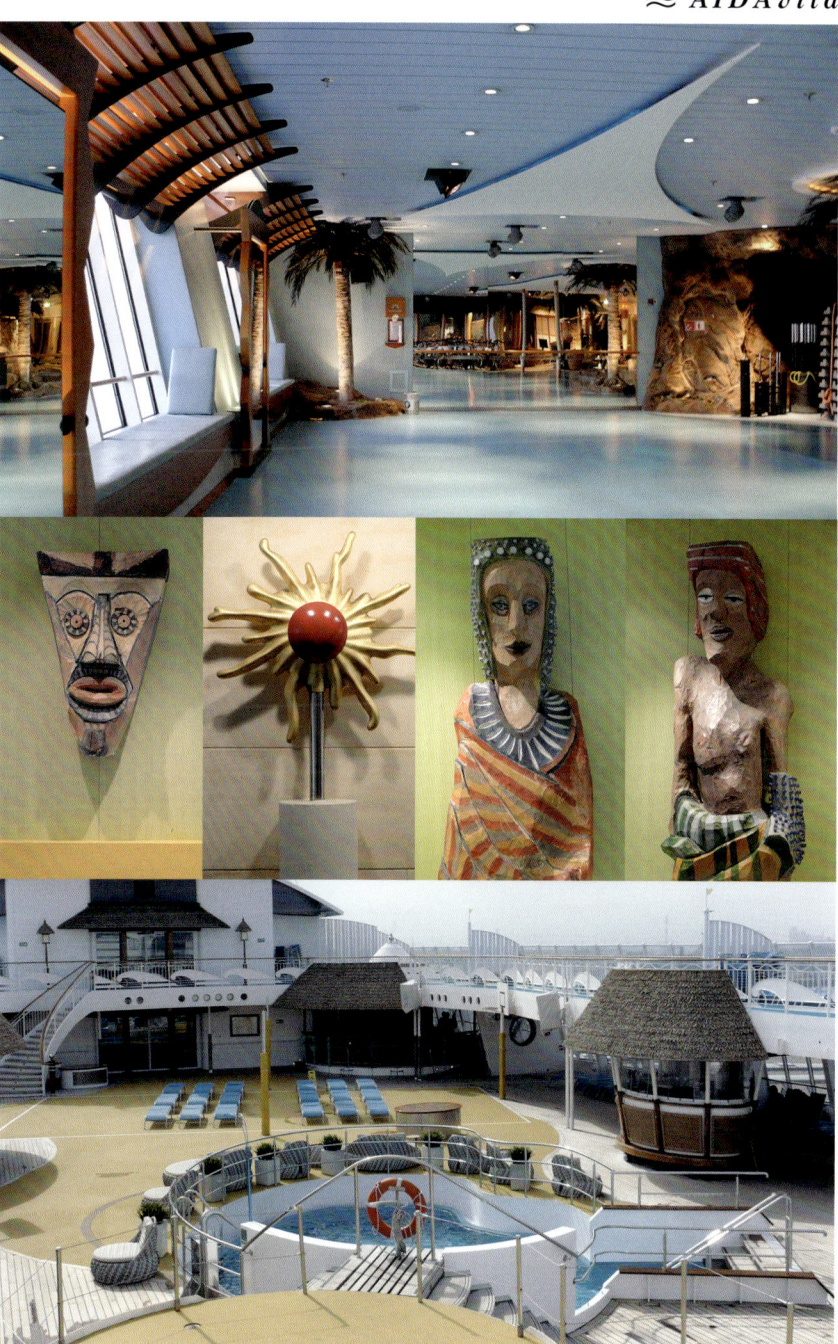

Body & Soul Sportbereich; Figuren als Dekoration geben dem Bordleben der „vita" eine exotische Note; viel Platz auf dem neugestalteten Pooldeck

AIDAvita in Kürze

Flagge: Italien
Heimathafen: Genua
Länge: 202 Meter
Tonnage: 42.289 BRZ
Geschwindigkeit: 21 Knoten
Besatzung: 389
Passagiere: 1266
Kabinenanzahl: 633, davon 211 innen
Bauwerft: Aker MTW, Wismar
Indienststellung: 2002, letzte Werftzeit 2017

Cruise Liner in Hamburg ≈

Entspannter

Liegezeiten
Fr	30. März	10:00 – 20:00 Uhr
Fr	6. April	10:00 – 14:00 Uhr
Mi	28. Nov.	10:00 – 23:30 Uhr
Di	11. Dez.	18:00 – 24:00 Uhr
Mi	12. Dez.	0:00 – 23:30 Uhr
Di	18. Dez.	18:00 – 24:00 Uhr
Mi	19. Dez.	0:00 – 17:00 Uhr

Die „Albatros" passiert die Elbphilharmonie Richtung Cruise Center in der HafenCity

Reisepreise

Im Herbst geht es auf den Spuren der Fernsehserie „Verrückt nach Meer", deren erste Staffeln an Bord gedreht wurden, von Bremerhaven über Portugal, Marokko, die Kanaren und Madeira, zurück über London nach Hamburg. 18 Tage in der Außenkabine kosten 2999 Euro

Shuffleboard auf dem Sonnendeck; von Harry's Bar freier Blick aufs Promenadendeck; viel Pla

Urlaub auf einem Klassiker

Die „Albatros" ist der Oldtimer der Phoenix-Flotte – und sehr modern: An Bord zählt nicht die Etikette, sondern dass die Gäste sich wohlfühlen. In diesem Jahr geht's nach Feuerland und auf die Ostsee

Als sie als „Royal Viking Sea" vor mehr als 40 Jahren gebaut wurde, gehörte sie zu den nobelsten Kreuzfahrtschiffen der Welt. Bis heute genießen Passagiere die großzügige Bauweise dieses Oceanliners mit klassischer Silhouette, auf dem rasch legere Urlaubsstimmung aufkommt. Die „Albatros" besticht durch liebenswerte Geborgenheit und heitere Gelassenheit. Vor allem ältere (deutschsprachige) Paare, aber auch Familien, die entspannt reisen möchten, schätzen das Schiff. Die 442 Kabinen, verteilt über sechs Decks, bieten insgesamt 1100 Betten, werden jedoch mit höchstens 830 Gästen belegt.

Beliebter Treffpunkt ist der Außenpool auf dem hinteren Salondeck. Hier genießen die Gäste unter freiem Himmel auch Frühstück oder Lunch, das sie sich am Lido Buffet selbst zusammenstellen können. Ebenfalls auf dem Salondeck laden die beiden lichtdurchfluteten Restaurants Möwe und Pelikan zum gediegenen Speisen ein. Alle Passagiere essen dort zur selben Zeit, sie reservieren einen festen Platz an Tischen für zwei bis acht Personen zu Beginn ihrer Reise.

Sechs Bars und drei Salons bieten Gelegenheit, von abwechslungsreichen Tagesausflügen zu entspannen. Aus der verglasten Pazifik Lounge, oberhalb der Brücke gelegen, bietet sich ein toller Blick über den Ozean, nebenan lockt die Piano Bar mit sanften Klaviertönen. In Harry's Bar spielt jeden Abend eine Band beschwingte Tanzmusik, wer's rockiger mag, wird die Casablanca Bar mit Disco bevorzugen. Zerstreuung bieten Filme im bordeigenen Kino und kleine Shows in der Atlantik Lounge.

Bewegungshungrige kommen beim Joggen über die Rundum-Promenade, beim Golfabschlag oder im Fitnesscenter auf ihre Kosten. Der hintere Bereich des Apollo Decks ist mit zwei Dampfbädern, Sauna, Schönheits- und Massagesalon dem körperlichen Wohlbefinden gewidmet. Drei kleine Whirlpools ein Deck höher versprechen Entspannung an frischer Seeluft.

Die 380 Standard-Außenkabinen (circa 16 Quadratmeter) sind vernünftig ausgestattet und bieten viel Schrankraum. In neun Penthouse Suiten auf dem Jupiter Deck genießen die Reisenden rund 50 Quadratmeter Privatsphäre mit separatem Schlafraum und großem Balkon.

Phoenix Reisen
Pfälzer Straße 14
53111 Bonn
Telefon 0228-926 00
www.phoenixreisen.com
Beratung und Buchung
in jedem guten Reisebüro

Albatros in Kürze

Flagge: Bahamas
Heimathafen: Nassau
Länge: 205 Meter
Tonnage: 28.000 BRZ
Geschwindigkeit: 18 Knoten
Besatzung: 340
Passagiere: 830
Kabinenanzahl: 442, davon 62 innen
Bauwerft: Wärtsilä Shipyard, Turku, Finnland
Indienststellung: 1973, letzte Werftzeit 2017

Restaurant Pelikan

Cruise Liner in Hamburg ≈

TV-Traumschiff

Liegezeiten
Sa 29. Sept.   9:00 – 18:00 Uhr
Fr 19. Okt.   10:00 – 17:00 Uhr

Der Golfplatz ist mit Kunstrasen ausgestattet, hier kann man auch seinen Abschlag aufs Meer verbessern – mit Spezialbälle

Reisepreise

Die „Amadea" fährt im Sommer die norwegische Küste hinauf, von Bremerhaven bis zum Nordkap. Stopps legt sie unter anderem an den berühmten Fjorden ein: Lysefjord, Hardanger- und Geirangerfjord. 14 Tage in der Außenkabine für 3399 Euro pro Person

Die „Amadea" ist ein klassischer Oceanliner mit einem türkisen Streifen; der Pool am Heck is

≈ *Amadea*

für die besten Golfabschläge

Inzwischen fährt die „Amadea" in der dritten Saison als Traumschiff fürs Fernsehen. Die Passagiere können auf vielen Reisen Zeugen der Dreharbeiten werden – und manchmal sogar als Statisten mitwirken

Als die Nachricht kam, hat die Crew angeblich nachgesehen, ob es an Bord genug Sektgläser für eine spontane Party mit allen Gästen gibt: Die „Amadea" wird das neue TV-Traumschiff. Nach der Insolvenz der Betreiber der „Deutschland", die seit 15 Jahren als Traumschiff im Dienst ist, war die Zukunft der traditionsreichen Serie offen. Doch schließlich knallten bei Phoenix Reisen die Korken, im Februar 2015 begannen die Dreharbeiten.

Gebaut wurde die „Amadea" in Kobe in Japan, woran das Asuka-Teezimmer erinnert. 2005 wechselte sie in den Besitz des Kreuzfahrtveranstalters aus Bonn, nach und nach wurde sie unter der Leitung des Hamburger Innenarchitekturbüros cubik3 zu einem großzügigen, eleganten Cruiseliner umgestaltet.

Die 306 Kabinen verteilen sich auf sieben der acht Passagierdecks. 122 der mit Kirschholzmobiliar eingerichteten Außenkabinen bieten einen Balkon. Die 46 Suiten umfassen rund 30 Quadratmeter. Königlich fühlen sich die Passagiere in den beiden Royal Suiten: Ihr privates Reich (rund 70 Quadratmeter) hat ein separates Wohn- und Schlafzimmer mit begehbarem Kleiderschrank. Aus dem Whirlpool im edlen Marmorbad blicken Sie über die tropisch bepflanzte Loggia direkt aufs Wasser und den Horizont.

Dank eines cleveren Konzepts kommt das Gefühl von Überfüllung nirgendwo an Bord auf. Viel Platz, viel Licht und viel Aussicht – damit punktet die „Amadea". Deck 7 bietet eine umlaufende Promenade mit Joggingpfad, Shuffleboardfeldern und auf Deck 11 sind Golfer dem Himmel nahe.

Mit schönem Panorama lockt die Vista Lounge ganz vorn auf Deck 10 bei Pianomusik. Eine gute Zigarre lässt sich in den Ledersesseln des Rauchersalons Havanna genießen, kühle Drinks auf der Terrasse der Kopernikus Bar. Ein großes Tanzparkett bieten die Diskothek und die zweigeschossige Showlounge Atlantik – das Zentrum des abendlichen Entertainments. Jeder Gast kann je nach Laune entscheiden, wo, wann und mit wem er speisen möchte – insgesamt stehen 630 Plätze bereit. Das Restaurant Amadea bietet morgens und mittags ein Buffet, abends wird am Tisch serviert. Im Vier Jahreszeiten gilt dieser Service zu allen Mahlzeiten.

Phoenix Reisen
Pfälzer Straße 14
53111 Bonn
Telefon 0228-926 00
www.phoenixreisen.com
Beratung und Buchung
in jedem guten Reisebüro

Amadea in Kürze

Flagge: Bahamas
Heimathafen: Nassau
Länge: 193 Meter
Tonnage: 29.000 BRZ
Geschwindigkeit: 18 Knoten
Besatzung: 315
Passagiere: 600
Kabinenanzahl: 306 außen
Bauwerft: Mitsubishi Shipyard, Kobe, Japan
Indienststellung: 1991, letzte Werftzeit 2016

Cruise Liner in Hamburg ≈

Stolze Dame

Liegezeiten
Sa **15. Sept.** 15:00 – 24:00 Uhr
So **16. Sept.** 0:00 – 19:00 Uhr
So **23. Sept.** 10:00 – 18:00 Uhr
Fr **28. Sept.** 10:00 – 18:00 Uhr

Herzliches Willkommen für die „Artania": Hier geben die Segler einer Regatta dem Oceanliner das Geleit bei der Einfahrt i

Reisepreise
Im Juli heißt es „Partyflair an Bord": Die „Artania" sticht in Kiel in See, kreuzt in der Förde und umrundet Dänemark, Ausstieg ist in Bremerhaven. Mit an Bord: die Band Münchener Freiheit. Zwei Tage Party-Cruise in der Außenkabine kosten ab 299 Euro pro Person

Die Balkonkabinen sind komfortabel; ein Kunstwerk auf Deck 8 erinnert an die himmlische

≈ *Artania*

mit royaler Vergangenheit

Die „Artania" hat zwar schon ein paar Jahre auf dem Buckel, aber sie kann locker mit den großen, modernen Linern mithalten. In diesem Jahr auch an Bord die Band Münchener Freiheit mit Hits der Achtziger

Dass sie zu den liebsten Schiffen britischer Kreuzfahrer zählte, wurde im Dezember 2009 deutlich: Die Abschiedsreise der „Artemis", seit 2005 für P&O Cruises im Einsatz, war binnen 17 Minuten ausverkauft! Zuvor waren sich die englische Reederei und der in Bonn ansässige Veranstalter Phoenix Reisen über einen Wechsel des Liners einig geworden.

Als „Artania" stach die „Artemis" im April 2011 in Southampton in See und ihr erster Stopp führte sie in die Lloyd Werft: In Bremerhaven wurde das inzwischen fast 30 Jahre alte Schiff, 1984 von Prinzessin Diana als „Royal Princess" getauft und lange für Princess Cruises unterwegs, generalüberholt und erhielt ein neues, Phoenix-gemäßes Outfit.

Das Schiff ist großzügig konzipiert, die höchstens 1200 Gäste genießen viel Freiraum, Offenheit und Licht – vor allem im Außenbereich. Die breite Rundum-Promenade lädt mit rund 500 Metern Länge zum Joggen oder Spazieren ein, das Terrassenheck über fünf Decks bietet viele geschützte Sitz- und Liegeflächen. Ein Ensemble aus fünf kleinen Pools auf dem Lido Deck verspricht Erfrischung nach dem Sonnenbad, auf dem Deck darüber befinden sich zwei weitere Schwimmbecken.

Mit dem Artania im hinteren Bereich des Salondecks wurde ein drittes Restaurant eingerichtet; es verfügt wie das Vier Jahreszeiten eine Ebene tiefer über 850 Sitzplätze. In beiden Lokalen wird der Gast am Tisch bedient, während das Lido Restaurant mit Tischen im Freien zu allen Tageszeiten Speisen vom Buffet anbietet. Eine Weinbar und die Frischluftbar Maritim am Heck wurden eingebaut, das frühere Kasino musste der Casablanca Lounge weichen. Ganz oben auf dem Sonnendeck entstand mit dem Artania Spa eine komplett neue Wellnesszone einschließlich Sauna, Fitnessraum und Kneipp-Fußbad-Parcours. 2014 investierte Phoenix Reisen noch einmal 43 Millionen Euro für eine umfassende Renovierung bei der Lloyd Werft in Bremerhaven: Beim letzten Werftaufenthalt 2017 bei Blohm+Voss wurden die Bäder renoviert und in allen Kabinen, die noch eine Badewanne hatten, Duschen eingebaut. Die „Artania" hat nur Außenkabinen, sehr ungewöhnlich für ein klassisches Kreuzfahrtschiff ihres Baujahrs.

Phoenix Reisen
Pfälzer Straße 14
53111 Bonn
Telefon 0228-926 00
www.phoenixreisen.de
Beratung und Buchung
in jedem guten Reisebüro

Artania in Kürze

Flagge: Bermuda
Heimathafen: Hamilton
Länge: 231 Meter
Tonnage: 44.500 BRZ
Geschwindigkeit: 18 Knoten
Besatzung: 420
Passagiere: 1200
Kabinenanzahl: 600 außen
Bauwerft: Wärtsilä Shipyard, Helsinki, Finnland
Indienststellung: 1984, letzte Werftzeit 2017

Cruise Liner in Hamburg ≈

Gepflegter Oldtimer

Liegezeiten
Sa **12. Mai** 15:00 – 24:00 Uhr
So **13. Mai** 0:00 – 16:00 Uhr

Blick vom Hafenmuseum aus auf die „Astor" im Hansahafen. Einer der Ausweichliegeplätze, wenn es für Kreuzfahrtschiffe i

Reisepreise

Leben wie Gott in Frankreich verspricht die „Astor", wenn sie im September vor der französischen Atlantikküste kreuzt. Sie besucht St. Malo, Nantes, Bordeaux und Bilbao, bevor es nach Bremerhaven zurückgeht. 13 Tage in der Außenkabine kosten ab 3589 Euro pro Person

Auf dem Sonnendeck; an den Spieltischen in der Bibliothek wartet eine Runde Schach in ruhige

mit großer Fangemeinde

Die „Astor" gehört nicht mehr zu den neuesten Schiffen, doch ihrer Beliebtheit tut das keinen Abbruch: Die schöne Atmosphäre und der tolle Service begeistern seit Jahrzehnten, die meisten Gäste kommen wieder

Etliche Langzeitfahrer haben den sorgsam gepflegten Cruiseliner zu ihrem schwimmenden Hauptwohnsitz erkoren, manch ältere Dame feierte bereits ihren 2500. Seetag an Bord. Die langjährigen „Astor"-Fans schätzen den freundlichen Service, das unaufdringliche Ambiente und das hervorragende Preis-Leistungs-Verhältnis: Sie sind im ClubColumbus organisiert (wir berichteten 2015). Seit 2014 fährt die „Astor" für die britische South Quay Travel & Leisure Ltd., Teil der Global Maritime Group. Im Sommer kreuzt sie für Transocean im Norden, den Winter verbringt sie unter Führung der Reederei Cruise & Maritime Voyages (CVM) rundum Australien.

16 Millionen Euro kostete der letzte Umbau 2010, dabei wurden die Wünsche der Passagiere berücksichtigt: Die Kabinen sind nun geräumiger, die öffentlichen Bereiche großzügiger. Außergewöhnlichen Luxus bieten die drei Premium Suiten mit Balkon sowie die Astor Suite und die zwei Senator Suiten. Die mit 13 Quadratmetern eher kleinen Standardkabinen verfügen über ausreichend Schrankraum sowie ein ordentlich geschnittenes Bad.

Der Übersee Club ist das legere Buffetrestaurant auf dem Bootsdeck. Am Tisch serviert wird im Waldorf Restaurant, abends speisen die Gäste dort in eleganter Kleidung. Pianoklänge, lässige Barmusik oder gedämpfte Unterhaltung – in einer der drei Bars findet jeder seinen Lieblingsplatz. Die Hanse Bar auf dem Brückendeck hat direkten Zugang zur Sonnenterrasse, schon zum Kaffee ein beliebter Treffpunkt. In der Astor Lounge stehen abends kleine Konzerte, Lesungen, Varieté, Kabarett oder Tanz auf dem Programm.

Sportliche trimmen im Fitnesscenter auf dem Brückendeck sowie auf dem Joggingpfad und schwimmen im Innen- oder Außenpool. Unter freiem Himmel ist viel Platz zum Sonnen, für Basketball, Schach und Shuffleboard. Wer sich pflegen möchte, besucht die Wellnessoase mit Sauna, Solarium, Beautysalon und beheiztem Pool.

Großes Plus: Themenreisen zu Geschichte und Literatur etwa, die von prominenten Experten begleitet werden, sowie vielfältige Kurse, darunter Gedächtnistraining, Kochen, Yoga, Philosophie, Tanzkurse, Wein- und Cocktailkunde.

Transocean Kreuzfahrten
Rathenaustraße 33
63067 Offenbach
Telefon 069-800 87 1650
www.transocean.de
Beratung und Buchung
in jedem guten Reisebüro

Astor in Kürze

Flagge: Bahamas
Heimathafen: Nassau
Länge: 176,5 Meter
Tonnage: 21.000 BRZ
Geschwindigkeit: 16,5 Knoten
Besatzung: 278
Passagiere: 578
Kabinenanzahl: 289, davon 109 innen
Bauwerft: Howaldtswerke, Kiel
Indienststellung: 1987, letzte Werftzeit 2015

Cruise Liner in Hamburg ≈

Liegezeiten
Mi **28. März** 12:00 – 24:00 Uhr
Do **11. Okt.** 12:00 – 24:00 Uhr

Komfortabler Oldie

Einsteigen und einkuscheln: In den Kabinen wartet das gemachte Bett nach einem langen Tag mit Landausflügen

Reisepreise
Einen Kurztrip macht die „Astoria" im August: Von Poole bei Bournemouth in England geht es nach Honfleur in Frankreich, auf der Seine nach Rouen, wo sie über Nacht liegt und zurück. Drei Nächte in der Außenkabine mit Meerblick kosten ab 630 Euro pro Person

Die „Astoria" ist ein traditionelles Kreuzfahrtschiff und das älteste der Welt, der Treppenaufga

≈ *Astoria*

mit bewegter Vergangenheit

Die „Astoria" ist das älteste Kreuzfahrtschiff der Welt – und punktet immer noch mit Komfort. Eine britische und eine französische Reederei teilen sich die Charter und bieten Reisen in der Nordsee an

Eine bewegte Vergangenheit liegt hinter der „Astoria" und eine ungewisse Zukunft vor ihr: Sie lief am 9. September 1946 als „Stockholm" vom Stapel und ist damit nach dem Großsegler „Sea Cloud" (1931) das älteste Kreuzfahrtschiff im Dienst. Gebaut wurde sie von der Werft Götaverken in Göteborg für die Swedish America Line, die sie als Passagierschiff auf dem Atlantik einsetzte. Traurige Berühmtheit erlangte die „Stockholm", als sie 1956 im dichten Nebel vor Nantucket an der US-Ostküste mit der „Andrea Doria" kollidierte und das größere Passagierschiff versenkte.

1960 kaufte die damalige DDR die „Stockholm" und gab ihr den Namen „Völkerfreundschaft". Bis 1985 kreuzte sie mit ausgewählten Passagieren auf der Ostsee, im Schwarzen Meer, aber auch in der Karibik. 1985 gab sie ein kurzes Zwischenspiel als „Volker" in Panama, danach folgt eine lange Liste von Eignern und verschiedenen Namen: „Fridtjof Nansen", „Italia I", „Italia Prima", „Valtur Prima" und „Caribe". Als „Athena" überstand sie 2008 unter der Charter von Classic International Cruises im Golf von Aden einen Piratenangriff: Die Crew vertrieb die Angreifer mit Wasserwerfern.

Im Jahr 2013 kaufte die neu gegründete Portuscale Cruises das Schiff, taufte es „Azores", und vercharterte es unter anderem an Ambiente Kreuzfahrten. 2018 läuft sie im dritten Jahr als „Astoria" für die britische Cruise & Maritime Voyages, die ihre Charter verlängerte. CMV „teilt" sich die Bereederung mit dem französischen Veranstalter Rivages du Monde, der ebenfalls in den Sommermonaten einige Reisen anbietet.

Wer sich an Bord des Oldtimers traut, wird mit maritimer Atmosphäre und sehr freundlichem Service belohnt. Die meisten Kabinen liegen außen, sind minimalistisch und mit wenig Schnickschnack eingerichtet, dafür alle mit Badewanne.

Die Passagiere speisen entweder im Restaurant Olissipo mit zwei Tischzeiten am Abend oder im Buffetrestaurant Lotus Pool Grill. Für Unterhaltung sorgen drei Bars, ein Nachtclub, ein Casino sowie Aufführungen in der Calypso Show Lounge oder im Kino mit 200 Plätzen auf Deck 5. Sportbegeisterte drehen ein paar Runden im Pool oder besuchen das Fitnesscenter und entspannen anschließend in der Sauna oder bei einer Wellnessanwendung.

Cruise & Maritime Voyages
Gateway House • Stonehouse Lane
Purfleet, Essex • RM19 1NS, United Kingdom
Telefon 0044-170-889 31 01
www.cruiseandmaritime.com
Beratung und Buchung
in jedem guten Reisebüro

Astoria in Kürze

Flagge: Portugal
Heimathafen: Madeira
Länge: 160 m
Tonnage: 16.144 BRT
Geschwindigkeit: 16,5 Knoten
Besatzung: 280
Passagiere: 550
Kabinenanzahl 277, davon 38 innen
Bauwerft: Götaverken, Göteborg, Schweden
Indienststellung: 1946, letzte Werftzeit 2016

acht nostalgisch

Cruise Liner in Hamburg ≈

Liegezeiten
Do 10. Mai   7:00 – 22:00 Uhr

Sie funkelt

Das Herz des Schiffes: In der Lobby werden die Gäste mit sanften Pianoklängen unterhalten, die Anleihen aus der Antike sir

Reisepreise

Von Yokohama geht's ab Ende März über Singapur, Oman, durch den Suezkanal und ins Mittelmeer. Über Hamburg und Irland, fährt die „Asuka II" nach Panama und Hawaii bevor sie den Rückweg antritt. 102 Tage Weltreise kosten 27.800 Euro pro Person in der Innenkabine

Die „Asuka II" gilt als das beste Kreuzfahrtschiff Japans; zum Wohlfühlen für zwei Personen läd

≈ *Asuka II*

so elegant wie ein Diamant

Eine japanische Legende: Die „Asuka II" kreuzte einst als „Crystal Harmony" über die Weltmeere, bevor sie in Asien zum Einsatz kam. Eine Weltreise führt sie in diesem Jahr zum Hafengeburtstag nach Hamburg

Die „Asuka II" ist in ihrem Heimatland eine Legende und in Europa fast unbekannt: Sie kommt, wie ihre Passagiere, aus Japan. Gebaut wurde sie 1990 von Mitsubishi Heavy Industries in Nagasaki für die US-Reederei Crystal Cruises, die damals zum japanischen Konzern Nippon Yusen Kaisha (NYK) gehörte. 15 Jahre fuhr sie unter ihrem ersten Namen „Crystal Harmony", hauptsächlich mit Gästen aus den USA.

Ab 2006 setzte NYK die „Crystal Harmony" als „Asuka II" auf dem asiatischen Markt ein. Sie löste die „Asuka" ab (die heute als „Amadea" für Phoenix Reisen fährt), den ersten japanischen Oceanliner, der jemals eine Weltreise unternommen hat. In Japan ist der Name „Asuka" Synonym für luxuriöse Kreuzfahrten.

Manche Trips an Bord der „Asuka II" dauern nur eine Nacht: Die Passagiere schauen vor den Häfen Yokohamas oder Kobes ein Feuerwerk an oder besuchen regionale Feste. Auf längeren Kreuzfahrten umrundet die „Asuka II" Japan oder fährt in interessante Regionen Südostasiens. Regelmäßig geht es auf Weltreise, ab 2014 allerdings wurde aufgrund der politischen Lage eine Pause eingelegt. 2018 fährt der Liner wieder um den Globus, die Reise war innerhalb eines Tages ausverkauft.

Ein japanisches Badehaus, ein Raum für traditionelle Teezeremonien und ein Sushi-Restaurant sind nach außen hin die einzigen Zeichen für ihre Herkunft, insgesamt präsentiert die „Asuka II" sich sehr „westlich": Viel Glas, Chrome und helle Farben dominieren, in der Lobby unterhalten Pianoklänge die Gäste. Zum Essen stehen ein Buffet-, ein À-la-carte- und zwei Spezialitäten-Restaurants zur Verfügung, außerdem ein Bistro. Wer Eleganz liebt, nimmt einen Afternoon Tea im Palm Court, wo abends auch kleine Konzerte gegeben werden.

Die Gäste relaxen an zwei Pools und im Spa, spielen Paddeltennis oder ziehen sich in die Bibliothek zurück. Abends werden in der theaterartigen Galaxy Lounge Shows gezeigt, die Passagiere können aber auch im Club 2100 das Tanzbein schwingen, das Casino oder ein Kino besuchen. Acht Bars stehen zur Verfügung, um nette Gespräche mit den Mitreisenden zu führen – oder sich im Karaokegesang zu versuchen.

NYK Cruises Co, The Landmark Tower
2-1, Minatomirai 2-chome, Nishi-ku
Yokohama, 220-8147 Japan
Telefon 0081-45-640-5301
www.asukacruise.co.jp
Beratung und Buchung
in jedem guten Reisebüro

Asuka II in Kürze

Flagge: Japan
Heimathafen: Yokohama
Länge: 241 Meter
Tonnage: 50.142 BRZ
Geschwindigkeit: 21 Knoten
Besatzung: 470
Passagiere: 872
Kabinenanzahl: 436, davon 19 innen
Bauwerft: Mitsubishi Heavy Industries, Japan
Indienststellung: 1990, letzte Werftzeit 2018

Cruise Liner in Hamburg ≈

Liegezeiten
Mi 12. Dez.   7:00 – 21:00 Uhr

Das Interieur des Restaurants Medina ist arabisch inspiriert, doch serviert wird europäische Küche – bei freier Wahl vo

Stilvolle Britin mit Hang zum

Wer an Bord der „Aurora" geht,
sollte Liebe zum britischen Lebensstil mit-
bringen – und formelle Kleidung beim
Dinner durchaus schätzen. Doch an Bord
werden auch Familien glücklich, denn
die Kinderbetreuung ist bestens organisiert.
Im Dezember stattet sie Hamburg
ihren jährlichen Besuch ab

Very british: die gut bestückte Bibliothek; rech

≈ *Aurora*

Auf dem D-Deck liegt die Raffles Bar, das Herzstück des Raffles Court, eines Innenhofes, der den Blick auf den tiefer liegenden Mayfair Court und den Piccadilly Court freigibt. Spätestens hier, umringt von tabakbrauner Holzvertäfelung, erschließt sich dem Gast, dass er sich an Bord der „Aurora" auf einem betont britischen Schiff befindet – auch wenn der Heimathafen nach dem aufwendigen Refit vor zwei Jahren nun nicht mehr London, sondern Hamilton auf den Bermudas heißt. Sir Stamford Raffles, legendärer Begründer Singapurs und Namenspatron der Bar, ist nicht selten das Gesprächsthema beim Drink – wie auch HRH Princess Anne, die das Schiff im April 2000 getauft hat. Für die den Royals Abgeneigten ist es freilich ein böses Omen, dass die Champagnerflasche nicht sofort zersprang. Die Jungfernfahrt endete denn auch vorzeitig wegen Antriebsschwäche und eine 2005 geplante Weltreise fiel schon auf der Nordsee durch Maschinenschaden ins Wasser. Die Scharte hat die „Aurora" inzwischen ausgewetzt und kreuzt regelmäßig auf den Weltmeeren.

Das im klassischen Kreuzfahrerstil erbaute Schiff hat eine unbeirrbare Klientel, insbesondere beim gehobenen britischen Publikum. Dessen Geschmack trägt das typisch englische Design mit viel Edelholz, Leder und Messing Rechnung: in den eleganten Restaurants und Lounges, den stilvollen Bars und Clubs, den komfortablen Suiten und Kabinen. Und dementsprechend achtet man auf die Etikette. So besteht zum Dinner stets die Empfehlung zu formeller Kleidung, mindestens aber der Zwang zum Sakko, ohne das man im Restaurant nicht bedient wird.

Bei solch einer intensiven Liebe zur Fasson erstaunt die aktive Familien- und Kinderfreundlichkeit des großen und schnellen Fünfsterne-Schiffs. Es gibt Spielplätze, ein Planschbecken, einen Kinderhort und einen Babysitterservice, sodass die Eltern das abendliche Programm an Bord genießen können. Und von den drei Pools kann einer bei schlechtem Wetter durch eine Kuppel geschlossen werden, damit sich die Kleinen nicht erkälten – british common sense.

Reisepreise

Im September gibt's die klassische Ostseefahrt auf britische Art: ab Southampton über Kopenhagen, Helsinki nach St. Petersburg, schließlich über Tallinn, Riga, Kiel, nach Skagen und zurück. 14 Tage in der Außenkabine kosten 2150 Euro pro Person

P&O Cruises
c/o Inter-Connect Marketing
Arnulfstraße 31 • 80636 München
Telefon 089-517 03 500
www.pocruises.de
Beratung und Buchung
in jedem guten Reisebüro

Aurora in Kürze

Flagge: Bermuda
Heimathafen: Hamilton
Länge: 270 Meter
Tonnage: 76.000 BRZ
Geschwindigkeit: 24 Knoten
Besatzung: 850
Passagiere: 1874
Kabinenanzahl: 935, davon 282 innen
Bauwerft: Meyer, Papenburg
Indienststellung: 2000, letzte Werftzeit 2014

atz und Essenszeit

Exotischen

e klassische Schönheit der „Aurora" mit dem Union Jack auf dem Bug

Cruise Liner in Hamburg ≈

Liegezeiten
Mo 28. Mai   8:00 – 17:00 Uhr
Mo 3. Sept.   8:00 – 17:00 Uhr

Die Tanzfläche im Atrium lädt unter den elegant geschwungenen Freitreppen zu einem Tango oder Foxtrott. Hier ist jeden T

Elegante Schwünge von Treppe

Die Klientel wie auch das Ambiente der „Azura" mögen britisch sein, doch der Oceanliner überrascht mit lichtem Design und einem frischen Farbkonzept. So nennt die Direktorin von P&O Cruises, Carol Marlow, die „Azura" denn auch ein „Boutique-Hotel zur See" – mit kosmopolitischem Touch

Superior-de-Luxe-Kabine im modernen britisch

≈ *Azura*

„Glamour, Kultiviertheit und Eleganz" soll das neue Schiff der britischen Reederei P&O Cruises darstellen. Und mit der ehemaligen Primaballerina des Royal Ballet, Darcey Bussell, wurde eine Taufpatin gefunden, die all dies repräsentiert. Die Star-Tänzerin ließ am 10. April 2010 die Champagnerflasche an der Bordwand der „Azura" zerschellen, die Royal Ballet School gab eine Vorstellung und ein Feuerwerk stieg in den Himmel über Southampton auf.

Gebaut für 380 Millionen Euro auf der Fincantieri-Werft im italienischen Monfalcone, ist die „Azura" heute das drittgrößte Schiff der P&O-Flotte und gehört wie ihr Schwesterschiff, die „Ventura", zur Grand-Klasse. Auffälligstes äußeres Detail: der hochgezogene Ducktail – Entenschwanz.

Die Passagiere betreten das Schiff durch das großzügige Atrium, in dem eine Tanzfläche zu eleganten Schwüngen einlädt – ein Novum auf einem Kreuzfahrtschiff. Die öffentlichen Bereiche und die Kabinen sind in einem modernen, zurückhaltenden Design gestaltet, der sparsame Einsatz von Farben gibt dem Schiff eine frische Eleganz. Die Planer richteten 18 Einzelkabinen ein und kamen damit dem Trend nach, sich auf Alleinreisende einzustellen.

Neben den drei Hauptrestaurants gibt es eine Vielzahl von Grills, Bars und Buffetangeboten für informelles Speisen. Herausragend sind das indische Sindhu des mit einem Michelin-Stern ausgezeichneten TV-Kochs Atul Kochhar und das Glass House, eine Weinbar mit Sommelier-Service (beide aufpreispflichtig). Im Restaurant 17 auf ebendiesem Deck können die Passagiere auch unter freiem Himmel speisen.

Ein Theater, eine Showlounge mit Livemusik und Tanz sowie das Open-Air-Kino SeaScreen auf dem Pooldeck sorgen für abendliche Unterhaltung. Sportbegeisterte finden neben vier Pools und dem Fitnessbereich die Gelegenheit zu Fußball, Tennis, Golf sowie Basketball. Wer die absolute Ruhe sucht, zieht sich in The Retreat zurück: Ein außergewöhnliches Spa Resort auf Deck 17 unter freiem Himmel, auf dem große Sonnensegel Schatten spenden.

Reisepreise

Die „Azura" kreuzt im Sommer in Nordeuropa und macht die klassische Ostseekreuzfahrt: von Southampton über Travemünde, Helsinki, St. Petersburg, Tallinn, Stockholm, Kopenhagen, Skagen. 14 Nächte in der Balkonkabine für 2420 Euro pro Person

P&O Cruises
c/o Inter-Connect Marketing
Arnulfstraße 31 • 80636 München
Telefon 089-517 03 500
www.pocruises.de
Beratung und Buchung
in jedem guten Reisebüro

Azura in Kürze

Flagge: Bermuda
Heimathafen: Hamilton
Länge: 290 Meter
Tonnage: 115.000 BRZ
Geschwindigkeit: 22 Knoten
Besatzung: 1200
Passagiere: 3096
Kabinenanzahl: 1557, davon 440 innen
Bauwerft: Fincantieri, Monfalcone, Italien
Indienststellung: 2010, letzte Werftzeit 2015

...vemusik zu hören

...und Tanzbein

...sign; die Rumpfbemalung wurde bei Blohm+Voss in Hamburg ausgeführt

Cruise Liner in Hamburg ≈

Sommer, Sonne,

Liegezeiten
Mi	6. Juni	21:00 – 24:00 Uhr
Do	7. Juni	0:00 – 18:00 Uhr
Di	23. Okt.	5:00 – 17:00 Uhr
Mi	19. Dez.	2:00 – 23:45 Uhr

Decksleben: Ein Sprung in den Pool sorgt für Abkühlung vom Sonnenbad. An Bord kann man herausfinden, ob auch die Brite

Reisepreise

„Balmoral" auf deutschen Wasserwegen: Mit Sondergenehmigung dockt sie in Bremen an, fährt durch den Nord-Ostsee-Kanal nach Kiel, weiter bis Warnemünde, dann zurück und zum Abschluss auf der Elbe nach Hamburg. Neun Tage in der Außenkabine kosten 1450 Euro pro Person

Die „Balmoral" hat am Hamburger Cruise Center angelegt; im Atrium schwingt sich die Trepp

Pool und ein elegantes Flair

Adel verpflichtet: Die Sommerresidenz der englischen Königin in Schottland gab diesem eleganten Cruiseliner seinen Namen. An Bord finden die Gäste ein edles, doch durchweg entspanntes zweites Zuhause

Kein Gigant im Kreuzfahrtgeschäft, aber sehr erfahren: Die norwegische Reederei Fred. Olsen, ein Familienunternehmen mit Sitz in Oslo, blickt auf eine gut 150-jährige Geschichte zurück. Die Olsens pflegen die Tradition – und gehen dabei ganz eigene Wege. Ihre Flotte zählt vier Cruiseliner und seit diesem Jahr den Flusskreuzer „Brabant", alle Schiffsnamen tragen als Initial ein B, eine Reminiszenz an die „Bayard", das erste Dampfschiff der Familie aus dem Jahr 1896. Und alle sind „menschlich im Maßstab".

Nachdem sich die Reederei 2009 von der „Black Prince" trennte, ist die „Black Watch" der neue Oldtimer der Flotte, der 2001 von der „Braemar" und 2006 von der „Boudicca" verstärkt wurde. Größtes Mitglied im Quartett ist die „Balmoral". Ende 2015 wurde der Rumpf der bis dahin schneeweißen Schiffe in tiefem Grau mit einem roten Band darüber gestrichen.

„Balmoral", benannt nach der schottischen Sommerresidenz von Queen Elizabeth, bestätigt ein weiteres Merkmal des Olsen-Stils: Die Norweger, die ihre Kreuzfahrtsparte vom englischen Ipswich aus managen, halten gezielt nach gebrauchten Linern Ausschau. Diese Juwelen werden modernisiert – und mit neuen Mittelstücken versehen. Ihrer spektakulären Operation bei Blohm+Voss Repair in Hamburg vom November 2007 (wir berichteten 2009) verdankt die „Balmoral" einen zweiten Poolbereich auf dem obersten Passagierdeck. Die Schwimmbecken sind edel gefliest, das Deck ist mit Teak belegt.

Mit der Mittelsektion erhöhte sich die Kabinenzahl von 552 auf 710, die Betten sind verschiebbar, 60 zusätzliche Balkone wurden geschaffen. Auf dem Lounge Deck entstanden die in warmen Rosttönen eingerichtete Braemar Lounge mit hoher Fensterfront an der Steuerbordseite, eine großzügige Bibliothek, eine Zone für Internetnutzer – und das erste Pub at Sea der Flotte.

Ein Lifting bekam auch das Highland Deck ganz oben, auf dem die geräumigsten Suiten untergebracht sind. Von dort ist es nur ein Katzensprung in das Fitnesscenter samt Spa oder in die kleinen, aber feinen Restaurants Avon und Spey – lichtdurchflutete Alternativen zum Ballindalloch auf Deck 6.

Fred. Olsen Cruise Lines
Fred. Olsen House, Whitehouse Road
Ipswich, Suffolk, IP1 5LL
Telefon 0044-1473-74 61 75
www.fredolsencruises.com
Beratung und Buchung
in jedem guten Reisebüro

Balmoral in Kürze

Flagge: Bahamas
Heimathafen: Nassau
Länge: 218 Meter
Tonnage: 43.537 BRZ
Geschwindigkeit: 18,5 Knoten
Besatzung: 510
Passagiere: 1350
Kabinenanzahl: 710, davon 113 innen
Bauwerft: Meyer, Papenburg
Indienststellung: 1988, letzte Werftzeit 2014

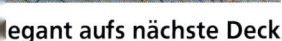

Cruise Liner in Hamburg ≈

Schillernde

Liegezeiten
Mi	4. April	21:00 – 24:00 Uhr
Do	5. April	0:00 – 19:00 Uhr
Mo	25. Juni	22:00 – 24:00 Uhr
Di	26. Juni	0:00 – 24:00 Uhr
Mi	27. Juni	0:00 – 07:30 Uhr

Auf der Elbe präsentiert die „Boudicca" ihre klassische Linienführung. Wie alle Fred-Olsen-Liner fährt sie nun mit anthrazi

Reisepreise
Im Sommer kommt die „Boudicca" nach Europa und besucht schwedische Wasserwege. Von Dover in England geht es durch die Schären, über Malmö und Visby nach Stockholm und zurück über Göteborg. Elf Tage in der Außenkabine kosten ab 2645 Euro pro Person

Das Secret Garden ist ein kleines Buffetrestaurant mit orientalisch-inspiriertem Ambiente; ein

≈ *Boudicca*

Karriere mit englischem Stil

Ihre Namensgeberin ist die keltische Königin „Boudicca", die in der Antike einen Aufstand gegen die römischen Besatzer anführte. Und auch heute noch werden die britischen Traditionen an Bord gepflegt

*E*xtravaganter Luxusliner für wohlhabende Weltenbummler aus Skandinavien, Casinodampfer für vergnügungssüchtige Amerikaner, schwimmendes Hotel für südkoreanische Pilger: 40 Jahre auf hoher See bescherten der „Boudicca" eine schillernde Karriere. Ihr neunter Eigner, die norwegische Reederei Fred. Olsen, übernahm sie 2005 und benannte sie nach einer viel verehrten keltischen Königin, die einst gegen die römische Besatzung Britanniens kämpfte. In Olsens Kreuzfahrerflotte, die aus dem ostenglischen Ipswich gemanagt wird und eine bodenständig-konservative britische Klientel anspricht, traf „Boudicca" mit der „Black Watch" eine ihrer beiden Schwestern wieder. Die dritte im einst legendären Royal Viking Line-Trio „Star", „Sky" und „Sea", das in den frühen siebziger Jahren in Finnland für ein norwegisches Konsortium gebaut wurde und ein Jahrzehnt lang als Nonplusultra galt, fährt heute unter dem Namen „Albatros" für Phoenix Reisen.

Ihre schlanke Silhouette und den eleganten Auftritt hat sich die „Boudicca" – ehemals „Royal Viking Sky" – bis heute bewahrt. Jede Form von Glamour ist ihr fremd, vielmehr besticht sie mit dem Charme eines gepflegten Klassikers: abgestuftes Heck, Teakdeck mit reichlich Platz für Liegestühle, intime Bars und Lounges im Inneren. 1982 wurde das Schiff, wie zuvor bereits die „Black Watch", auf der Lloyd Werft in Bremerhaven um 28 Meter verlängert. Damit bietet es Platz für weitere 300 Passagiere.

Die meisten der 462 Kabinen (21 Kategorien) liegen auf den Decks 3 bis 5. Mehr Licht und einen privaten Außenbereich genießen die Gäste der 54 Suiten und Kabinen mit Balkon auf den Decks 8 und 9. Das gesellschaftliche Leben spielt sich vor allem auf dem Lounge Deck 6 ab. Vier verschieden große und individuell dekorierte Restaurants – eines davon mit Buffet – stehen zur Wahl. Bei schönem Wetter gibt es ein Buffet am Pool. „Boudicca"-Gäste zelebrieren ihr Dinner als Hauptbeschäftigung am Abend, elegante Kleidung ist ein Muss. Jeden Abend findet in der Neptun Lounge ein englischsprachiges Unterhaltungsprogramm mit Shows und Kabarett statt. Perfekter Platz für einen Aperitif mit Aussicht, untermalt von Pianoklängen: The Observatory auf dem Marquee Deck.

Fred. Olsen Cruise Lines
Fred. Olsen House, Whitehouse Road
Ipswich, Suffolk, IP1 5LL
Telefon 0044-1473-74 61 75
www.fredolsencruises.com
Beratung und Buchung
in jedem guten Reisebüro

Boudicca in Kürze

Flagge: Bahamas
Heimathafen: Nassau
Länge: 205 Meter
Tonnage: 28.388 BRZ
Geschwindigkeit: 18,5 Knoten
Besatzung: 329
Passagiere: 880
Kabinenanzahl: 462, davon 77 innen
Bauwerft: Wärtsilä, Helsinki, Finnland
Indienststellung: 1973, letzte Werftzeit 2015

rbenem Rumpf

eräumige Balkonkabine

Cruise Liner in Hamburg ≈

Norwegische

Liegezeiten
Sa 27. Okt.   7:30 – 16:30 Uhr

Die Neptun Lounge ist das Herz des Entertainments auf der „Braemar": Hier werden Vorträge und musikalische Unterhaltun

Reisepreise

Von Southampton aus fährt die „Braemar" im Juni die norwegische Küste hinauf, unter anderem über Trondheim, Tromsö und Kirkenes, ins arktische Russland bis nach Murmansk, die größte Stadt am nördlichen Polarkreis. 16 Nächte in der Balkonkabine kosten 4200 Euro pro Person

Die „Braemar" in Hamburg: Bei Niedrigwasser guckt der Rumpf gerade mal über die Kaikant

Dame mit elegantem Touch

Das zweitälteste Schiff der norwegischen Reederei Fred. Olsen erfüllt das Familienmotto voll und ganz: „Menschlich im Maßstab" zeigt sich der kleine Liner, der gute Unterhaltung mit bestem Service paart

Als schlicht elegant lässt sich der Stil des Kreuzfahrtschiffes „Braemar" der Reederei Fred. Olsen Lines beschreiben. Poliertes Holz und glänzendes Messing zaubern eine maritime Atmosphäre, die mit Beleuchtung und Farbgestaltung noch unterstrichen wird.

Die „Braemar", benannt nach einem Dorf im schottischen Aberdeenshire, wurde von Fred. Olsen Lines im Jahr 2001 übernommen und passt in das Unternehmenskonzept, Reisen auf kleinen Schiffen in familiärer Atmosphäre anzubieten. Das Schiff ist 1992 bei einer spanischen Werft für die Reederei Commodore Cruise Line mit Sitz in Panama vom Stapel gelaufen und auf den Namen „Crown Dynasty" getauft worden. Ihre Jungfernkreuzfahrt unternahm sie im Juli 1993 entlang der amerikanischen Ostküste. 1994 übernahm die britische Reederei Cunard die Bereederung des Schiffes, drei Jahre später wurde es unter dem Namen „Crown Majesty" an Majesty Cruise Lines verchartert. Als „Norwegian Dynasty" fuhr der Liner zwischen 1997 und 1999 für die Norwegian Cruise Line, bis er als „Crown Dynasty" unter die Flagge der Commodore Cruise Line wechselte.

Nach dem Konkurs des Unternehmens übernahm 2001 die Reederei Fred. Olsen das Schiff und ließ es bei Blohm+Voss Repair in Hamburg umbauen. Unter anderem erhielt es im Heckbereich ein sogenanntes Ducktail, einen Anbau, der die Fahrteigenschaften verbessern soll. 2008 wurde der Oceanliner ebenfalls bei Blohm+Voss mittels einer Mittschiffssektion um 31 Meter auf insgesamt 163 Meter verlängert. Beim letzten Wertaufenthalt 2014 wurden vor allem die Loungebereiche umgestaltet. Anfang 2016 erhielt es wie alle Olsen-Schiffe einen tiefgrauen Rumpfanstrich.

Obgleich das Kreuzfahrtschiff zu den kleineren Einheiten gehört, entsteht an Bord kein Gefühl von Enge. Dafür sorgen weite offene Decks sowie ein Atrium, das sich über fünf Decks erhebt. Die Passagiere können zwischen zwei Restaurants wählen. Es gibt einen Swimmingpool sowie einen Fitnessclub. Für Wissbegierige stehen eine Bibliothek und ein Kartenzimmer zur Verfügung. Boutiquen bieten Modisches an und im Internetcenter besteht Kontakt zur weiten Welt.

Fred. Olsen Cruise Lines
Fred. Olsen House, Whitehouse Road
Ipswich, Suffolk, IP1 5LL
Telefon 0044-1473-74 61 75
www.fredolsencruises.com
Beratung und Buchung
in jedem guten Reisebüro

Braemar in Kürze

Flagge: Bahamas
Heimathafen: Nassau
Länge: 163 Meter
Tonnage 19.089 BRZ
Geschwindigkeit: 18 Knoten
Besatzung: 371
Passagiere: 929
Kabinenanzahl: 485, davon 125 innen
Bauwerft: Naval de Levante, Valencia, Spanien
Indienststellung: 1993, letzte Werftzeit 2014

Cruise Liner in Hamburg ≈

Entspannen

Liegezeiten
Di	30. Okt.	12:00 – 21:00 Uhr
Sa	8. Dez.	12:00 – 23:00 Uhr
Sa	15. Dez.	12:30 – 21:00 Uhr

Im Captain's Club relaxen die Passagiere bei einem Glas Ale oder Whisky. Die Bars und Lounges sind großzügig, nirgendw

Reisepreise
Nach einer Weltreise zu Jahresbeginn kommt die „Columbus" in den Norden und erkundet ab Rotterdam Castles, Clans und Whisky: auf den Orkneys, der Isle of Skye, in Irland und durch den Ärmelkanal bis Amsterdam. Elf Tage in der Außenkabine kosten 1409 Euro pro Person

„Columbus": Klassiker mit eigenwilliger Linienführung; der Raffles Pub ist der perfekte Ort f

auf die feine englische Art

Die „Columbus" startet in ihre zweite Saison als Flaggschiff der britischen Reederei Cruise & Maritime Voyages. Wer hier an Bord geht, der sucht und findet englische Lebensart, und das erstaunlich modern

Verschlungen waren die Wege der „Columbus", die nun als Flaggschiff von Cruise & Maritime Voyages (CMV) eine neue Heimat findet. Gebaut wurde sie auf der Werft Chantiers de l'Atlantique im französischen St. Nazaire, im Auftrag des russischstämmigen Reeders Boris Vlasov, der von seinen Firmensitzen in Mailand und Monaco aus seit den 1950er-Jahren die Schifffahrt in Europa mitbestimmt hatte. Vlasov starb, bevor das Schiff im Mai 1988 als „Sitmar FairMajesty" vom Stapel lief. Seine Erben gaben das Kreuzfahrtgeschäft auf, und so übernahm P&O Princess Cruises den Neubau.

Stil-Ikone Audrey Hepburn taufte das Schiff am 23. Mai 1989 in Florida auf den Namen „Star Princess", und für die nächsten acht Jahre blieb es dabei. Dann folgte ein Zwischenspiel als „Arcadia", doch 2003 wurde daraus die „Ocean Village", das erste Schiff der gleichnamigen Reederei. Der Mutterkonzern Carnival Corporation übergab sie im Jahr 2010 an P&O Cruises Australia, die sie „Pacific Pearl" taufte.

Seit Juni 2017 ist das Schiff als „Columbus" für CMV unterwegs und hat sogar schon ihre erste Weltreise absolviert. In Deutschland vertreibt Transocean die Kreuzfahrten.

Das Programm der „Columbus" richtet sich an Erwachsene, daher wird der Teenbereich zur Columbus Lounge mit Bibliothek und Panoramablick umgebaut, und dort, wo bisher die kleineren Kinder spielten, können sich nun die Großen beim Bridge und in einem Crafter's Studio an verschiedenen Kursen versuchen.

Maximal 1400 Passagiere reisen auf der „Columbus" in 775 Kabinen, 64 davon mit Balkon. Beeindruckend ist das Atrium über drei Decks in der Mitte des Schiffes, gesäumt von Geschäften, sowie ein Observatorium, das einzigartige Ausblicke gewährt.

Die Passagiere speisen an Bord der „Columbus" im Hauptrestaurant Waterfront oder in drei Spezialitätenrestaurants, und können zwischen zwei Bars an Deck und sieben Lounge Bars sowie zwei Spezialitäten-Cafés wählen.

Zwei beheizte Pools und ein Wellnesscenter mit Fitnessgeräten sorgen für sportliche Abwechslung, abends werden Aufführungen in der Showlounge oder Sportevents im Open-Air-Kino übertragen.

Cruise & Maritime Voyages
Gateway House • Stonehouse Lane
Purfleet, Essex • RM19 1NS, United Kingdom
Telefon 0044-170-889 31 01
www.cruiseandmaritime.com
Beratung und Buchung
in jedem guten Reisebüro

Columbus in Kürze

Flagge: Bahamas
Heimathafen: Nassau
Länge: 247 Meter
Tonnage: 63.786 BRZ
Geschwindigkeit: 16,5 Knoten
Besatzung: 514
Passagiere: 1400
Kabinenanzahl: 775, davon 178 innen
Bauwerft: Chantiers de l'Atlantique, Saint-Nazaire
Indienststellung: 1989, letzte Werftzeit 2017

Cruise Liner in Hamburg ≈

Willkommen im

Liegezeiten
Fr	18. Mai	7:30 – 20:30 Uhr
Fr	25. Mai	7:30 – 20:30 Uhr
Fr	1. Juni	7:30 – 20:30 Uhr
Fr	8. Juni	7:30 – 20:30 Uhr

Ist es ein Silberschmied, der nachdenklich sein Werk betrachtet, oder ein durstiger Gast mit leerem Glas im Hauptrestaura

Reisepreise

Im Dezember macht sich die „Mediterranea" auf den Weg in ihr Winterquartier in den Gefilden von Tausendundeiner Nacht: von Savona über Rom, Olympia und Kreta durch den Suezkanal nach Eilat, weiter nach Dubai. 19 Tage in der Balkonkabine kosten 1969 Euro pro Person

Die „Costa Mediterranea" verlässt den Hafen; der Spiegel hinterm Bett sorgt für eine optisch

≈ *Costa Mediterranea*

italienischen Wunderland

Elegant und glanzvoll: Entworfen wurde die Inneneinrichtung der „Mediterranea" von einem Amerikaner, Pate standen die prächtigen Paläste Italiens. Hier vereinen sich Barock und mediterranes Flair

Das Schlendern auf einem Costa-Schiff ist eine Reise auf der Reise", verspricht das Unternehmen aus Genua. Die Flotte zählt derzeit 15 Liner, und jeder ist einem Leitthema gewidmet. Die „Costa Mediterranea" präsentiert sich als schwimmende Hommage an die prächtigen Adelspaläste Italiens: Wer mit ihr aufbricht um norwegische Fjorde zu erkunden, der begegnet – als Kontrast zu den herben Landschaften – an Bord mythologischen Gestalten und dem Glanz italienischer Kultur. Viel Gold, kräftige Farben, Schnörkel und allerlei Kitsch prägen die öffentlichen Bereiche. Herzstück ist das Atrium mit geschwungenen Freitreppen, Galerien und zwei gläsernen Liften. Faszinierender Hingucker: ein Skulpturenensemble aus Tänzern, die schwerelos von der Glas-Kuppel hinabzuschweben scheinen.

Ebenfalls spektakulär: das zweigeschossige Ristorante degli Argentieri. Pate stand der Palazzo Biscari Paternò in Catania. Riesige illusionistische Deckengemälde ziehen den Blick in antike Landschaften, die Balustrade der Galerie zieren ovale Veduten. Weitere Accessoires: eine Kollektion von 140 Bechern des florentinischen Silberschmieds Pampaloni und eine Sammlung antiker Murano-Gläser. Kühler geht es im Club Medusa zu, wo Feinschmecker unter einer Glaskuppel Menüs des Genueser Sternekochs Zeffirino genießen. Die legere Buffetvariante findet sich mit dem Perla del Lago und einer Pizzeria auf dem Pooldeck. Eher zurückhaltend sind die Kabinen und Suiten gestaltet (718 mit Balkon). Costa punktet mit großzügigen Sonnendecks, vier Pools, darunter einer mit beweglichem Glasdach, einer für Kinder und ein dritter als Endstation der Wasserrutsche am Heck, sowie mit 4 Whirlpools.

Das 1854 gegründete Unternehmen zählt zu den Pionieren der Branche. Anfangs belieferte die Reederei italienische Emigranten in Übersee mit Olivenöl und Stoffen. 1948 stieg man mit der „Anna C." auf einem Liniendienst nach Buenos Aires in die Passagierschifffahrt ein. Die „Franca C." (1959) gilt als erstes Schiff der Welt, das ausschließlich Urlaubsreisen anbot. Seit 2000 gehört Costa Crociere zum US-Giganten Carnival Corporation, die Flotte expandiert stetig, mehrere Neubauten sind geplant.

Costa Kreuzfahrten
Am Sandtorkai 38-41
20457 Hamburg
Telefon 040-570 121 570
www.costakreuzfahrten.de
Beratung und Buchung
in jedem guten Reisebüro

Costa Mediterranea in Kürze

Flagge: Italien
Heimathafen: Genua
Länge: 292,5 Meter
Tonnage: 85.619 BRZ
Geschwindigkeit: 24 Knoten
Besatzung: 897
Passagiere: 2680
Kabinenanzahl: 1057, davon 212 innen
Bauwerft: Kvaerner-Masa-Yards, Turku, Finnland
Indienststellung: 2003, letzte Werftzeit 2013

Cruise Liner in Hamburg ≈

Liegezeiten

Mi	**6. Juni**	9:00 – 17:00 Uhr
So	**17. Juni**	9:00 – 17:00 Uhr
Do	**28. Juni**	9:00 – 17:00 Uhr
Di	**9. Juli**	9:00 – 17:00 Uhr

≈ *Costa Pacifica*

Jetzt schwingen die Passagiere den Kochlöffel

Costa hat eine Kochshow eingeführt – mit überwältigendem Erfolg! Jetzt können auch die Gäste zeigen, was sie kulinarisch drauf haben: „Bravo Chef: The Battle" lädt zur Küchenschlacht. Außerdem: Starkoch Bruno Barbieri, ausgezeichnet mit insgesamt sieben Michelin-Sternen, kreiert das Galamenü

Die „Pacifica" verlässt den Hamburger Hafen, und auch wenn es nach Norden geht, können die Gäste Italien pur genießen: die Küche und die Musik

Cruise Liner in Hamburg ≈

Überall Musik: Noten begleiten den Aufstieg der Passagiere auf der Treppe von der Welcome Bar zum nächsten Deck

Reisepreise

Im September heißt es „Europa von Nord nach Süd", wenn die „Pacifica" in Kiel Kurs aufs Mittelmeer nimmt: Über Amsterdam, Dover und Le Havre geht es nach Vigo, Lissabon, Gibraltar, Malaga, Barcelona und Savona. Zwölf Tage in der Balkonkabine kosten ab 1919 Euro pro Person

Möchten Sie auf dem Weg zu Ihrer Kabine von Beethovens gefühlvoller Mondscheinsonate begleitet werden? Oder lieben Sie es ruhiger? Dann sollten Sie sich für eine Unterkunft auf Deck 2 entscheiden, dort hören Sie das Adagio von Tomaso Albinoni. Wer es mit Paolo Contes „Azzurro" charmanter und frischer haben möchte, bucht sich auf Deck 9 ein. Und wer Musik überhaupt nicht mag, der sollte besser ein anderes Schiff aus der stetig wachsenden Costa-Flotte wählen: Die „Pacifica" ist nämlich ganz und gar der Klangkunst verschrieben.

Der Italiener Mauro Pagani hat exklusiv für sie einen Soundtrack von 29 Stücken zusammengestellt, darunter sieben eigene Kompositionen und 22 Anleihen aus der Musikgeschichte – Klassik, amerikanischer Bigband-Sound, Samba-Rhythmen und fernöstliche Klänge. Ein 43-köpfiges Orchester, unterstützt von einer 14-köpfigen Bigband, hat die Arrangements eingespielt. Die bis zu 3780 Passagiere tauchen nun überall an Bord in unterschiedliche Klangwelten ein. Die Grand Bar Rhapsody etwa, größte von insgesamt 13 Bars und Cafés, ist George Gershwin gewidmet, Mozart grüßt aus dem Ballsaal Wien, Frank Sinatra aus den beiden zweigeschossigen Hauptrestaurants New York, New York und My Way. Das Thema Musik macht auch nicht vor der Innendekoration Halt, wie immer bei Costa schillernd und farbenfroh: Tanzende Noten zieren Wände, Decke und Treppengeländer des Atriums Welcome, dreidimensionale Notenschlüssel schmücken den Tanzsaal.

Doch die Gäste der „Costa Pacifica" sollen Musik nicht nur konsumieren, sondern auch selbst aktiv werden: zum Beispiel im Tonstudio, dem einzigen auf den Weltmeeren. Mithilfe eines Ton-

114

≈ *Costa Pacifica*

technikers können sie dort – solo oder im Duett – eine CD mit ihren Lieblingssongs aufnehmen. Während der Reise ist Instrumentalunterricht im Angebot, aus den besten Musikern unter den jungen Passagieren formiert sich eine Teen-Band.

Überhaupt kommen Kinder auf Costa-Schiffen nicht zu kurz. Familien mit Nachwuchs werden bevorzugt eingeschifft, an Bord stehen Wiegen, Kinderbetten und sogar Badewannen bereit. Im Squok Club (mit eigenem Pool und Außenbereich Lido Squok) betreuen Animateure die kleinen Kreuzfahrer in vier Altersgruppen von morgens bis kurz vor Mitternacht. Toben, basteln, Schatzsuche, Maskenfest – keine Zeit für Langeweile. Teenager werden von den Playstation-Konsolen begeistert sein. Und dabei dürfen auch die großen Gäste mitmachen. Auf dem zentralen Lido Deck, an einem der insgesamt vier Pools, werden bei „Playstation nights" spannende Wettbewerbe auf die Kinoleinwand (18 Quadratmeter) übertragen. Weiteres Highlight für Verspielte: der Grand-Prix-Rennwagen-Simulator.

Costa Crociere blickt auf eine lange Geschichte zurück: 1854 in Genua für den Export von Olivenöl in die USA gegründet, betrieb sie nach dem Zweiten Weltkrieg einen Passagierdienst nach Südamerika, in den 1960er-Jahren kam der Einstieg ins Kreuzfahrtgeschäft. Heute gehört das einstige Familienunternehmen zum US-Giganten Carnival Corporation und betreibt in Deutschland die AIDA-Schiffe. Mit einem millionenschweren Programm werden die älteren Costa-Schiffe renoviert und erhalten den Zusatz „neo". 2019 wird mit der „Costa Smeralda" der nächste Oceanliner ausgeliefert, drei weitere sind geplant.

Costa Kreuzfahrten
Am Sandtorkai 38-41
20457 Hamburg
Telefon 040-570 121 316
www.costakreuzfahrten.de
Beratung und Buchung in jedem guten Reisebüro

Farbenfrohe Opulenz: im großen Theater, das drei Decks hoch ist, an der Bar, bei der informativen Kochshow und im Samsara-Wellnessbereich

Costa Pacifica in Kürze

Flagge: Italien
Heimathafen: Genua
Länge: 290 Meter
Tonnage: 114.500 BRZ
Geschwindigkeit: 23 Knoten
Besatzung: 1110
Passagiere: 3780
Kabinenanzahl: 1504, davon 592 innen
Bauwerft: Fincantieri, Genua, Italien
Indienststellung: 2009, letzte Werftzeit 2017

Cruise Liner in Hamburg ≈

Liegezeiten

Di	**26. Juni**	7:00 – 18:00 Uhr
Do	**26. Juli**	7:00 – 15:00 Uhr
Sa	**25. Aug.**	7:00 – 24:00 Uhr
So	**26. Aug.**	0:00 – 02:00 Uhr
Di	**11. Sept.**	7:00 – 18:00 Uhr

Die „Europa" im Trockendock bei Blohm+Voss. Wie immer werden die Renovierungsarbeiten schnell und zuverlässig in der Hansestadt ausgeführt

Facelift für

≈ *Europa*

Neue Farben fürs Belvedere, mehr
Licht im Spa, das Atrium bekommt ein neues Dach
und die Galerie wird zum Atelier: Nach ihrem
routinemäßigen Werftaufenthalt wird die „Europa"
noch besser. Trotz des großen Lochs, das für
die Erneuerung der Azipod-Antriebssteuerung in
den Rumpf geschnitten werden musste

die schönste Yacht der Welt

Cruise Liner in Hamburg ≈

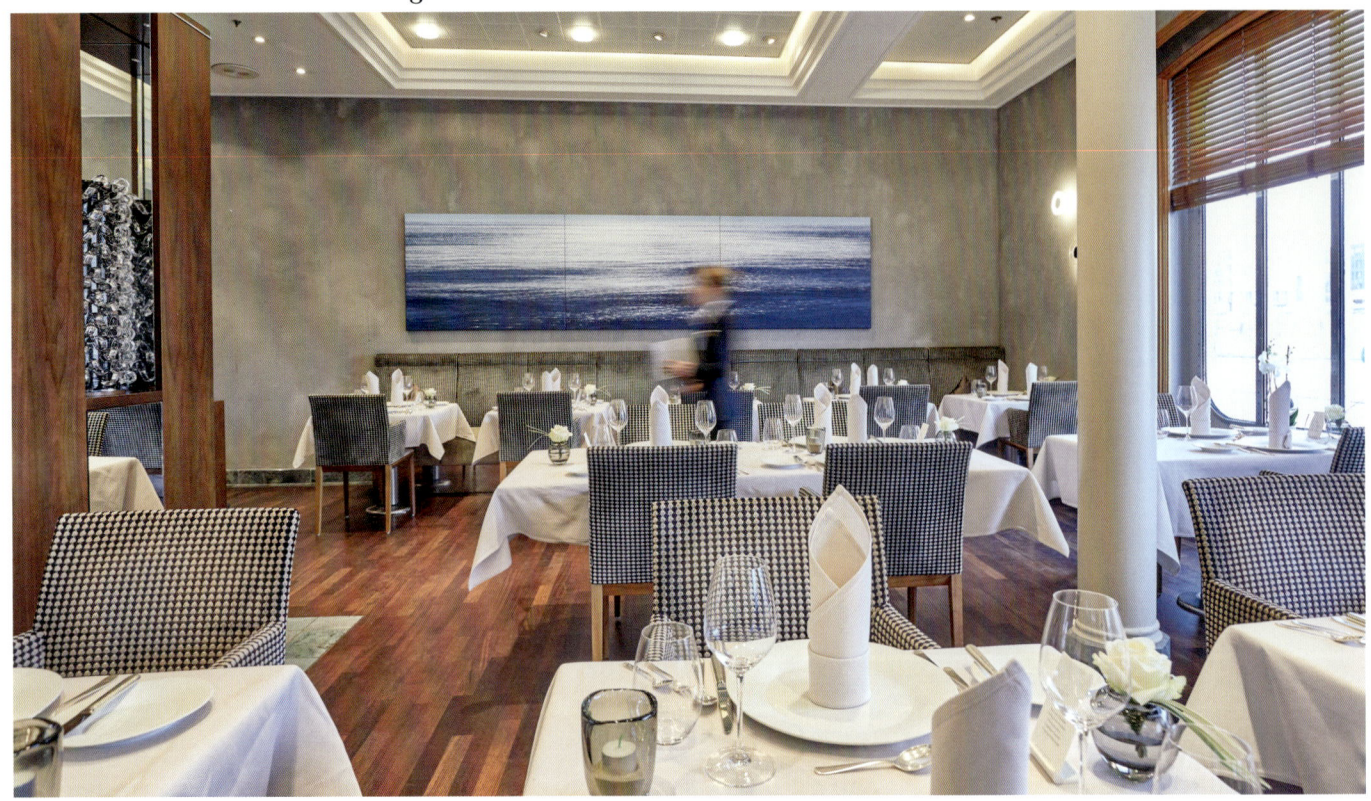

Exzellenter Service, nicht nur im neu renovierten Restaurant Dieter Müller, zeichnet die elegante Lady „Europa" aus

Reisepreise

Ein Sommermärchen an der Ostsee erleben die Gäste im August an Bord der „Europa": Von Kiel geht es auf zur Rundtour, über Riga, Tallinn, St. Petersburg, Helsinki und Stockholm, zurück über Klaipeda und Danzig. 12 Tage in einer Suite kosten ab 12.844 Euro pro Person

Die Vision des legendären Generaldirektors Albert Ballin verpflichtet: Seit bald 80 Jahren ist die „Europa" das Flaggschiff der Hapag-Lloyd-Kreuzfahrtflotte – und ihre 1999 gebaute sechste Ausgabe gilt heute unumstritten als schönste Yacht der Welt. Jedes Jahr aufs Neue vergibt der britische Kreuzfahrtkritiker Douglas Ward, graue Eminenz unter den Testern, im Berlitz-Cruise-Guide die Fünfsterne-plus an den edlen, aber nirgendwo protzigen Luxusliner. Unter den rund 300 Konkurrenten kann nur die „Europa 2" mithalten. Ward bezeichnet das Schiff als „exquisites Refugium", in dem jeder der höchstens 408 Passagiere an Bord viel Raum zur persönlichen Entfaltung genießt und jeden Wunsch – unauffällig – von den Augen abgelesen bekommt.

Die Gäste wohnen ausschließlich in Außensuiten, mindestens 27 Quadratmeter groß: begehbarer Kleiderschrank, getrennter Wohn- und Schlafbereich, hervorragend ausgestattetes Bad mit Marmorfliesen, Wanne und separater Duschkabine. Hochwertige Materialien und geschmackvolle Stoffe sind ebenso Standard wie ein ausgeklügeltes Infotainmentsystem: „Media4Cruises" versendet E-Mails, informiert über die Route oder das abendliche Menü, kann Filme aus der gut sortierten Bordvideothek abspielen oder unterhält mit Musik aus der Audiothek.

Die 204 Suiten verteilen sich auf fünf der sieben Passagierdecks. 2015 erhielten mehr als die Hälfte von ihnen bei einem Werftaufenthalt neue Badezimmer. 156 Suiten bieten eine Veranda mit gläserner Reling und Teakdeck. Den ultimativen Luxus erleben die Passagiere ganz oben auf dem Penthouse Deck: Dort liegen zehn Deluxe Suiten (45 Quadratmeter) mit Loggia sowie die beiden Grand Suiten „Hapag" und „Lloyd" am Bug. Auf 85 Quadratmetern können Gäste hier zu Gastgebern werden und mit Freunden entspannt ein privates Dinner und den grandiosen Blick genießen – zumal ihnen ein Butler helfend zur Hand geht. Auch kulinarisch wartet die „Europa" in ihren

≈ *Europa*

vier Restaurants mit Superlativen auf. Stets sind über 5000 Zutaten griffbereit, die Chefs können Menüs zaubern, die sich selbst auf einer Weltreise nicht wiederholen. Wöchentlich werden etwa 7000 Kilo Obst und Gemüse, 21 Kilo Kaviar und 500 Austern konsumiert, frischer Fisch und Seafood haben Top-Qualität. „Die Küche ist herausragend, stets voller Überraschungen, niemals langweilig – besser geht's nicht!", schwärmt Douglas Ward.

Im festlichen Speisesaal des Europa Restaurants, in dem alle Gäste gleichzeitig Platz finden, werden deutsche und internationale Küche, Spezialitäten der Reiseregion sowie „cuisine légère" serviert. Italienfans schlemmen im Venezia vor einem riesigen Wandbild mit entsprechender Stadtkulisse. Der Sternekoch Dieter Müller ist 70 Tage im Jahr in seinem gleichnamigen Restaurant an Bord. In seinen kulinarischen Kompositionen kombiniert er asiatische und mediterrane Elemente, auch nimmt er Anleihen in seiner badischen Heimat. Die Menüs werden auf dem puristischen Porzellan der Berliner Manufaktur Hering serviert, das die Herzen von Meisterköchen im Sturm eroberte. Markenzeichen des feinen Geschirrs ist das Spiel zwischen glatten und unglasierten, geriffelten und perforierten Oberflächen.

Am Abend können die Gäste in der Bar Gatsby's aus einer mit Tanzmusik wohl bestückten Jukebox ihre Lieblingssongs wählen und „vergessene" Cocktails genießen oder in der Sansibar das Panorama genießen. Die „Europa" wird regelmäßig bei Blohm+Voss in Hamburg überholt. 2017 erhielten das Restaurant Dieter Müller und das Belvedere ein neues Farbkonzept und die ehemalige Galerie ist nun als Atelier vorgesehen.

Hapag-Lloyd Cruises
Ballindamm 25
20095 Hamburg
Telefon 040-300 14 600
www.hl-kreuzfahrten.de
Beratung und Buchung
in jedem guten Reisebüro

Platz, Eleganz und modernes Design: Blick in eine Penthouse Suite, das Restaurant Europa, der Eingangsbereich des Spa und die Sansibar

Europa in Kürze

Flagge: Bahamas
Heimathafen: Nassau
Länge: 198,6 Meter
Tonnage: 28.890 BRZ
Geschwindigkeit: 21 Knoten
Besatzung: 285
Passagiere: 408
Kabinenanzahl: 204 außen
Bauwerft: Kvaerner Masa, Helsinki, Finnland
Indienststellung: 1999, letzte Werftzeit 2017

Cruise Liner in Hamburg ≈

Liegezeiten

Sa	28. Juli	22:00 – 24:00 Uhr
So	29. Juli	0:00 – 18:00 Uhr
Fr	17. Aug.	5:00 – 24:00 Uhr
Sa	18. Aug.	0:00 – 04:00 Uhr
Fr	31. Aug.	22:00 – 24:00 Uhr
Sa	1. Sept.	0:00 – 18:00 Uhr
Mi	19. Sept.	7:00 – 19:00 Uhr

Beauty-Kur

≈ *Europa 2*

Stolz und schön in Hamburg: Die „Europa 2" verlässt den Hafen. Schlepper, Hafenfähre und kleine Segler eskortieren sie an den Kränen vorbei

Sie ist gerade mal fünf Jahre alt und schon eine Legende: Die „Europa 2" hat alle Erwartungen übertroffen und sich schnell als würdige Schwester der „schönsten Yacht der Welt" etabliert. Nach ihrer zweiten turnusmäßigen Werftzeit kommt sie noch moderner und mit frischem Farbkonzept zurück

für Belvedere und Ocean Spa

Cruise Liner in Hamburg ≈

Edelste Materialien sorgen am Pool für ebenso luxuriösen wie entspannten Genuss, ob mit Waffeln oder Cocktails

Reisepreise

Heiße Quellen im kühlen Norden besucht die „Europa 2" im Juli und August: Von Hamburg geht es nach Island und weiter an die schroffen Küsten Spitzbergens. Der Rückweg führt über Norwegens Fjorde nach Süden. 19 Tage kosten ab 9871 Euro pro Person in der Veranda Suite

„Das ultimative Raum-Schiff", schwärmt Douglas Ward. Dem Urteil des britischen Kritikers hatte die damalige Hapag-Lloyd Kreuzfahrten (HLK) entgegengefiebert. Würde die „Europa 2", Ende April 2013 von der STX-Werft in Saint-Nazaire nach rund 20 Monaten Bauzeit abgeliefert, ihrer von Ward seit Jahren als weltbeste Yacht ausgezeichneten Schwester auf Augenhöhe begegnen können? Im Spätsommer kam die Erlösung: Die moderne, lifestyle-orientierte Neue errang auf Anhieb gleichfalls Fünfsterne-plus – und zwar mit der höchsten Punktzahl, die der Kreuzfahrt-Papst im BerlitzCruise Guide seit 1985 jemals vergeben hat, noch einen Hauch besser als die klassisch-konventionelle „Europa". Der grandiose Entwurf der renommierten Hamburger Schiffsarchitekten Partner Ship Design (wir berichteten 2011), gepaart mit dem absoluten Qualitätsanspruch und der Detailversessenheit des Auftraggebers, trugen Früchte. Das neue, 300 Millionen Euro teure Flaggschiff besteche vor allem, so Ward, mit „unglaublich viel Raum pro Passagier, viel Licht durch hohe Fensterfronten, eine große und hochwertige kulinarische Auswahl und einen aufmerksamen und unaufdringlichen Service".

Über Bord mit klassischen Traditionen wie Captain's Dinner in Smoking und Abendkleid, fixen Essenszeiten und fester Tischordnung. Beruflich stark eingespannte Kreuzfahrer möchten wenigstens im Urlaub ihre Freiheit genießen, auf Luxus, Qualität und Stil gleichwohl nicht verzichten. Und für genau diese Klientel, auch für Paare mit Kindern, hat Hapag-Lloyd die „Europa 2" konzipiert. Sie ist größer als die Schwester, für rund 100 Passagiere mehr ausgelegt. Ihre 516 Gäste logieren in 251 Suiten (28 bis 99 Quadratmeter), die alle einen privaten Außenbereich (7 bis 15 Quadratmeter) bieten. Für Familien stehen Apartments zur Wahl: zwei je 27 Quadratmeter große Kabinen, die sich verbinden lassen. Schlicht und edel ist die Einrichtung der Suiten, verteilt auf fünf der sieben Passagierdecks. Die handgefertigten Sitzmöbel sind Klassiker aus der Manufaktur COR. Das Farbkonzept reicht von goldigem Beige über sanfte Grün- und Auberginetöne bis zu sattem Braun.

Entspannte Eleganz prägt auch die öffentlichen Bereiche, konzentriert auf den Decks 4 (mit luftigen 3,50 Meter Raumhöhe) und 9. Acht Restaurants führen die Gäste in Versuchung. Internationale Menüs kocht Küchenchef Stefan Wilke im Weltmeere, dem mit 266 Plätzen größten, rondellartig angelegten Speiseraum an Bord. Absoluter Hingucker: die mundgeblasenen Deckenleuchter, die an Seeanemonen erinnern. Wie in einer Brasserie geht's im benachbarten Tarragon zu, im Elements genießt man asiatische Kochkunst, das Serenissima verwöhnt mit italienischen Gerichten. Im lichtdurchfluteten Yacht Club am Heck von Deck 9 (mit Terrasse) gibt es Frisches vom Grill, Sushi steht im Sakura auf der Speisekarte. Genauso vielfältig sind Atmosphäre und Angebot in den sechs Bars.

Ein Facelift erhielt die „Europa 2" 2017 bei Blohm+Voss: Das Belvedere hat nun eine integrierte Bibliothek und ist mehr Kaffeebar als Lounge mit frischen, modernen Farben. Das Herrenzimmer, jetzt Collins, offeriert eine gigantische Gin-Auswahl und – einen Plattenspieler: Die Gäste können selbst auflegen! Außerdem wurde das Ocean Spa erneuert und der Jazzclub in Club 2 umbenannt. Der deutsche Premiumanbieter firmiert seit Januar 2016 unter dem Namen Hapag-Lloyd Cruises und hat damit auch die englischsprachigen Märkte im Auge.

Hapag-Lloyd Cruises
Ballindamm 25
20095 Hamburg
Telefon 040-300 14 600
www.hl-cruises.de
Beratung und Buchung
in jedem guten Reisebüro

Stil und Eleganz: im Vorraum zum Theater, in einer Suite, im Restaurant Tarragon und auf den Liegen unter einem Schatten spendenden Tuch

Europa 2 in Kürze

Flagge: Malta
Heimathafen: Valletta
Länge: 225 Meter
Tonnage: 42.830 BRZ
Geschwindigkeit: 21 Knoten
Besatzung: 370
Passagiere: 516
Kabinenanzahl: 251 außen
Bauwerft: STX Europe, Saint-Nazaire, Frankreich
Indienststellung: 2013, letzte Werftzeit 2017

Cruise Liner in Hamburg

Liegezeiten
So	29. April	7:00 – 19:00 Uhr
Mi	9. Mai	7:00 – 16:00 Uhr
So	13. Mai	8:00 – 16:00 Uhr
Fr	25. Mai	7:00 – 19:00 Uhr
Do	14. Juni	7:00 – 19:00 Uhr

Die „Heimathäfen in der Nordsee" sind der Dauerbrenner unter den Routen des Plantours-Schiffs, das aber auch exotische Ziele ansteuert. In diesem Jahr unternimmt die „Hamburg" mehr Expeditionen als je zuvor, neben Grönland, dem Panamakanal und der Antarktis steht Kuba auf dem Programm

Klein und jedes Jahr zu

≈ *Hamburg*

Graffiti, Backsteinarchitektur und Hafenkräne im grünen Hamburg begrüßen das Schiff, das der alten Hansestadt seinen großen Namen verdankt

großen Abenteuern bereit

Das Alsterblick ist eines der beiden Restaurants an Bord der „Hamburg", hier wird das Essen stilvoll am Tisch serviert

Reisepreise

Einen „Sommer in Grönland" verbringt die „Hamburg", bevor sie für den Winter in die Neue Welt aufbricht. Vom Kangerlussuaq-Fjord fährt sie in die Diskobucht und stattet auch Grönlands Hauptstadt Nuuk einen Besuch ab. Elf Tage in der Außenkabine kosten ab 3183 Euro für pro Person, inklusive Flug

Wir freuen uns, den großen Namen Hamburgs tragen zu dürfen. Er ist für uns Programm und Verpflichtung zugleich", versprach Oliver Steuber, Chef des Bremer Reiseveranstalters Plantours & Partner, beim Tauffest seines neuen Flaggschiffs an der Überseebrücke. Dort begrüßte Bürgerschaftspräsidentin Carola Veit die „neue HAMBURGerin" am 7. Juni 2012. Feierlich enthüllte sie den Namenszug auf deren frisch gestrichenen Bug. In nur knapp drei Wochen hatte sich das 144 Meter lange Schiff mit Platz für 400 Gäste beim Aufenthalt in der genuesischen Werft Ente Bacini von der „Columbus" in die „Hamburg" verwandelt – bereit für eine zweite Karriere als Nachfolgerin der „Vistamar".

Seit 1990 war die „Vistamar" für Plantours & Partner mit vielen älteren Stammgästen an Bord auf den Ozeanen unterwegs. Als sich die Missgeschicke häuften und schließlich mehrere Reisen gestrichen werden mussten, kam es dem Bremer Reiseveranstalter zupass, dass sich Hapag-Lloyd Kreuzfahrten von seiner „Columbus" trennte – eine ideale Nachfolgerin für die „Vistamar". Persönlicher Service, gute Betreuung und familiäre Atmosphäre an Bord, daran sind deren Liebhaber gewöhnt, und das lässt sich nur mit einem kleinen Schiff bieten.

Im Mai 2012 war das Schiff zum letzten Mal als „Columbus" auf Weltreise. Danach ging sie in Nizza in die Werft und rüstete sich für ihre neue Rolle als Plantours-Flaggschiff „Hamburg". Eignerin bleibt die Münchner Unternehmensgruppe Conti. Neben neuem Anstrich und Technikcheck wurden sechs Zodiacs an Bord installiert – samt einem Kran, der die Beiboote zu Wasser lässt. Eismeer- und Amazonas-Expeditionen mit Schlauchbootanlan-

≈ *Hamburg*

dungen waren eine Spezialität der „Vistamar" und sollten auch künftig möglich sein. Der Flottenneuling ist übrigens der einzige Oceanliner weltweit, der dank seiner Bauweise die großen Seen Nordamerikas und Kanadas befahren kann. Zum Passieren der schmalen Schleusen lassen sich Brückennocken und Scheinwerfer einklappen.

Mit leuchtend gelbem Schornstein und entsprechender Bauchbinde stach die „Hamburg" am 25. Mai 2013 von Nizza aus in See. Ihre zweite Reise führte sie in jene Stadt, der sie ihren Namen und, so Plantours-Chef Oliver Steuber, ihren Geist verdankt: „Stilvoll, aber lebendig und mit dem besonderen Etwas, wie die schöne Hansestadt eben, soll es zukünftig an Bord sein." Ihre zweite Karriere startete mit einem Tauffest an der Überseebrücke. Dann stachen die Gäste gen Norden in See. Sie zahlen auf der „Hamburg" Paket-Preise: Vollpension, Mitternachtsimbiss und Conciergeservice sind im Preis inbegriffen. Neu ist, dass man nun auch eine „Getränke all inclusive"-Option dazubuchen kann. Zwei Restaurants sorgen für das leibliche Wohl: Im Alsterblick wird am Tisch serviert, Buffets lassen sich im Palmgarten genießen.

Die beliebten Kurztrips unter dem Motto „Heimathäfen" werden fortgesetzt: Das Schiff steuert die Nordseeinseln Sylt, Borkum und Helgoland an, und als prominenter Gast ist diesmal der Schauspieler Till Demtrøder, bekannt aus TV-Serien wie „Der Landarzt" und „Großstadtrevier", mit an Bord. Im Mai und im Juni hat der ADAC die „Hamburg" für zwei Reisen gechartert und bietet exklusiv für seine Mitglieder eine Reise rund um Großbritannien sowie eine Ostseekreuzfahrt an.

Plantours Kreuzfahrten
Obernstraße 76
28195 Bremen
Telefon 0421-17 36 90
www.plantours-partner.de
Beratung und Buchung
in jedem guten Reisebüro

Die Köche lassen sich zugucken, Rolltreppe von der Küche ins Alsterblick, im legeren Restaurant Palmgarten, beim Grillen auf dem Pooldeck

Hamburg in Kürze

Flagge: Bahamas
Heimathafen: Nassau
Länge: 144 Meter
Tonnage: 14.903 BRZ
Geschwindigkeit: 18 Knoten
Besatzung: 170
Passagiere: 400
Kabinenanzahl: 205, davon 63 innen
Bauwerft: Aker MTW, Wismar
Indienststellung: 1997, letzte Werftzeit 2015

Cruise Liner in Hamburg ≈

Liegezeiten

Di	27. März	7:00 – 17:00 Uhr
Di	17. April	7:00 – 24:00 Uhr
Mi	18. April	0:00 – 02:00 Uhr
Do	3. Mai	7:00 – 18:00 Uhr
Mo	1. Okt.	7:00 – 24:00 Uhr
Di	2. Okt.	0:00 – 24:00 Uhr

Goodbye

Auf der Elbe: Die „Hanseatic" kann auch schmale Wasserwege befahren, sie bietet Fünfsterne-Luxus in den Kabinen und i

Reisepreise

In die urtümlichen Inselwelten Schottlands dringt die „Hanseatic" Ende Mai vor: von Dublin über die Hebriden, mit Stopp in Skye und Ullapool, und weiter nach Reykjavík. Der Preis für 12 Tage in einer Außenkabine beträgt 5733 Euro pro Person inklusive An- und Abreise

Germany – welcome Canada

Nach 25 Jahren bei Hapag-Lloyd tritt die „Hanseatic" im Herbst ihre Abschiedsreise an – ab November chartert ein kanadischer Veranstalter das Schiff. 2019 kommen gleich zwei neue „Hanseatic"-Nachfolger

Columbus Lounge

Kapitän Thilo Natke wickelt die Namensliste der Passagiere und Besatzungsmitglieder nebst einer Grußadresse in die Hamburger Flagge ein. Dann schiebt er die Rolle in ein druckgeschütztes Edelstahlrohr und wirft es über Bord. „Ein Hallo an die unbekannten Wesen der Tiefe", sagt der Kommandant der „Hanseatic". Offiziere und Gäste lassen auf dem Sonnendeck die Sektkelche klingen und sprechen ein Hoch aus auf den Marianengraben im westlichen Pazifik, die tiefste Stelle des Weltmeeres.

„Mehr als elf Kilometer Salzwasser unter unseren Füßen", sagt ein Amtsrichter a. D. aus Halle/Westfalen andächtig. „Das muss man sich mal vorstellen." Diese Vorstellung macht aus Bayern, Österreichern und selbst Schweizern Hanseaten oder besser „Hanseatic"-Begeisterte. Denn auf den Expeditionsreisen in entlegene polare und tropische Gewässer muss niemand auf Komfort verzichten. Ihre luxuriöse Ausstattung, der reibungslose Service und eine exquisite Küche trugen der „Hanseatic" hohe Bewertungen ein, der Berlitz Cruise Guide nennt sie kurzerhand das „einzige Expeditionsschiff mit fünf Sternen".

Doch in diesem Jahr geht die Zeit der „Hanseatic" zu Ende, zumindest in Europa: Der kanadische Veranstalter One Ocean Expedition übernimmt das Schiff, es soll als „RCGS Resolute" von Kanada aus weiterhin die Arktis und die Antarktis erkunden. Hapag-Lloyd Cruises schränkt seine Expeditionen jedoch nicht ein, im Gegenteil: 2019 sollen die „Hanseatic nature" und die „Hanseatic inspiration" ausgeliefert werden. Beide sind ebenfalls mit der höchsten Eisklasse ausgestattet, sodass sie zwischen Eisbergen manövrieren oder den Amazonas befahren können.

Wer mit der „Hanseatic" gereist ist, wird sich an die Fahrten erinnern wie an alte Legenden: Sie kreuzte auf Darwins Spuren von Kap Hoorn die chilenische Küste nordwärts und durchquerte den Panamakanal. 2010 durchfuhr sie die legendäre Nordwestpassage von Grönland bis nach Nome in Alaska. Für diesen rund 5000 Kilometer langen Seeweg musste der Erstbefahrer Roald Amundsen Anfang des 20. Jahrhunderts zweimal überwintern. Die „Hanseatic" benötigte 25 Tage. Und 2014 durchquerte sie als erstes nicht-russisches Schiff die Nordostpassage – 11.171 Kilometer durchs Nordpolarmeer.

Hapag-Lloyd Cruises
Ballindamm 25
20095 Hamburg
Telefon 040-300 14 600
www.hl-cruises.de
Beratung und Buchung
in jedem guten Reisebüro

Hanseatic in Kürze

Flagge: Bahamas
Heimathafen: Nassau
Länge: 123 Meter
Tonnage: 8.378 BRZ
Geschwindigkeit: 16 Knoten
Besatzung: 125
Passagiere: 184
Kabinenanzahl: 92 außen
Bauwerft: Rauma Repola, Rauma, Finnland
Indienststellung: 1993, letzte Werftzeit 2015

Cruise Liner in Hamburg ≈

Luxuriös mit

Liegezeiten
Mi 16. Mai   14:00 – 23:45 Uhr

Die „Le Soléal" bei ruhiger See. Am Heck ist die Marina zu sehen, über die Passagiere für Erkundungstouren in Schlauchboot

Reisepreise

Den Jahreswechsel verbringt die „Le Soléal" in der Antarktis und fährt dann via Südamerika und Atlantikinseln nach Europa. Im Juli nimmt sie dann Kurs auf Nordamerika. Sieben Nächte Keltische Küsten kosten ab 3250 Euro pro Person in einer Kabine ohne Balkon

Das Restaurant Gastronomique ist 370 Quadratmeter groß und liegt auf Deck 2; Deluxe Kabin

einem Hang zum Abenteuer

Die „Le Soléal" ist eindeutig ein Schiff für Reisende mit hohem Anspruch an Komfort und Exklusivität. Doch ihre Fahrten zu entlegenen Reisezielen verlangen auch Begeisterung und Mut für Entdeckungen

Es gibt Luxusyachten, die sind länger als die „Le Soléal". Nicht umsonst spricht Ponant bei seiner Flotte von Kreuzfahrtyachten. Die französische Reederei setzt nicht auf Superlative bei Bruttoregistertonnen, Tiefgang und Passagierzahlen. Im Gegenteil, die Konzentration auf kleine Schiffe, die auch ungewöhnliche Destinationen ansteuern können und der gleichzeitig gebotene Komfort sind das Markenzeichen des Unternehmens.

Ponant ist ein in Marseille ansässiges Unternehmen, das 1991 mit der exklusiven Dreimastbark „Le Ponant" startete und die Flotte ab 2010 mit neuen Motorschiffen konsequent erweitert hat. Die „Le Soléal" ist eines von vier nahezu baugleichen Schiffen, die Ponant seitdem sukzessive in Dienst stellte. Sie lief im Dezember 2012 im italienischen Ancona vom Stapel, die Baukosten betrugen rund 100 Millionen Euro. Wie alle Ponant-Schiffe hat sie eine dunkelgraue Rumpfbemalung. Da die „Le Soléal" auch durch Arktis und Antarktis fährt, ist dieser Rumpf verstärkt. Die Eisklasse 1C sorgt dafür, dass ihr dünnere Eisdecken nichts anhaben können. Direkt nach der Indienststellung 2013 durchfuhr sie als erstes französische Kreuzfahrtschiff die Nordwestpassage, die nördlich von Kanada und Alaska von Grönland nach Sibirien führt.

Am Heck befindet sich ein kleiner Ausstieg, die Marina, von dem die Passagiere zum Tendern in Schlauchboote umsteigen oder auch ein Bad im Meer nehmen können. So sind Expeditionstouren an abgelegenen Ankerplätzen inmitten wilder Natur möglich.

Alle Kabinen sind Außenkabinen – nur acht davon ohne Balkon. Sie liegen auf den Decks 3 bis 6. Einige Kabinen lassen sich zu Deluxe Suiten zusammenlegen, so dass es je nach Konfiguration 112 bis 132 Suiten und Kabinen gibt.

Zwei Restaurants an Bord verwöhnen die Gäste kulinarisch. Das Gastronomique mit 268 Plätzen steht ganz im Zeichen der französischen Küche. Dazu passend: die exzellente Weinauswahl. 60 der 210 Plätze des Grill Restaurant auf Deck 6 liegen im Außenbereich. Dazu kommen zwei Lounges, eine Open Air Bar auf dem Pooldeck, ein Vortrags- und Theatersaal sowie ein Beauty- und Fitnessbereich.

Ponant
Neuer Wall 63, 3. Stock
20354 Hamburg
Telefon 040-808 093 141
www.ponant.com
Beratung und Buchung
in jedem guten Reisebüro

Le Soléal in Kürze

Flagge: Frankreich
Heimathafen: Mata-Utu
Länge: 142 Meter
Tonnage: 10.992 BRZ
Geschwindigkeit: 14 Knoten
Besatzung: 140
Passagiere: 264
Kabinenanzahl: 132 außen
Bauwerft: Fincantieri, Ancona, Italien
Indienststellung: 2013, letzte Werftzeit 2016

Cruise Liner in Hamburg ≈

Ein neues Flaggschiff

Liegezeiten

So	6. Mai	5:30 – 17:00 Uhr
Mi	9. Mai	7:00 – 24:00 Uhr
Do	10. Mai	0:00 – 24:00 Uhr
Fr	11. Mai	0:00 – 19:00 Uhr
So	13. Mai	6:30 – 19:00 Uhr

Wie auf allen anderen Schiffen der Flotte gibt es auch auf der neuen „Mein Schiff 1" eine Himmel & Meer Lounge – hier ei

Reisepreise

Die beiden Taufreisen der „MS1" im Mai, die in Hamburg starten, sind ausgebucht. Im Anschluss daran stehen mehrere Fahrten rund um Skandinavien und zu den Kanaren auf dem Programm. Zehn Nächte Ostsee in der Innenkabine kosten 2038 Euro pro Person

Eine Darstellung der „Mein Schiff 1" aus der Vogelperspektive; so wird die Pool Lagune auf de

≈ *Die Neue Mein Schiff 1*

mit altbekanntem Namen

Bislang hat TUI Cruises ihre „Mein Schiff"-Flotte einfach durchnummeriert. Doch dieses Jahr wird ein neues „Mein Schiff 1" in Dienst gestellt – größer und moderner als die bisherige Namensträgerin

Das Flaggschiff der Flotte von TUI Cruises ist seit 2009 die „Mein Schiff 1" – und sie bleibt es auch. Allerdings als völlig anderes Schiff. Denn ab Mai 2018 wird die alte „Mein Schiff 1" als „TUI Explorer" für Thomson Cruises auf Fahrt gehen und eine neue „Mein Schiff 1" in Dienst gestellt. Die Taufe findet am 11. Mai in Hamburg statt.

Gebaut wurde die „Mein Schiff 1" auf der Werft Meyer Turku Oy im finnischen Turku. Sie ist rund 50 Meter länger als die Vorgängerin und hat Platz für fast 1000 zusätzliche Passagiere. Vieles auf dem neuen Schiff setzt auf Bewährtes. Anderes wurde erweitert. Den 25-Meter-Pool kennen Passagiere von anderen TUI Schiffen. Die Sportbereiche wurden vergrößert: Der Fitness- und Spabereich ist mit einer Fläche von rund 2000 Quadratmetern der größte der „Mein Schiff"-Flotte. Der Fitnessbereich befindet sich hoch oben auf Deck 15 – ein Novum. Das ermöglicht Training mit Rundumblick aufs Meer. Die Joggingstrecke hat eine Länge von 438 Metern, inklusive einer Steigung von nahezu sieben Prozent und fluoreszierenden Elementen für Läufe im Dunkeln. Die Arena auf Deck 14 ist überdacht und damit für Aktivitäten bei jedem Wetter gewappnet. Eine ausfahrbare Leinwand verwandelt sie in ein Kino.

Für das leibliche Wohl stehen zwölf Restaurants und Bistros zur Auswahl. Für gesellige Abende bieten 15 Bars und Lounges den passenden Rahmen. Im Bereich Große Freiheit gibt es zwei neue Restaurants: Im „Die Manufaktur – Kreativ-Küche" auf Deck 5 ist bei Workshops und Verkostungen Mitmachen angesagt. Im „Das Esszimmer – Lieblingsgerichte an Bord" auf Deck 4 werden Leibspeisen der Gäste serviert. Wie genau dieses Konzept funktionieren soll, ist noch nicht bekannt. Für das Buffetrestaurant Anckelmannsplatz wurde die Marktplatzatmosphäre im Stil eines offen gestalteten Food Courts betont.

Alle Kabinen wurden federführend vom Büro Tillberg Design aus Schweden neu gestaltet – hell und mit moderner Einrichtung. Neu sind auch vier Suiten-Kategorien: die große Panorama Suite sowie die Übersee Suite, Horizont Suite und Schöne Aussicht Suite. Mit deren Gestaltung wurde die Spanierin Patricia Urquiola beauftragt.

TUI Cruises
Heidenkampsweg 58
20097 Hamburg
Telefon 040-286 67 70
www.tuicruises.com
Beratung und Buchung
in jedem guten Reisebüro

Mein Schiff 1 in Kürze

Flagge: Malta
Heimathafen: Valletta
Länge: 315,7 Meter
Tonnage: 111.500 BRZ
Geschwindigkeit: 21 Knoten
Besatzung: 1100
Passagiere: 2894
Kabinenanzahl: 1447, davon 190 innen
Bauwerft: Meyer Turku Oy, Turku, Finnland
Indienststellung: 2018

Cruise Liner in Hamburg ≈

Liegezeiten
Do 6. Sept.   5:30 – 19:00 Uhr
So 16. Sept.   5:30 – 19:00 Uhr

Von Deck zu Deck

flanieren und Kunst entdecken

Die „Mein Schiff 4" ist nicht nur ein luxuriöses Kreuzfahrtschiff, sondern zeigt auch eine schwimmende Kunstausstellung. Über 6000 kleine und große Werke können die Passagiere bei Rundgängen erleben – zufällig oder durch eine Smartphone App geleitet

„Meine Jungs" heißen die Holzfiguren des Hamburger Künstlers Jonas Kötz. 20 dieser Skulpturen sind auf dem Schiff verteilt; am Bug gut vertäut: die „Mein Schiff 4"

Cruise Liner in Hamburg ≈

Die kunstvoll geschwungene Treppe verbindet die beiden Ebenen des Atlantik Restaurants auf Deck 3 und 4

Reisepreise

Im Frühjahr Kanaren, dann via Mittelmeer nach Nordeuropa und im Herbst Kurs auf den Persischen Golf: Wie viele andere Kreuzfahrtschiffe folgt die „Mein Schiff 4" dem schönen Wetter. Zwölf Nächte Ostsee Baltikum in der Innenkabine kosten ab 2698 Euro pro Person

*E*in Sprung in den Himmel, exotische Objekte, exzentrische Raumgestaltung: Auf der „Mein Schiff 4" dreht sich alles um Kunst. Die Passagiere können an Bord eine veritable Sammlung entdecken, präsentiert nicht als Ausstellung, sondern in das Schiff integriert und immer wieder überraschend. Und außerordentlich erfolgreich: Als Schwimmstar Franziska von Almsick am 5. Juni 2015 bei der Taufzeremonie in Kiel die Champagnerflasche an der Bordwand zerschellen ließ, waren die Sommertörns schon weitgehend ausgebucht. Kaum verwunderlich also, dass die Muttergesellschaften von TUI Cruises, TUI AG und Royal Caribbean Cruises, auf Expansion setzten. Bis 2017 war die „Mein Schiff"-Flotte auf sechs Liner mit insgesamt 14.000 Betten angewachsen. Die Werft Meyer Turku Oy in Finnland, die frühere STX-Werft und zu 70 Prozent im Besitz der Meyer Werft in Papenburg, lieferte baugleiche Schwestern im Jahresrhythmus.

Stückpreis: rund 390 Millionen Euro. In diesem Jahr kommt eine neue „Mein Schiff 1" dazu (siehe auch Seite 132).

Einen unverwechselbaren Auftritt garantiert der „Mein Schiff 4" eine 167 Quadratmeter große Glasfassade, die sich mittig am Heck der Decks 5 und 6 hervorschiebt. Der Diamant, aus 88 Facetten zusammengesetzt, umhüllt die Große Freiheit mit Café, Bar und Restaurants und gewährt einen weiten Blick bis zum Horizont. Einzigartig ist der Außenpool auf Deck 12: Dort können Schwimmer Bahnen von erstaunlichen 25 Metern Länge ziehen. Um die Stabilität des Schiffs bei Seegang nicht zu gefährden, ist das Becken durch eine klappbare Trennwand teilbar.

Die zehn Himmel & Meer Suiten vorn am Bug erstrecken sich über zwei Ebenen (Decks 14 und 15), gleichfalls ein Novum in der Kreuzfahrtwelt. Sie bieten 68 Quadratmeter Wohnfläche, Panoramafenster und, über eine interne Treppe erreichbar, eine großzügige

≈ *Mein Schiff 4*

private Dachterrasse – das alles 37 Meter über dem Meeresspiegel.

Die 1253 Kabinen der „Mein Schiff 4" verteilen sich auf acht von zwölf Passagierdecks. Nur 123 liegen innen und 82 Prozent der Außenkabinen, darunter 76 Suiten, bieten einen Balkon. Besonders attraktiv: die zehn 17 Quadratmeter großen, beidseitig am Heck der Decks 7 bis 11 gelegenen Eckkabinen mit einer Veranda von 30 Quadratmetern. Interessant für große Familien: die drei Unterkünfte direkt über dem Diamanten, deren Balkone sich zu einer 27 Quadratmeter großen Terrasse umbauen lassen – perfekter Platz für einen privaten Grillabend. Das Interieur mutet an wie in einem modernen Stadthotel. Innenarchitekt Ralf Claussen vom Büro cm-Design (wir berichteten 2011) hat die lichten Kabinen mit geradlinigem Mobiliar ausgestattet; er kombiniert weiße Flächen mit hellen Hölzern und Blautöne mit Sandfarben: „Es macht einfach Spaß, die Designentwicklung von Schiff zu Schiff fortzuführen – wir freuen uns jetzt schon auf die Taufe der ‚Mein Schiff 5'." Die Handschrift des Hamburgers prägt zudem einen Großteil der elf Restaurants und Bistros sowie der zwölf Bars und Lounges. Die kulinarischen Hotspots der älteren Schiffe wurden übernommen und ausgefeilt. So ist das Menürestaurant Atlantik jetzt dreigeteilt: Auf Deck 3 speisen die Passagiere klassisch, auf Deck 4, angebunden über eine geschwungene Treppe, ist an Steuerbord mediterrane, an Backbord euroasiatische Küche im Angebot. Auch der Gourmettempel Richards und das Steakhouse Surf & Turf finden sich an prominenter Stelle wieder: Sie flankieren den Diamanten und haben zudem einen Außenbereich.

TUI Cruises
Heidenkampsweg 58
20097 Hamburg
Telefon 040-286 67 70
www.tuicruises.com
Beratung und Buchung
in jedem guten Reisebüro

Schwimmen bei jedem Wetter; Trapezartist von Nicola Boll am Heck; viel Platz im Bereich der TUI Bar; Zweisitzer mit integriertem iPad

Mein Schiff 4 in Kürze

Flagge: Malta
Heimathafen: Valletta
Länge: 295 Meter
Tonnage: 99.526 BRZ
Geschwindigkeit: 21,7 Knoten
Besatzung: 1000
Passagiere: 2506
Kabinenanzahl: 1253, davon 123 innen
Bauwerft: Meyer Turku Oy, Turku, Finnland
Indienststellung: 2015

Cruise Liner in Hamburg ≈

Die Prächtige

Liegezeiten

Sa	31. März	7:00 – 21:00 Uhr
Sa	7. April	7:00 – 21:00 Uhr
Sa	14. April	7:00 – 21:00 Uhr
Sa	21. April	7:00 – 21:00 Uhr
Sa	28. April	7:00 – 21:00 Uhr
Sa	12. Mai	7:00 – 21:00 Uhr
Di	22. Mai	7:00 – 21:00 Uhr
Sa	2. Juni	7:00 – 21:00 Uhr
Di	12. Juni	7:00 – 21:00 Uhr
Sa	23. Juni	7:00 – 21:00 Uhr
Sa	7. Juli	7:00 – 21:00 Uhr
Di	17. Juli	7:00 – 21:00 Uhr
Sa	28. Juli	7:00 – 21:00 Uhr
Di	7. Aug.	7:00 – 21:00 Uhr
Di	21. Aug.	7:00 – 21:00 Uhr
Sa	1. Sept.	7:00 – 21:00 Uhr
Di	11. Sept.	7:00 – 21:00 Uhr
Sa	22. Sept.	7:00 – 21:00 Uhr
Sa	29. Sept.	7:00 – 21:00 Uhr
Sa	6. Okt.	7:00 – 21:00 Uhr
Sa	13. Okt.	7:00 – 21:00 Uhr
Sa	20. Okt.	7:00 – 19:00 Uhr

Im Streifendesign präsentiert sich die Tiger Bar auf Deck 6: Vor der Bühne wird das Tanzbein geschwungen – zu Livemusi

Reisepreise

Im Juli kann sich in Hamburg auf der „Magnifica" einschiffen, wer das raue Klima des Atlantiks mag: Über London geht es nach Le Havre, La Coruña, Bilbao und über Bordeaux, Le Havre und Amsterdam zurück. 12 Tage kosten ab 1649 Euro pro Person in der Außenkabine

Die „Magnifica" startet zur Fahrt die Elbe hinab, der Innenpool wird durch ein bewegliches Dac

≈ *MSC Magnifica*

besucht den Ort ihrer Taufe

Die „Magnifica" hat drei Jahre Pause gemacht, doch in diesem Sommer kommt sie häufig nach Hamburg. Sie fährt von der Hansestadt über Southampton und Le Havre die Atlantikküste entlang bis ins Mittelmeer

Er habe Sophia Loren stets bewundert, sagt Gianluigi Aponte und oft daran gedacht, „dass wir beide an diesem schicksalhaften Golf von Neapel aufgewachsen sind, an dem es so viel Armut gab". Großreeder und Schauspielerin haben sich aus einfachsten Verhältnissen emporgearbeitet: Aponte, 78, gehört die Mediterranean Shipping Company (MSC) und damit die zweitgrößte Containerflotte der Welt (490 Schiffe) sowie deren Tochter MSC Kreuzfahrten. Filmikone Sophia Loren, 83, nennt inzwischen zwei Oscars, sieben Golden Globes und neun Bambis ihr Eigen. Kein Zufall also, dass Aponte seine Wahlverwandte zur Patin des aufstrebenden Kreuzfahrtunternehmens erkoren hat.

MSC Crociere, 1988 gegründet, investierte seit 2003 viele Milliarden und verfügt nach eigenem Bekunden über die „modernste Flotte der Welt". Mit der Ablieferung der „MSC Seaside" im Dezember 2017 kreuzen 14 Liner über die Meere, in diesem und im nächsten Jahr kommt je ein weiterer dazu.

Bisher ließ jedes Mal Sophia Loren die Champagnerflasche am Schiffsbug zerschellen, so wie im Frühjahr 2010 in Hamburg. Vor den Landungsbrücken wurde die Taufe der „MSC Magnifica" als multimediale Sinfonie inszeniert, der italienische Schlagerstar Eros Ramazotti sorgte für Gänsehautfeeling.

Die Prächtige ist das vierte Schiff der Musica-Klasse – eine Schwester zur „MSC Poesia" – elegant und klassisch. Ihrem Inneren hat der renommierte Schiffsarchitekt Marco de Jorio ein typisch italienisches Gepräge verliehen: großzügig mit Holz und Marmor, mit minimalistischem Design und kräftigen, teils gewagt kombinierten Farben.

Das Viersterne-Schiff bietet alle Annehmlichkeiten eines modernen Ferienresorts mit legerer Atmosphäre und vielfältiger Unterhaltung, auch für Familien mit Kindern. Fünf Restaurants und 13 Bars sorgen für das leibliche Wohl, Tennisplatz und Joggingpfad komplettieren das Sportangebot. Die Decks 6 und 7 gleichen einer Vergnügungsmeile: Shoppingmall, Poker- und Spielzimmer, Casino, Bibliothek, diverse Lounges. Eine Oase der Ruhe sind das Aurea Spa auf Deck 13 sowie das Sonnendeck mit Whirlpools ganz oben auf Deck 16, ein Platz mit fantastischer Aussicht.

MSC Kreuzfahrten
Neumarkter Straße 63
81673 München
Telefon 089-203 043 801
www.msc-kreuzfahrten.de
Beratung und Buchung nur in Reisebüros möglich

MSC Magnifica in Kürze

Flagge: Panama
Heimathafen: Panama-Stadt
Länge: 294 Meter
Tonnage: 93.300 BRZ
Geschwindigkeit: 23 Knoten
Besatzung: 987
Passagiere: 2518
Kabinenanzahl: 1259, davon 249 innen
Bauwerft: STX Europe, Saint-Nazaire, Frankreich
Indienststellung: 2010, letzte Werftzeit 2014

Cruise Liner in Hamburg ≈

Wunderwerk auf

Liegezeiten

So	29. April	6:00 – 20:00 Uhr
Do	10. Mai	6:00 – 20:00 Uhr
So	20. Mai	6:00 – 20:00 Uhr
Do	31. Mai	6:00 – 20:00 Uhr
So	10. Juni	6:00 – 20:00 Uhr
So	24. Juni	7:00 – 20:00 Uhr
Do	5. Juli	6:00 – 20:00 Uhr
Do	19. Juli	6:00 – 20:00 Uhr
So	29. Juli	6:00 – 20:00 Uhr
Do	9. Aug.	7:00 – 19:00 Uhr
Do	23. Aug.	6:00 – 20:00 Uhr
So	2. Sept.	6:00 – 20:00 Uhr
Do	13. Sept.	6:00 – 20:00 Uhr
Mo	24. Sept.	6:00 – 19:00 Uhr

Wasserrutschen und Pools: Das erste Schiff der Meraviglia-Klasse bietet Sport und Entertainment für alle Altersstufen un

Reisepreise

Im Sommer fährt die „Meraviglia" von Hamburg aus ins kalte Nordmeer: Die norwegische Küste hinauf, zum Nordkap und weiter nach Spitzbergen. Stopps in Ålesund, Tromsö und Stavanger sind eingeplant. 15 Tage in der Meerblickkabine kosten ab 2499 Euro pro Person

Der Poolbereich auf Deck 16 wird auch für Tanz und Partys genutzt; die zentrale Mall von eine

≈ *MSC Meraviglia*

den Weltmeeren unterwegs

Die schweizerisch-italienische Reederei MSC hat mit der „MSC Meraviglia" eines der ersten europäischen Mega-Schiffe gebaut. Sie kreuzt im Mittelmeer und kommt in diesem Sommer für eine Saison nach Norden

„Meraviglia", ein Wunder, nannte die Reederei MSC Kreuzfahrten ihr 13. Schiff und ließ es einmal mehr von Sophia Loren taufen, diesmal am 3. Juni 2017 in der französischen Hafenstadt Le Havre. Bei seiner Fertigstellung war es mit 18 Decks und Platz für 5714 Passagiere das größte Kreuzfahrtschiff Europas.

An Bord glitzert es: Die Treppe im Atrium ist mit Tausenden von Swarovsky-Kristallen besetzt, und die Promenade, die „Galleria Meraviglia", überspannt ein 480 Quadratmeter großer Himmel aus LED-Lichtern, welcher seine Farbe ändern und zu einem virtuellen Aquarium werden kann.

Dennoch wirkt das Schiff optisch nicht überladen, sondern ist in klarem Design gehalten. Die Kabinen sind in gedeckten Tönen gehalten, die mit Farbtupfern aufgefrischt werden. Luxuriöse Suiten in einem Schiff-in-Schiff-Konzept bietet der MSC Yacht Club auf den Decks 16 und 18 (die 17 gilt in Italien als Unglückszahl und wird nicht vergeben): exklusives Sonnendeck, Pool und Restaurant, Butler und Concierge verwöhnen hier die Gäste.

Zu den 12 Restaurants an Bord zählen ein Steakhaus, eine Sushi-Teppanyaki Bar sowie ein italienisches Spezialitätenrestaurant. Unter den 13 Bars sind eine Champagner Bar und eine Chocolaterie des französischen Patissiers Jean-Philippe Maury zu finden. MSC führt an Bord der „Meraviglia" das „Flexi-Dining" ein: Die Gäste können jeden Tag eine neue Essenszeit wählen.

Wirklich spannend wird es beim Entertainment: Der Polar Aquapark hat vier Rutschen und einen Hochseilgarten, in dem man 82 Meter über dem Meer schwebend klettern kann.

Ein Novum ist der „Zirkus at sea": Die Show des berühmten Cirque du Soleil unterhält die Gäste und kann auch als Dinner Event gebucht werden. Ferner an Bord: ein TV-Studio, aus dem Talentwettbewerbe und Quiz-Shows übertragen werden, dazu kommen eine Bowlingbahn und ein Formel-1-Simulator!

Und die Digitalisierung hält Einzug: Per Armband lassen sich die Kabinentüren öffnen und Getränke an der Bar abrechnen sowie die Kinder orten. Mit intelligenter Gesichtserkennung können die Vorlieben der Passagiere erfasst und damit der Service verbessert werden.

MSC Kreuzfahrten
Neumarkter Straße 63
81673 München
Telefon 089-203 043 801
www.msc-kreuzfahrten.de
Beratung und Buchung
nur in Reisebüros möglich

MSC Meraviglia in Kürze

Flagge: Panama
Heimathafen: Panama-Stadt
Länge: 315 Meter
Tonnage: 167.600 BRZ
Geschwindigkeit: 22,7 Knoten
Besatzung: 1536
Passagiere: 5714
Kabinenanzahl: 2244 davon 666 innen
Bauwerft: STX Europe, Saint-Nazaire, Frankreich
Indienststellung: 2017

den Fitnessgrad

D-Himmel überdacht

Cruise Liner in Hamburg ≈

Schwimmender

Liegezeiten
Di 29. Mai   7:00 – 17:00 Uhr
Di 28. Aug. 7:00 – 17:00 Uhr

RCL-Markenzeichen: Auf dem zentralen Boulevard, der Royal Promenade, steht ein echter Oldtimer, ein Bugatti Typ 35 a

Reisepreise

Die „Navigator of the Seas" kreuzt 2018 mehrfach den Atlantik. Ziele sind die Kanaren und die Karibik. Außerdem fährt sie durch das Mittelmeer und die Ostsee. Eine Außenkabine auf der 13-tägigen Kreuzfahrt „Norwegen und Russland" kostet 2274 Euro pro Person

Blick auf das Heck der „Navigator of the Seas", eine Sitzecke der R Bar und die beleuchtete Roy

≈ *Navigator of the Seas*

Boulevard zum Schlendern

Volles Programm: 23 Fahrten macht die „Navigator of the Seas" in diesem Jahr. Zu den Zielen gehören überwiegend exotische Regionen, aber auch Nordeuropa. Im Sommer steuert das Schiff die Ostsee an

Aufschlag mit Champagnerflasche: Keine Geringere als die deutsche Tennisspielerin Steffi Graf war 2002 die Taufpatin der „Navigator of the Seas". Das Schiff zählt zur Voyager-Klasse von Royal Carribean. Die Flotte der Reederei, die in Miami ansässig ist, umfasst insgesamt 25 Kreuzfahrtschiffe.

Über 15 Decks sind Kabinen, zahlreiche Freizeiteinrichtungen, Restaurants, Bars und Betriebsbereiche verteilt. Trotz der prominenten Taufpatin sucht man allerdings einen Tennisplatz vergebens. Dafür finden sich eine große Auswahl anderer Aktivitätsmöglichkeiten an Bord: Ein Spielfeld für Basket- und Volleyball, eine Minigolfbahn, eine Kletterwand sowie Eislauf- und Inline-Skating-Bahnen. Außerdem können die Passagiere auf dem Golfsimulator ihren Abschlag perfektionieren oder auf dem FlowRider das Wellenreiten trainieren. Der Surfsimulator ist eine der Neuerungen im Zuge der Modernisierung der „Navigator of the Seas" im Februar 2014. Dazu gehört auch die Leinwand auf dem Pooldeck, die für Freiluftkino genutzt wird. Vor allem aber wurde das gastronomische Angebot erweitert, das jetzt internationaler ist. Neu zu entdecken sind das asiatische Izumi, die italienische Küche im Giovanni's Table und die scharfen Gerichte Mexikos im Sabor. Süßes bietet das Cupcake Cupboard. Exotische Cocktails gibt es in der R Bar im Stil der 60er Jahre.

Eine weitere Besonderheit sind virtuelle Balkone, die in 81 Innenkabinen in Echtzeit Meerblick der etwas anderen Art simulieren. Wer sich die Seeluft um die Nase blasen lassen will, geht auf eines der Außendecks.

Im Inneren des Schiffs lädt auf Deck 5 der 120 Meter lange Boulevard, die Royal Promenade, zum Flanieren ein. Er ist vier Ebenen hoch und bietet viele Möglichkeiten zum Shoppen und für Barbesuche. Das eine Ende bildet der Sapphire Dining Room, der sich über drei Ebenen erstreckt. Richtung Bug befindet sich die Star Lounge mit ihren gemütlichen Sitzgruppen.

Von der Royal Promenade sind auch das Casino und das Metropolis Theater zu erreichen. Auf dem Bühnenprogramm stehen Tanz- und Gesangsaufführungen, teils Eigenproduktionen, teils Broadway-Hits wie „Mamma Mia!".

Royal Caribbean Cruise Line
Lyoner Straße 20
60528 Frankfurt
Telefon 069-920 07 10
www.royalcaribbean.de
Beratung und Buchung
in jedem guten Reisebüro

Navigator of the Seas in Kürze

Flagge: Bahamas
Heimathafen: Nassau
Länge: 311 Meter
Tonnage: 138.279 BRZ
Geschwindigkeit: 22 Knoten
Besatzung: 1176
Passagiere: 3276
Kabinenanzahl: 1645, davon 636 innen
Bauwerft: Kvaerner Masa-Yards, Turku, Finnland
Indienststellung: 2002, letzte Werftzeit 2014

Cruise Liner in Hamburg ≈

Liegezeiten		
So	1. Juli	7:00 – 17:00 Uhr
So	15. Juli	7:00 – 17:00 Uhr
So	22. Juli	7:00 – 17:00 Uhr
Mo	30. Juli	7:00 – 17:00 Uhr
So	5. Aug.	7:00 – 17:00 Uhr
So	12. Aug.	7:00 – 17:00 Uhr
Do	23. Aug.	7:00 – 17:00 Uhr

Exotisch, aber

≈ *Norwegian Jade*

schick und ohne Schnörkel

Bunt und verspielt für Hawaii gebaut, kommt die „Norwegian Jade" nun seriös und viel dezenter aus der Werft zurück. Mit dem „Premium All Inclusive"-Angebot für Getränke und Speisen hatte die Reederei NCL einen erfolgreichen Start auf dem deutschen Markt

Im Teppanyaki-Restaurant werden die Speisen auf einer heißen Platte direkt am Tisch zubereitet; das LED-Deckenlicht im Atrium wechselt die Farbe

145

Eine geräumige Penthouse-Balcony-Suite, hier kümmern sich ein Butler und ein Concierge um die Passagiere

Reisepreise

Von Hamburg fährt die „Norwegian Jade" im Juli über Ålesund und Bergen nach Island und stoppt in Reykjavík und Akureyri. Zurück geht's über die Färöer, Inverness und Edinburgh in Schottland. 14 Tage in der Balkonkabine schlagen mit 4269 Euro pro Person zu Buche

Die Planung und der Bau waren weltumspannend: Die Meyer Werft im niedersächsischen Papenburg erhielt den Auftrag für den Bau eines Schiffes, das vor den hawaiianischen Inseln eingesetzt werden sollte. Auftraggeber war die Reederei Norwegian Cruise Line (NCL) mit Sitz in Miami, gegründet 1961 von dem Norweger Knut Klosters.

Am 22. Mai 2006 taufte der hawaiianische Senator Daniel Inouye die „Pride of Hawaii" in Los Angeles, gemeinsam mit sechs weiblichen NCL-Angestellten, denn die Taufe durch einen Mann soll Unglück bringen. Danach nahm sie ihren Dienst vor Hawaii auf und war zu der Zeit das größte und teuerste Schiff, das unter amerikanischer Flagge fuhr.

Doch schon ein Jahr später entschied NCL, die „Pride" in Europa einzusetzen. Nach einem kleinen Umbau und vor allem einem Neuanstrich wurde sie als „Norwegian Jade" in die NCL-Flotte integriert und kreuzt seit dem Sommer 2008 hauptsächlich im Mittelmeer. 2014 diente sie als Hotelschiff während der Winterolympiade in Sotschi, seit 2015 wird sie auch wieder in karibischen und US-Gewässern eingesetzt.

Das Schiff der Jewel-Klasse verfügt über die vielleicht ungewöhnlichsten Kabinen der Meere: Ganz oben an Bord, auf Deck 14, bilden die großzügigen Suiten und Villen des „Haven" ein Schiff im Schiff. Zwei Garden Villas verfügen über drei Schlafzimmer und einen privaten kleinen Garten mit Pool. Alle anderen Suitengäste dieses Decks haben, neben Butler- und Conciergeservice, Zugang zu einem privaten Sonnendeck mit Pool und Bar sowie zum Haven Restaurant.

An Bord der „Jade" speisen die Passagiere ohne feste Tischzeiten in sieben

≈ *Norwegian Jade*

Inklusiv- sowie in sechs Spezialitätenrestaurants, darunter ein Steakhouse, ein japanisches und ein italienisches Restaurant sowie ein französisches Bistro. Wer gern draußen sitzt, besucht die Bar The Great Outdoors auf Deck 12 und genießt von der Terrasse aus den unverstellten Blick aufs Meer.

Aktivurlauber werden auf der „Jade" ebenso glücklich wie Entspannungssuchende: Neben einem Fitnesscenter bietet das Schiff einen Joggingparcours, die Möglichkeit, Tennis, Volley- und Basketball zu spielen und natürlich einen schönen Wellnessbereich. Wer's ruhiger mag, entspannt am Pool in einem der vier Außenwhirlpools oder bei einer Anwendung im Wellnessbereich. Auch die jüngeren Passagiere werden an Bord versorgt, die Splash Academy bietet ein vielfältiges Programm, darunter eine Zirkusschule und Improvisationstheater sowie Bastelkurse. Jugendliche besuchen eher den Teens Club und die ganz Kleinen tummeln sich am Kinderpool.

Im Mittelpunkt der Abendunterhaltung steht ein Besuch des Stardust Theaters. Hier gibt es ein Showprogramm im Broadway-Stil, Kabarettveranstaltungen und Artisten des bordeigenen Zirkus schwingen sich in die Lüfte. Weitere Unterhaltungsmöglichkeiten finden die Gäste in der Show Lounge, im Nachtclub oder im Kasino sowie in den diversen Bars, in denen teilweise Livemusik gespielt wird.

Im Jahr 2017 komplett renoviert, präsentiert sich die „Jade" nun mit einem schnörkellosen, modernen Interieur statt wie bisher hawaiianisch verspielt. Im Atrium etwa sind die Glasblumen unter der Decke verschwunden, viele ehemals poppig bunte Bereiche haben nun klare Linien und dezente Farben.

Norwegian Cruise Line
Kreuzberger Ring 68
65205 Wiesbaden
Telefon 0611-36 07 0
www.ncl.de
Beratung und Buchung
in jedem guten Reisebüro

Elegant speisen: Restaurant Jasmine Garden, das Hauptrestaurant Grand Pacific, die „Jade" vor der Elbphilharmonie, Sugar Cane Mojito Bar

Norwegian Jade in Kürze

Flagge: Bahamas
Heimathafen: Nassau
Länge: 294 Meter
Tonnage: 93.558 BRZ
Geschwindigkeit: 25 Knoten
Besatzung: 1037
Passagiere: 2402
Kabinenanzahl: 1214, davon 414 innen
Bauwerft: Meyer Werft, Papenburg
Indienststellung: 2006, letzte Werftzeit 2017

Cruise Liner in Hamburg ≈

Liegezeiten
Mo 31. Dez.   7:00 – 23:00 Uhr

Die „Oceana" auf See. Bei der Modernisierung 2012 bei Blohm+Voss in Hamburg erhielt das Schiff unter anderem eine ne

Ein Schiff mit viel Herz für

Die „Oceana" kreuzt dieses Jahr vor allem durch warme Gefilde – die Karibik, das Mittelmeer und zu den Kanaren. Um so erstaunlicher, dass es sie dann zum Jahreswechsel nach Hamburg zieht. Das Silvesterfeuerwerk an der Elbe wird die Passagiere aber sicher für die kälteren Temperaturen entschädigen

Balkonkabine mit Zweier-Belegung. Das Atriur

≈ *Oceana*

Als die „Oceana" 2002 von P&O Cruises übernommen wurde, war sie mit einer Länge von 261 Metern und 77.499 BRZ das größte Schiff der Flotte und zugleich das erste mit einer Kapazität von mehr als 2000 Passagieren. Gebaut wurde es auf der italienischen Werft Fincantieri, die es im Jahr 2000 an Princess Cruises, ein Unternehmen der P&O-Gruppe, ablieferte. In Fort Lauderdale wurde das Schiff ursprünglich auf den Namen „Ocean Princess" getauft. Es unternahm Kreuzfahrten in der Karibik.

Wenn der Passagier an Bord kommt, wird er in einem großen Atrium begrüßt, von dem aus gläserne Fahrstühle zu den oberen Decks fahren. Echte Palmen lassen Ferienatmosphäre aufkommen. Die „Oceana" gilt als familienfreundlich. Spaß, Spielen, Basteln und Lesen erwartet die Jüngsten im Kinderclub. Gäste, die gerne shoppen, finden in den Läden der Regent Street, einer großen Shopping Arcade, ein vielseitiges und noch dazu zollfreies Angebot.

Sporteinrichtungen sind in dem bogenförmigen Umbau des Schornsteins untergebracht. Der Wellnessbereich bietet unterschiedliche Möglichkeiten: Entspannung durch Massagen, Bräunen im Solarium und Relaxen im Whirlpool. Alles mit Blick auf den Ozean.

Die Gäste können die Mahlzeiten in mehreren Restaurants einnehmen. Der Dining Club mit fester Sitzordnung wird von Gästen bevorzugt, die gerne Unterhaltung bei Tisch mögen. Freie Platzwahl gibt es im Restaurant Ligurian mit seinen Angeboten feiner italienischer Küche. Wer einen Tisch im Horizon Grill belegt, speist in romantischer Atmosphäre und schaut in den Sternenhimmel. Im Plaza lässt man sich mit kleinen raffinierten Köstlichkeiten verwöhnen.

Den Abend können die Passagiere in einer der unterschiedlich gestalteten Bars verbringen und sich leckere phantasievolle Cocktails mit und ohne Alkohol mixen lassen. Ein abwechslungsreiches Abendprogramm, unter anderem mit Musicals, sorgt für unvergessliche Eindrücke im Footlights Theater. Ruhesuchende können auf dem Promenadendeck flanieren.

Reisepreise

Die „Oceana" startet das Jahr mit Kreuzfahrten in die Karibik. Von März bis Anfang November kreuzt sie durch das Mittelmeer, bevor zwei Fahrten zu den Kanaren anstehen. Sieben Tage Italien, Kroatien und Malta in der Balkonkabine kosten 1494 Euro pro Person

P&O Cruises
c/o Inter-Connect Marketing
Arnulfstraße 31 • 80636 München
Telefon 089-517 03 500
www.pocruises.de
Beratung und Buchung
in jedem guten Reisebüro

Oceana in Kürze

Flagge: Bermuda
Heimathafen: Hamilton
Länge: 261 Meter
Tonnage: 77.499 BRZ
Geschwindigkeit: 21 Knoten
Besatzung: 890
Passagiere: 2016
Kabinenanzahl: 1007, davon 405 innen
Bauwerft: Fincantieri, Monfalcone, Italien
Indienststellung: 2002, letzte Werftzeit 2017

Cruise Liner in Hamburg ≈

Warm und gemütlich

Liegezeiten
Mi	18. Juli	9:00 – 19:00 Uhr
Di	7. Aug.	9:30 – 16:00 Uhr
So	19. Aug.	9:00 – 17:00 Uhr

Bei Nordlandfahrten muss die Majestic Lounge abgedunkelt werden, damit die richtige Dämmerungsatmosphäre für Aperi

Reisepreise
Im Juni sticht die „Ocean Majesty" von Kiel aus in See, über Bergen geht's zu den schönsten Fjorden Norwegens (Geiranger-, Sogne-, Aurlandsfjord) und weiter zum Nordkap, Mitternachtssonne eingeschlossen. 13 Tage in der Außenkabine kosten ab 2549 Euro pro Person

Majestätisch: Die „Ocean Majesty" verlässt Hamburg, die Innenkabine wird durch den Spieg

≈ *Ocean Majesty*

ein exotische Abenteuer

Bekannt für ihre Gastlichkeit, wird die „Ocean Majesty" überdies gut gepflegt: Neue Möbel in der Observation Lounge, aufgefrischte Teakholzböden und die neu gestaltete Buffetstation bieten noch mehr Komfort

Wer sie den Kanal von Korinth passieren oder elegant unter der Tower Bridge über die Themse gleiten sieht, ahnt nichts von ihrem weniger romantischen Vorleben: Die „Ocean Majesty", deren abgestuftes Heck und sanft geschwungener Bug sie als Kreuzfahrtklassiker ausweisen, war ehedem als Fähre im Einsatz. Wo heute Passagiere logieren, waren einst Pkw gestaut. Als „Juan March" tourte der 1966 in Valencia gebaute Frachter, der neben Autos auch Pflanzenöl transportierte, über zwei Jahrzehnte zwischen Barcelona und Kanaren, bisweilen auch Balearen, hin und her. Majestic International Cruises mit Sitz in Piräus, bis dato Eigentümerin, erwarb den Liner 1989 und ließ ihn für 50 Millionen Dollar in ein charmantes Kreuzfahrtschiff für maximal 548 Gäste verwandeln. Seit 1994 verchartert die Reederei, Teil der liquiden griechischen Kollakis Shipping Group, ihre „Ocean Majesty" vornehmlich nach Großbritannien und in die Türkei.

Seit Sommer 2013 ist „Majestät" auch auf dem deutschen Markt keine Unbekannte mehr. Mit regelmäßigen Modernisierungen auf der Chalkis Werft bei Athen empfiehlt sie sich Hansa Touristik, einem in Stuttgart ansässigen Veranstalter, der auf stilvolles Reisen im kleinen Kreis setzt und gelebte Gastfreundschaft verspricht. Alle 274 Kabinen, davon 89 innen liegend, sind rundum renoviert, mit zeitgemäßem Mobiliar, neuen Stoffen, Teppichen und Accessoires ausgestattet. Die acht Penthouse Kabinen auf dem obersten der acht Passagierdecks haben einen privaten Balkon, die übrigen Gäste finden viel Platz zum Entspannen und Speisen auf den mit Teak belegten Freidecks. Bei weniger schönem Wetter lädt die dank gläserner Kuppel lichtdurchflutete Observation Lounge am Bug von Deck 8 zum Schmökern ein. Abends gastiert dort das „Nachtcafé auf See" mit Vorträgen und Gesprächsrunden. Livemusik, Tanz, Theater und Kabarett bietet die Hansa Showlounge am Heck von Deck 5. Die Gäste der „Ocean Majesty" lassen sich entweder mit mehrgängigen Menüs im großzügigen Hauptrestaurant verwöhnen oder genießen die legere Wintergartenatmosphäre im Lido Garten. Dort gibt's mittags ein gesundes Wellfitbuffet, am Abend stehen landestypische regionale Gerichte auf dem Speiseplan.

Hansa Touristik
Königstraße 20
70173 Stuttgart
Telefon 0711-229 31 690
www.hansatouristik.de
Beratung und Buchung
in jedem guten Reisebüro

Ocean Majesty in Kürze

Flagge: Portugal
Heimathafen: Madeira
Länge: 136 Meter
Tonnage: 10.417 BRZ
Geschwindigkeit: 17 Knoten
Besatzung: 235
Passagiere: 548
Kabinenanzahl: 274, davon 89 innen
Bauwerft: Union Navale de Levante, Valencia
Indienststellung: 1966, letzte Werftzeit 2017

Cruise Liner in Hamburg ≈

Mit viel Komfort

Liegezeiten
Do 4. Okt.   7:00 – 22:00 Uhr

Zigarren wären stilecht, sind aber nicht erlaubt – Sitzmöbel unter dem Glasgewölbe laden in der Bibliothek auf Deck 10 zu

Reisepreise
Erst durch die Karibik und die Südsee, dann Europa. Dort durchquert die „Pacific Princess" den Nord-Ostsee-Kanal für die Passage von Kopenhagen nach Hamburg auf ihrer Reise 12 Nächte Nordeuropa ab Dover. Preis für eine Innenkabine: 2400 Euro pro Person

Die „Pacific Princess" auf See; eine der Außenkabinen ohne Balkon. Sie sind zwischen 13,5 un

152

≈ *Pacific Princess*

über die Ozeane kreuzen

Die „Pacific Princess" stellt Komfort in den Vordergrund. Mit modernisiertem, aber trotzdem klassischem Ambiente sollen die Passagiere sich wie Weltreisende vergangener Zeiten fühlen

Die „Pacific Princess" ist mit Abstand das kleinste Schiff von Princess Cruises – mit Platz für 670 Passagiere statt der sonst üblichen 2000 bis 3500. Sie ist allerdings viel großzügiger konzipiert, so dass für jeden Passagier mehr Raum zur Verfügung steht. Und mehr Ausblick, denn fast alle der Kabinen sind Außenkabinen, 232 mit eigenem Balkon.

Nach dem Werftaufenthalt 2017 trägt jetzt auch die „Pacific Princess" als auffällige Bugbemalung das Reederei-Logo. Doch erhielt sie nicht nur einen neuen Anstrich. Sämtliche Kabinen und die vier Restaurants wurden renoviert, Atrium und Pooldeck neu gestaltetet. Die Arbeiter verlegten gut 16.500 Quadratmeter neuen Teppichboden. Bei der Modernisierung wurde darauf geachtet, dass der Beaux Arts-Stil von Einrichtung und Dekoration erhalten blieb. Denn die „Pacific Princess" soll die authentische Atmosphäre klassischer kleinerer Kreuzschiffe bieten. Die Passagiere betreten das Schiff durch das Atrium mit dunklen Holzornamenten, gewölbter Buntglasdecke und großer Treppe. Die Kabinen sind dagegen deutlich heller gehalten. Das Pooldeck erhielt bei der Modernisierung neue Kacheln und Holzelemente. Auf Liegestühlen, breiten Doppelliegen und in Sitzecken können es sich die Passagiere rund um den Pool und die zwei Whirlpools richtig bequem machen.

Die vier Restaurants Sterling Steakhouse, Sabatini's, Panorama Buffet und The Club Restaurant erfuhren ebenfalls umfangreiche Renovierungen. Das Panorama Buffet öffnet sich zum Außendeck mit Dinnerplätzen unter freiem Himmel. Um den Hunger zwischendurch in zwangloser Atmosphäre zu stillen, bieten sich die Pizzeria und das Barbeque auf Deck 9 an. Live-Entertainer treten in der Cabaret Lounge und der Show Lounge auf. Acht Bars, ein Casino und eine Bücherei runden das Angebot ab. Entspannung und Trainingsmöglichkeiten finden die Passagiere in den Spa- und Fitnessbereichen.

Das 1999 unter dem Namen „R Three" in Dienst gestellte Schiff wurde 2002 in „Pacific Princess" umbenannt – dem Namen ihrer durch die Fernsehserie „Love Boat" bekannten Vorgängerin, die Princess Cruises kurz zuvor verkauft hatte.

Princess Cruises
c/o Inter-Connect Marketing
Arnulfstraße 31 • 80636 München
Telefon 089-517 03 450
www.princesscruises.de
Beratung und Buchung
in jedem guten Reisebüro

Pacific Princess in Kürze

Flagge: Bermuda
Heimathafen: Hamilton
Länge: 180 Meter
Tonnage: 30.277 BRZ
Geschwindigkeit: 18 Knoten
Besatzung: 375
Passagiere: 670
Kabinenanzahl: 338, davon 23 innen
Bauwerft: Chantiers de l'Atlantique, St. Nazaire
Indienststellung: 1999, letzte Werftzeit 2014

Cruise Liner in Hamburg ≈

Hinein ins Nass und

Liegezeiten
So	3. Juni	14:00 – 24:00 Uhr
Mo	4. Juni	0:00 – 24:00 Uhr
Di	5. Juni	0:00 – 06:00 Uhr

Auf dem Lido Deck wartet ein warmer Whirlpool zum Relaxen – ein verdienter Ausgleich nach den spannenden Abenteuer

Reisepreise

Auf ins Mittelmeer: Ende September nimmt die „Prinsendam" von Civitavecchia Kurs in das östliche Mittelmeer. Über den Peloponnes geht es zunächst nach Israel, dann über Rhodos, Kreta und Sizilien zurück. 15 Tage in der Außenkabine kosten 3499 Euro pro Person

Die „Prinsendam" liegt am Cruise Center HafenCity; eine Balkonkabine bietet schönste Aussich

≈ *Prinsendam*

das warme Wasser genießen

Ob am Pool, in der Explorer's Lounge oder in der Ocean Bar: An Bord der eleganten „Prinsendam" finden die Passagiere nach einem Tag voller Erlebnisse ein wohliges Ambiente und interessante Aktivitäten

Wer in feinem Ambiente und mit einer überschaubaren Zahl Mitreisender gemächlich Südamerika, die Antarktis oder Afrika entdecken will, wird die „Prinsendam" mögen – trotz oder gerade wegen ihrer bewegten Vergangenheit. Immerhin 29 Jahre ist sie alt, doch die Namen ihrer vormaligen Eigner stehen für gute Pflege und eine exzellente Klientel.

1988 begann das für rund 800 Gäste konzipierte Schiff als „Royal Viking Sun" seine Karriere. Sechs Jahre später erwarb Cunard den norwegischen Konkurrenten Royal Viking Line – und schickte dessen „Wikinger-Sonne", damals mit fünf Sternen bewertet und bei Passagieren wie Crew gleichermaßen beliebt, immer wieder auf Weltreise. 1999 ging das Schiff als „Seabourn Sun" an Seabourn Cruises, die – ebenso wie Cunard –, im selben Jahr vom US-Kreuzfahrtkonzern Carnival geschluckt worden war. Doch für die edle Seabourn-Flotte erschien der Liner bald zu groß.

Nach einer umfassenden Renovierung feierte er deshalb am 3. Juni 2002 unter dem Namen „Prinsendam" bei der renommierten Holland America Line (HAL) sein Comeback. Insgesamt schickt die HAL, 1873 in Rotterdam gegründet und mit dem Transport von Auswanderern in die Neue Welt erfolgreich, derzeit 15 Schiffe um den Globus. Die „Prinsendam" ist die Kleinste im Bunde, liebevoll „elegante Forschungsreisende" genannt. Ihre 417 Kabinen, davon nur 31 innen gelegen, verteilen sich auf neun Decks.

Ende 2007 investierte die Reederei 20 Millionen Dollar vor allem in die Einrichtung des Explorations Cafés – eine Mischung aus Kaffeehaus, Bibliothek und Computerraum – und des Culinary Arts Center, eine Art Showküche. Den Passagieren stehen vier Restaurants mit Meerblick zur Wahl. Im La Fontaine Dining Room werden abends in zwei Sitzungen Fünf-Gänge-Menüs serviert. Auf der Karte des Pinnacle Grill stehen Steaks, Seafood und erlesene Weine. Das Lido Restaurant (Buffet) wurde um das feinere italienische Canaletto erweitert. 2016 wurden die öffentlichen Räume, das Lido Restaurant, das Java Café und die Explorer's Lounge renoviert, und die Gäste können nun auch eine Schulung zur digitalen Foto- und Videobearbeitung machen.

UC Unlimited Cruises
Rheinstraße 1-5
63225 Langen
Telefon 06103-70 64 60
www.unlimited-cruises.com
Beratung und Buchung
in jedem guten Reisebüro

Prinsendam in Kürze

Flagge: Niederlande
Heimathafen: Rotterdam
Länge: 204 Meter
Tonnage: 37.983 BRZ
Geschwindigkeit: 22 Knoten
Besatzung: 470
Passagiere: 835
Kabinenanzahl: 417, davon 31 innen
Bauwerft: Wärtsilä Shipyard, Turku, Finnland
Indienststellung: 1988, letzte Werftzeit 2016

Cruise Liner in Hamburg ≈

Ein Traditionsschiff,

Liegezeiten
Sa 12. Mai   7:00 – 19:00 Uhr

Als wäre es aufeinander abgestimmt: Das Feuerwerk im Hamburger Hafen harmoniert perfekt mit der Schiffskulisse der „Queen Elizabeth"

Reisepreise
Die „Queen Elizabeth" steuert zu Jahresbeginn über den Atlantik, in die Karibik, die Südsee und den Indischen Ozean. Ab Mai nimmt sie Kurs auf Ost- und Nordsee sowie das Mittelmeer. 14 Nächte Norwegen in einer Innenkabine kosten 2490 Euro pro Person

Das Britannia Restaurant mit seinen Art déco-Täfelungen erstreckt sich über zwei Ebenen

… Queen Elizabeth

dass stets mit der Zeit geht

Die „Queen Elizabeth" steht für klassische Kreuzfahrten, ganz in der Tradition der renommierten Cunard Line. Sie macht auf langen Weltreisen, vor den Küsten und in den Häfen Europas eine gute Figur

*I*hre beiden Namensschwestern glänzten mit Rekorden, schrieben Geschichte und begründeten Cunards Renommee für luxuriöse Transatlantikreisen – ein anspruchsvolles Erbe. Die dritte „Queen Elizabeth" nimmt diese Herausforderung an.

„In 170 Jahren Reedereigeschichte hat es mehr als 70 Jahre eine ‚Queen Elizabeth' gegeben, und dieses Schiff wird den Namen weit ins 21. Jahrhundert tragen", prophezeite Peter Shanks, damals Präsident der Traditionsreederei, als der Neubau im Januar 2010 das Trockendock verließ. Die britische Monarchin war es dann am 11. Oktober 2010 höchstpersönlich, die der jüngsten Cunard-Queen in Southampton ihren Namen verlich. Die Regentin hatte die Taufzeremonie der ersten „Elizabeth" als Zwölfjährige an der Seite ihrer Mutter erlebt und bei der „QE2" selbst die Flasche an den Bug geworfen.

Schwarzer Rumpf, weiße Aufbauten, roter Schornstein: Schon aus der Ferne ist das 416 Millionen teure Schiff als Mitglied der Cunard-Familie zu erkennen. Sie ist nahezu baugleich mit der „Queen Victoria". Dank des steileren Heckaufbaus wurden jedoch knapp 50 Kabinen mehr untergebracht. 85 Prozent der Unterkünfte liegen außen, knapp Dreiviertel haben einen Balkon.

2014 frischte die Reederei die „Queen Elizabeth" nochmals für 30 Millionen Euro bei Blohm+Voss in Hamburg auf. Neben Klassifizierungsarbeiten wurden neun Single-Kabinen eingebaut, acht außen, eine innen liegend. Außerdem erhielten alle Kabinen große Flachbildschirme; die Shopping Mall und das Kasino wurden modernisiert.

Während die „QV" den Stil des viktorianischen Zeitalters feiert, ist das Interieur der Schwester „Queen Elizabeth" dem Geist des Art déco verpflichtet. In den opulenten Gesellschaftsräumen entführen funkelnde Kristalllüster, edle Holzpaneele, farbige Bleiglasoberlichter, Spiegelsäulen und Wandmalereien die Gäste in die Welt der Goldenen Zwanziger. Die Grand Lobby verläuft über drei Etagen. Auf den geschwungenen Treppen kommen die prächtigen Roben für den Ball im Queens Room oder den Abend im dreigeschossigen Royal Court Theater mit 16 privaten Logen und Platz für insgesamt 800 Zuschauer bestens zur Geltung.

Cunard Line
Am Sandtorkai 38
20457 Hamburg
Telefon 040-41 53 30
www.cunard.de
Beratung und Buchung
in jedem guten Reisebüro

Queen Elizabeth in Kürze

Flagge: Bermuda
Heimathafen: Hamilton
Länge: 294 Meter
Tonnage: 90.900 BRZ
Geschwindigkeit: 24 Knoten
Besatzung: 1005
Passagiere: 2081
Kabinenanzahl: 1045, davon 158 innen
Bauwerft: Fincantieri, Monfalcone/Triest, Italien
Indienststellung: 2010, letzte Werftzeit 2014

ne der Außenkabinen

Cruise Liner in Hamburg ≈

Liegezeiten
So	27. Mai	7:00 – 19:00 Uhr
Fr	1. Juni	7:00 – 19:00 Uhr
So	12. Aug.	7:00 – 19:00 Uhr
Fr	17. Aug.	7:00 – 19:00 Uhr
Di	16. Okt.	7:00 – 19:00 Uhr

Heimliche

Ein Stufenheck ist mittlerweile selten bei Kreuzfahrschiffen: Die „Queen Mary 2" an dem Liegeplatz in Steinwerder

≈ *Queen Mary 2*

Königin des Hamburger Hafens

Auch 2018 wird die „Queen Mary 2" wieder mehrfach in Hamburg anlegen – das hat schon Tradition. An fünf Terminen zwischen Mai und Oktober haben Hafenbesucher und Elbspaziergänger Gelegenheit, den Stolz der Cunard Reederei in seiner ganzen Pracht zu bewundern

Cruise Liner in Hamburg ≈

Viel Platz für eine Person: Die seit 2016 buchbaren Singlekabinen sind geräumig – samt breitem Einzelbett

Reisepreise

Zwei Nächte von Hamburg nach Southampton kosten 540 Euro in der Innenkabine pro Person. Wenn es die klassische Atlantiküberquerung von Southampton nach New York sein soll: Deren Preise starten bei 2240 Euro pro Person für sieben Nächte in der Innenkabine

Das ie „Queen Mary 2" und Hamburg – eine besondere Beziehung. Unvergessen ist ihr euphorisch gefeierter Erstbesuch am 19. Juli 2004 in der Hansestadt. Seitdem hat die „QM2" 59 Mal hier festgemacht und längst gilt die Weltstadt an der Elbe als ihr heimlicher Heimathafen. Sie ist heute der einzige Ozeanriese mit der Typenbezeichnung R.M.S. für „Royal Mail Steamer", also ein „Königlicher Postdampfer", der in alter Tradition den Transatlantikdienst zwischen Amerika und Europa aufrecht hält.

Ein solcher Schiffstyp ist anders gebaut als ein reiner Cruiseliner. Zwar kreuzt auch die „QM2" regelmäßig in warmen Regionen, doch konstruiert ist sie für Schlechtwetter.

So hat die „QM2" einen verstärkten Rumpf, ein langes Vorschiff plus Wellenbrecher, ein windgeschütztes Stufenheck und mit zehn Metern Tiefgang sicheren Halt in schwerer See. Der wird noch unterstützt durch vier Stabilisatoren, die automatisch ausfahren und sich dem Seegang anpassen – eine Kombination, die es bei keinem anderen Schiff ähnlicher Größe gibt. Knapp 30 Knoten Geschwindigkeit, anders als bei den eher gemächlich reisenden Kreuzfahrern mit durchschnittlich 20 Knoten, garantieren nicht nur die Überwindung der rund 5500 Kilometer Distanz von Southampton nach New York in sechs Tagen, sondern auch erhöhte Kraftreserven des Antriebs bei widrigem Wetter.

Das erfordert aber auch ein immenses Angebot an Luxus und Amüsement. Denn während ein Cruiseliner von Landausflügen profitiert, quasi sein Unterhaltungsprogramm auslagert, muss das Linienschiff bei einer Ozeanüberquerung nonstop seine Fahrgäste ausschließlich an Bord bei Lust und Laune halten. Das gelingt dem längsten und drittgröß-

≈ *Queen Mary 2*

ten Passagierschiff der Welt mit einer Vielfalt von Angeboten: Kino, Theater, Planetarium, Fitnesscenter, Ballsaal, Golfanlage, Sportzentrum, Bierbrauerei, fünf beheizte Swimmingpools, größte schwimmende Bibliothek und last but not least neun Restaurants, darunter das Britannia, das sich über zwei Decks und die ganze Schiffsbreite erstreckt. Gern wird gefragt, ob der Name des größten Saals an Bord eine Verbeugung vor dem ersten Cunard-Schiff „Britannia" ist oder vielmehr Snobismus. Denn der segelbestückte Schaufelraddampfer von anno 1840 hätte bequem im Restaurant Platz gefunden.

Beim Bau investierten etwa 800 Firmen acht Millionen Arbeitsstunden, davon allein eine Million in 80.000 Detailpläne. Verlegt wurden 2500 Kilometer elektrische Kabel und 500 Kilometer Rohrleitungen. Es wurden 80.000 Beleuchtungskörper, 8800 Lautsprecher, 8350 Feuerlöscher und 3000 Telefone installiert. Insgesamt kostete der Bau 870 Millionen Euro, das teuerste jemals gebaute Passagierschiff, und sicher eines der luxuriösesten.

Das Flaggschiff der Cunard Reederei bekam 2016 in Hamburg die umfassendste Modernisierung seit ihrer Inbetriebnahme 2004. Dafür dockte sie bei Blohm+Voss zu einem fast vierwöchigen Werftaufenthalt an. Vor allem die Restaurants und die Suiten der Grills und Britannia Kategorie wurden überholt, 50 neue Kabinen (darunter 15 Einzelkabinen) sowie eine Lounge sind hinzugekommen und mithin hat fast ein Paradigmenwechsel stattgefunden: Ein geradezu revolutionär-modernes, elegantes Design, klare Linien und Farbakzente erwarten die Passagiere auf dem Transatlantikliner.

Cunard Line
Am Sandtorkai 38
20457 Hamburg
Telefon 040-41 53 30
www.cunard.de
Beratung und Buchung
in jedem guten Reisebüro

Das Britannia Restaurant, das neue Teppichdesign vor den Fahrstühlen, der Terrace Außenpool auf Deck 8 und das Royal Court Theater

Queen Mary 2 in Kürze

Flagge: Bermuda
Heimathafen: Hamilton
Länge: 345 Meter
Tonnage: 151.800 BRZ
Geschwindigkeit: 28,5 Knoten
Besatzung: 1178
Passagiere: 2695
Kabinenanzahl: 1355, davon 302 innen
Bauwerft: Chantiers de l'Atlantique, Saint-Nazaire
Indienststellung: 2003, letzte Werftzeit 2016

Cruise Liner in Hamburg ≈

Fein rausgeputzt

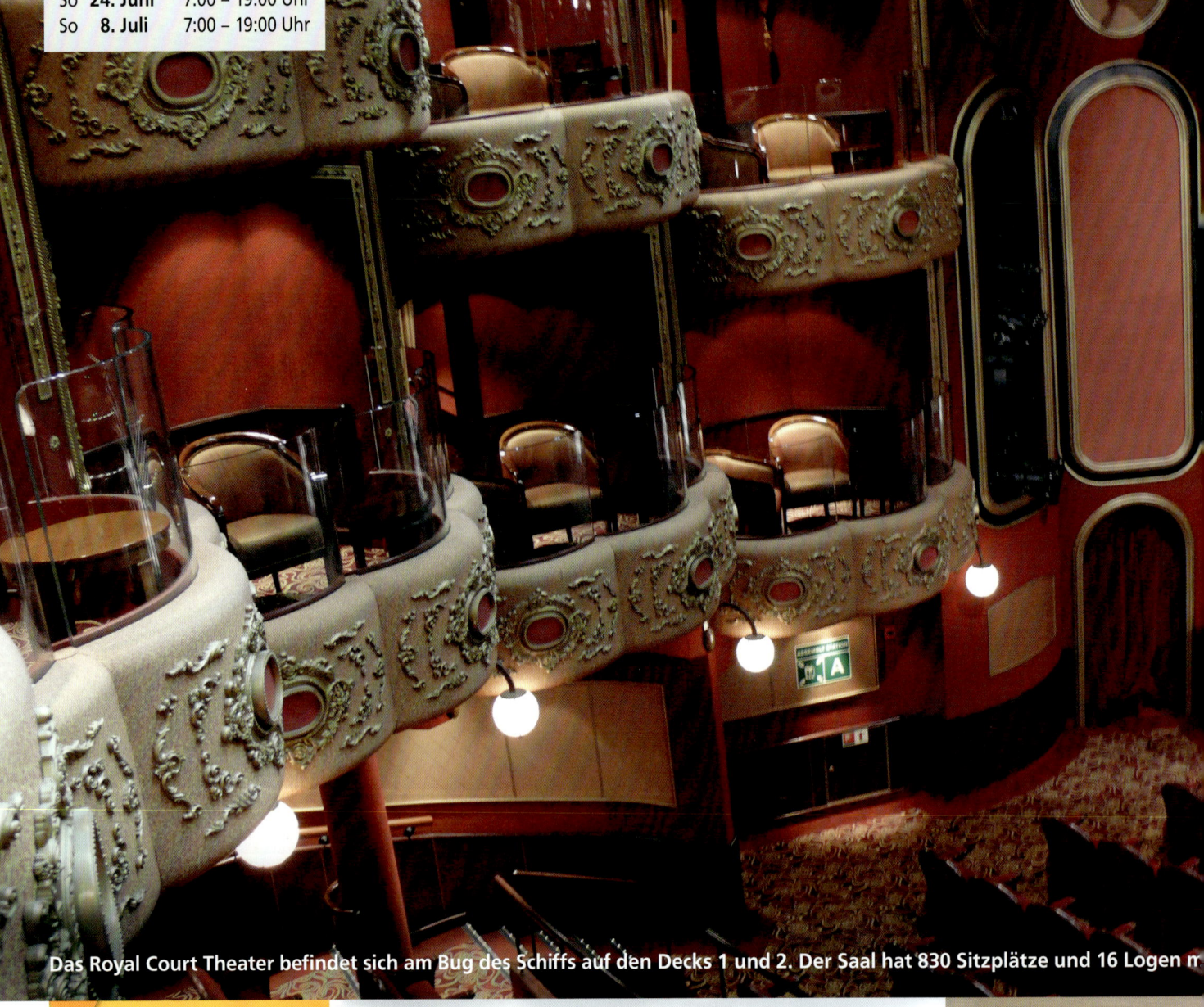

Liegezeiten
Fr	5. Jan.	7:00 – 19:00 Uhr
So	25. März	7:00 – 19:00 Uhr
So	24. Juni	7:00 – 19:00 Uhr
So	8. Juli	7:00 – 19:00 Uhr

Das Royal Court Theater befindet sich am Bug des Schiffs auf den Decks 1 und 2. Der Saal hat 830 Sitzplätze und 16 Logen m

Reisepreise

Zum Jahresbeginn startet die „Queen Victoria" von Hamburg zur großen Weltreise. Weitere Ziele sind die Nordsee, das Mittelmeer und die Karibik. Eine zweitägige Kurzreise von der Hansestadt nach Southampton kostet ab 400 Euro pro Person in einer Innenkabine

Die „Queen Victoria" am Cruise Center Altona; die Champagner Bar auf Deck 2 liegt direkt a

für die sieben Weltmeere

Die „Queen Victoria" bekam auf der Werft ein neues Heck mit Platz für 30 zusätzliche Kabinen. Öffentliche Bereiche wurden neu gestaltet – für eine Balance zwischen klassischem Look und modernem Design

Eine „Queen Victoria" über die Weltmeere zu schicken, war bei Cunard Line ein lang gehegter Wunsch. Bereits am 31. Januar 1931 ließ die Traditionsreederei im schottischen Clydebank ein Schiff auf Kiel legen, dessen Name der legendären Regentin hätte huldigen sollen. Im August 1934 waren die Arbeiten beendet und der Eigner fragte bei König Georg V. nach, ob dessen Gemahlin den Liner nach „Britanniens größter Königin" (Victoria!) taufen möge. Die deutschstämmige Mary von Teck gab dem Ozeanriesen am 26. September 1934 den Namen „RMS Queen Mary". Ein weiterer Anlauf startete 2000. Doch der Rohbau wurde 2004 an P&O transferiert. Inzwischen ist dieses Schiff als „Arcadia" im Einsatz.

Am 12. Mai 2006 begann der Bau für die heutige „Queen Victoria". Nach gut 18 Monaten bekam Cunard ein modernes Hightechschiff geliefert (Kostenaufwand: 390 Millionen Euro), dessen Interieur gleichwohl den Glanz der viktorianischen Ära hochleben lässt. Taufpatin war am 10. Dezember 2007 Camilla Parker Bowles, Gattin des britischen Thronfolgers Charles. Tags darauf startete die „Queen Victoria" zur Jungfernfahrt, die sie auch nach Hamburg führte. Die Hansestadt ehrte die „Queen Victoria" mit einem 15-minütigen Feuerwerk.

Die „QV" kreuzt in der Nordsee und im Baltikum ebenso wie im Mittelmeer und um die Kanaren. Sie passt knapp durch den Panamakanal. In den grandiosen öffentlichen Räumen mischen sich viktorianische Stilelemente mit Reminiszenzen an Art déco. Kunstwerke im Wert von über zwei Millionen Dollar sind zu bewundern. Die Grand Lobby erstreckt sich über drei Decks, im großzügigen Treppenhaus kommen die Roben für den Ball im Queens Room prächtig zur Geltung.

2017 lag die „Queen Victoria" einen Monat in Palermo im Dock. Alle Kabinen wurden modernisiert, fünf der Penthouse Suiten neu designt: Sie haben jetzt Balkone und bodentiefe Fenster. Durch den Einbau eines vorgefertigten, neuen Heckteils entstanden außerdem 30 neue Innen- und Balkonkabinen. Auch Restaurants und öffentliche Deckbereiche wurden erweitert und umgebaut, darunter der Wintergarten mit einem modernisierten Schiebedach.

Cunard Line
Am Sandtorkai 38
20457 Hamburg
Telefon 040-41 53 30
www.cunard.de
Beratung und Buchung
in jedem guten Reisebüro

Queen Victoria in Kürze

Flagge: Bermuda
Heimathafen: Hamilton
Länge: 294 Meter
Tonnage: 90.000 BRZ
Geschwindigkeit: 23,7 Knoten
Besatzung: 981
Passagiere: 2061
Kabinenanzahl: 1035, davon 138 innen
Bauwerft: Fincantieri, Marghera, Italien
Indienststellung: 2007, letzte Werftzeit 2017

Cruise Liner in Hamburg ≈

Großes Kino

Liegezeiten
Do 13. Sept.   7:00 – 19:00 Uhr

Barhocker mit besonderer Aussicht: Die Bar Portside auf dem Lido Deck ragt in 40 Meter Höhe über die Bordwand hinau

Reisepreise

Bis April fährt die „Royal Princess" durch die Karibik und überquert dann den Atlantik. Sie kreuzt vor Westeuropa, bevor es im September wieder in Richtung Nordamerika und Karibik geht. Zwölf Nächte Westeuropa in der Innenkabine kosten ab 1431 Euro pro Person

Während der Werftzeit 2016 erhielt die „Royal Princess" eine auffällige Bugbemalung; eine d

≈ *Royal Princess*

unter Sternen auf hoher See

An Bord der „Royal Princess" sehen die Passagiere Filme auf einem gigantischen LED-Bildschirm unter freiem Himmel oder genießen im Schiff die Atmosphäre auf der Piazza des großen Atriums

Alles etwas größer – auch das Atrium. Wie bei allen Schiffen von Princess Cruises bildet es den zentralen Bereich. Auf der 2013 in Dienst gestellten „Royal Princess" ist das Atrium um die Hälfte größer angelegt: über drei Stockwerke mit vier gläsernen Fahrstühlen und zwei geschwungenen Marmortreppen. Durch zwei Glaskuppeln fällt das Licht hinunter bis auf die Piazza; von den Bars und Restaurants auf den verschiedenen Ebenen haben die Passagiere einen eindrucksvollen Ausblick.

Auch der Movie Under the Stars-LED-Schirm ist deutlich größer als der auf anderen Princess-Schiffen. Er misst 10,40 mal 6,10 Meter und garantiert den Passagieren von den Sun und Lido Decks unterhaltsame Kinoabende unter freiem Himmel. Natürlich gibt es Popcorn. Im TV-Studio an Bord können Passagiere an Shows teilnehmen, die über den schiffseigenen Sender Princess Live! ausgestrahlt werden.

Für Entspannung und Wellness gehen die Passagiere in die Lotus Spa – für Massagen, Aromatherapien und Entspannungsbäder. Der exklusive Bereich The Enclave at Lotus Spa bietet unter anderem warme Steinliegen, ein Erlebnisbad und eine Regenschauerdusche. Als Rückzugs- und Entspannungsbereich nur für Erwachsene versteht sich The Sanctuary auf dem Sun Deck. Hier lassen sich auch private Cabanas mit Minibar und Flachbildschirm reservieren.

Während der Werftzeit im Oktober 2016 wurden vor allem Wartungen auf dem damals drei Jahre alten Schiff durchgeführt. Dazu kamen einige Verbesserungen, die durch die Erfahrungen der bisherigen Fahrten sinnvoll erschienen. Das galt besonders für die Treppen: So wurden welche zwischen Lido und Sun Deck hinzugefügt und die Crew-Treppen mittschiffs für die Nutzung durch Passagiere umgewandelt. Am auffälligsten war die neue Bemalung des Bugs, die dem Firmenlogo nachempfunden ist.

Getauft wurde die „Royal Princess" von Kate, der Duchess of Cambridge. Gemäß Protokoll ist die Gemahlin von Prinz William keine königliche Prinzessin, aber fraglos eine dem Schiffsnamen angemessene Patin. Die beiden Schwesterschiffe sind die „Regal Princess" (2014) und die „Majestic Princess" (2017).

Princess Cruises
c/o Inter-Connect Marketing
Arnulfstraße 31 • 80636 München
Telefon 089-517 03 450
www.princesscruises.de
Beratung und Buchung
in jedem guten Reisebüro

Royal Princess in Kürze

Flagge: Bermuda
Heimathafen: Hamilton
Länge: 330 Meter
Tonnage: 142.714 BRZ
Geschwindigkeit: 22 Knoten
Besatzung: 1346
Passagiere: 3560
Kabinenanzahl: 1778, davon 342 innen
Bauwerft: Fincantieri, Monfalcone, Italien
Indienststellung: 2013, letzte Werftzeit 2016

Cruise Liner in Hamburg ≈

Liegezeiten
Fr **7. Dez.**   14:00 – 24:00 Uhr
Sa **8. Dez.**   0:00 – 17:00 Uhr

Das Ende

Persönliche Atmosphäre: Im Vergleich zu doppelt so langen Kreuzfahrtriesen erscheint die 164 Meter lange „Saga Pearl I

Reisepreise
Die letzte Fahrt der „Saga Pearl" führt 2019 nach Südafrika. Doch bis dahin stehen noch viele Reisen rund um Europa an – unter anderem Anfang Dezember diesen Jahres von Portsmouth nach Hamburg und zurück. Preis: ab 920 Euro pro Person in der Innenkabine

Das Hauptrestaurant erstreckt sich über die ganze Breite des Promenadendecks; Bibliothek m

≈ *Saga Pearl II*

einer langen Fahrt ist in Sicht

„Astor", „Hammonia", „Arkona", „Astoria" –
die „Saga Pearl II" hatte bereits viele Namen. In diesem
Jahr startet das Schiff mit der bewegten Geschichte
in seine letzte Kreuzfahrtsaison

Der Kreuzfahrtklassiker hat eine wechselvolle Vergangenheit. 1980 wurde er beim Hamburger Ableger der Howaldtswerke-Deutsche Werft bestellt. Auftraggeber: die Hadag Cruise Line. Die eben gegründete Tochter der hiesigen Hadag sollte die ins Schlingern geratene Hafenfährschifffahrt mit einem Sprung ins Kreuzfahrtgeschäft sanieren. An dem Projekt „Musikdampfer" beteiligt war damals auch Zigarettenfabrikant Reemtsma. Aus „Hammonia" wurde kurzerhand „Astor"; im Winter 1981 startete sie zur Jungfernreise Richtung Mittelmeer. Später avancierte sie zum Fernsehstar in der Serie „Das Traumschiff", ihren Eignern brachte sie dennoch kein Glück: Um einen Konkurs der Hadag abzuwenden, wurde sie 1983 nach Kapstadt verkauft. Zwei Jahre später kehrte sie als „Arkona" in (ost)deutsche Dienste zurück. Für die Seereederei Rostock kreuzte sie mit DDR-Bürgern an Bord durch die Ostsee und bis nach Kuba.

Seit 2002 fuhr sie unter dem Namen „Astoria" für Transocean Tours. Im Herbst 2008 musste der Bremer Kreuzfahrtanbieter kurzfristig eine 124-tägige Weltreise absagen, da beim Antrieb der „Astoria" gravierende Schäden festgestellt worden waren. Allein die Anfertigung der Ersatzteile sollte drei Monate dauern, und der Verdienstausfall zwang Transocean, Insolvenz anzumelden. Das Schiff lag monatelang in Barcelona fest und wurde Anfang August 2009 vor Gibraltar an die britische Saga Cruises versteigert. Die Reederei suchte dringend eine Nachfolgerin für ihre in die Jahre gekommene „Saga Rose".

Die frühere „Astoria" passte perfekt ins Konzept: klassisch, mittelgroß, familiär. Auf der Swansea-Werft in Wales wurde sie für ihren Einsatz als „Saga Pearl II" umfassend fit gemacht. 29 der insgesamt 253 Kabinen erhielten Balkone. Show Lounge, Spa und die beiden Pools wurden verschönert. Eine Bibliothek sowie ein zweites Restaurant kamen hinzu. Kosten: 22 Millionen Euro. 2017 wurden neue Teppiche verlegt und das Verandah Deck überarbeitet. Und das, obwohl die „Saga Pearl II" 2019 ihre letzte Fahrt antreten soll. Ob das Schiff dann verkauft oder außer Dienst gestellt wird, ist noch nicht bekannt.

Saga Group
Enbrook Park, Sandgate
Folkestone, Kent, CT20 3SE, England
Telefon: 0808-278 3662 (kostenfrei)
www.travel.saga.co.uk
Beratung und Buchung
in jedem guten Reisebüro

Saga Pearl II in Kürze

Flagge: Bahamas
Heimathafen: Nassau
Länge: 164 Meter
Tonnage: 18.591 BRZ
Geschwindigkeit: 20 Knoten
Besatzung: 252
Passagiere: 446
Kabinenanzahl: 253, davon 76 innen
Bauwerft: HDW, Hamburg
Indienststellung: 1980, letzte Werftzeit 2017

ein und kompakt

ehr als 3000 Büchern

Cruise Liner in Hamburg ≈

Galantes Reisen

Liegezeiten
Sa **15. Dez.** 10:00 – 24:00 Uhr
So **16. Dez.** 0:00 – 10:00 Uhr

Von den 74 Superior Kabinen auf den Decks 8, 9 und 10 haben 16 einen Balkon, die übrigen bodentiefe Fenster. Ach

Reisepreise
Fahrten in die Karibik, zu den Kanaren, durch das Mittelmeer, die Nord- und die Ostsee sowie ein Abstecher nach Kanada: Die „Saga Sapphire" hat 2018 einen vollen Kalender. 14 Nächte durch die Ostsee kosten 3150 Euro pro Person in der Innenkabine

„Saga Sapphire" auf See; die Skulptur „Stahl-Schwarm" ist sieben Meter hoch und setzt sich au

≈ *Saga Sapphire*

für gestandene Kreuzfahrer

Eigentlich steht Hamburg gar nicht auf der Liste der Häfen, die die „Saga Sapphire" in diesem Jahr anläuft. Gäbe es da nicht die Secret Cruise, für die das Schiff Ende November Southampton verlässt

Die „Saga Sapphire" hatte bereits eine Reihe von Namen, doch vielen Deutschen wird sie noch als „Europa" bekannt sein. Auf diesen Namen wurde das Schiff 1980 in Bremen getauft, um bis 1999 für Hapag Lloyd die Meere zu befahren. Da der Name auf die Nachfolgerin übertragen wurde, bekam die „Europa" mit dem Verkauf nach Asien einen neuen Namen: „SuperStar Aries". In den folgenden Jahren gab es weitere Verkäufe und Umbenennungen, bevor das Schiff 2012 seinen Dienst als „Saga Sapphire" antrat. Sie ist neben der „Saga Pearl II" das zweite Schiff für Seereisen der britischen Unternehmensgruppe Saga. Im Fokus stehen luxuriöse Fahrten für eine gestandene Klientel (50 plus).

Verfügbar sind Standard-Innen- und Außenkabinen, Superior-Kabinen und diverse Suiten. Die Standard-Kabinen bieten geräumige 20 Quadratmeter. Die Passagiere aller Kabinen und Suiten können einen 24-Stunden-Service nutzen, um sich ohne Aufpreis Speisen und Getränke servieren zu lassen. Wer lieber Gesellschaft wünscht, wählt zwischen mehreren Möglichkeiten: Das Restaurants Pole To Pole (Deck 7) ist das größte an Bord und bietet Frühstück, Lunch und Dinner (zwischen 19 und 21 Uhr.) Auf Deck 9 liegt The Grill mit seiner offenen Küche und dem Übergang zum Verandah-Bereich für Mahlzeiten unter freiem Himmel. Direkt neben The Grill werden im kleinen East To West (64 Plätze) Speisen aus Indien, Sri Lanka und Thailand serviert. Traditionelle Schnitzereien sorgen für den passenden Rahmen. Die Küche an Bord der „Saga Sapphire" wurde 2015 und 2017 bei den Cruise Critic Awards ausgezeichnet.

Mehrere Bars laden ein: Die Aviator Lounge hat eine von der Fliegerei inspirierte Einrichtung, in der Cooper's Bar herrscht ein etwas ausgelasseneres Ambiente. Mittelpunkt der großen Britannia Lounge ist die Bühne für Musik- und Theateraufführungen. Der Drawing Room lädt zum Entspannen ein – mit Blick auf die wechselnde Szenerie vor den Fenstern. Ruhe finden die Passagiere ebenfalls im Beach Club rund um den Deckpool und im Aqua Spa. Neben einem beheizten Innenpool stehen eine Sauna, Dampfbäder und Whirlpools zur Verfügung.

Saga Group
Enbrook Park, Sandgate
Folkestone, Kent, CT20 3SE, England
Telefon: 0808-278 3662 (kostenfrei)
www.travel.saga.co.uk
Beratung und Buchung
in jedem guten Reisebüro

Saga Sapphire in Kürze

Flagge: Malta
Heimathafen: Valletta
Länge: 200 Meter
Tonnage: 37.301 BRZ
Geschwindigkeit: 21 Knoten
Besatzung: 415
Passagiere: 720
Kabinenanzahl: 362 davon 36 innen
Bauwerft: Bremer Vulkan, Bremen-Vegesack
Indienststellung: 1982, letzte Werftzeit 2017

Cruise Liner in Hamburg ≈

Weniger Kabinen,

Liegezeiten
So **10. Juni** 17:00 – 24:00 Uhr
Mo **11. Juni** 0:00 – 23:00 Uhr

Blick auf das Pooldeck mit dem Patio Grill rechts. Unter dem runden Glasdach liegt die Wendeltreppe, die von Deck 4 bis a

Reisepreise
Von Mai bis November kreuzt die „Seabourn Ovation" durch das Mittelmeer und vor den Küsten Europas. Dann startet sie mit der Durchquerung des Suezkanals zur großen Fernostfahrt. Sieben Nächte durch die Ostsee kosten 4799 Euro pro Person in einer Veranda Suite

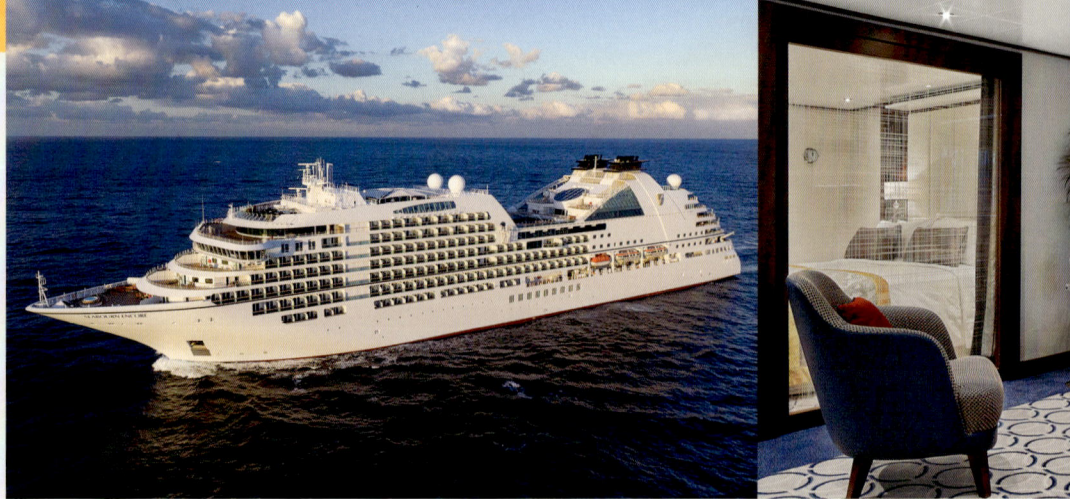

Die „Seabourn Ovation" gleitet durchs Meer; Spa Penthouse Suites mit ganztägigem Zuga

170

≈ *Seabourn Ovation*

mehr Service und Luxus

Die „Seabourn Ovation" ist das neueste Schiff der exklusiven Seabourn-Flotte und geht 2018 auf Jungfernfahrt. Die dritte Reise führt sie nach Hamburg, bevor das Schiff Kurs Richtung Ostsee nimmt

Kleiner und luxuriöser – damit will sich Seabourn von anderen Kreuzfahrtschiffen absetzen. Auch für die neue „Seabourn Ovation" gilt das. Mit einer Länge von unter 200 Metern ist sie deutlich kleiner als Riesen wie „Queen Mary 2" oder „Harmony of the Seas". Genau darauf setzt die Reederei – weniger Passagiere, mehr Platz, mehr Service.

Das beginnt damit, dass es keine Innenkabinen gibt. Jede Unterkunft hat einen Balkon, groß genug für private Abendessen unter freiem Himmel mit eindrucksvollem Meerblick. Jede Kabine ist in bequemen Wohnbereich mit Sitzgelegenheiten sowie Tisch und eleganten Schlafbereich samt begehbaren Schrank unterteilt. Edel ist die Marmorausstattung der Bäder. Bar und Kühlschrank der Kabinen werden ganz nach den persönlichen Wünschen der Gäste aufgefüllt – bereits vor dem Einschiffen.

Die Innenausstattung der „Seabourn Ovation" wurde von dem renommierten Hotel- und Gastronomie-Designer Adam D. Tihany entworfen. Er legte Wert auf unaufdringliche Eleganz und ein modernes und trotzdem klassisches Design. Die Jungfernfahrt der „Seabourn Ovation" beginnt am 5. Mai 2018 in Venedig mit Ziel Barcelona. In den folgenden Monaten wird das Schiff vor allem in nordeuropäischen Gewässern zu finden sein.

Es gibt zwei Außen- sowie sechs Whirlpools. Einer davon befindet sich auf Deck 12 im Retreat-Bereich – einem Rückzugsraum mit fünfzehn Cabanas. Diese privaten Wohnzimmer für ein bis zwei Personen können tageweise reserviert werden. Der über den exklusiven Deckbereich gespannte Baldachin schützt vor Sonne und Wind.

Für sportliche Aktivitäten stehen eine Sportfläche, ein Fitnessbereich sowie ein Minigolf-Parcours zur Verfügung. Casino, Spa, Show Lounge, Friseursalon, Sea Viewing Lounge und eine Bücherei runden das Freizeitangebot ab.

Der Anspruch des Schiffes spiegelt sich auch im gastronomischen Angebot. In Zusammenarbeit mit dem US-Sterne-Koch Thomas Keller wurde das bereits preisgekrönte Essen der Seabourn-Schiffe erweitert. Im Hauptrestaurant geht es eher förmlich zu, legere Atmosphäre herrscht im Sushi-Restaurant, dem The Colonnades und dem Patio Grill.

Seabourn Cruise Line
Otto Reuchlinweg 1110
NL-3072 MD Rotterdam
Telefon 0031-10-297 66 13
www.seabourn.com
Beratung und Buchung
in jedem guten Reisebüro

Seabourn Ovation in Kürze

Flagge: Bahamas
Heimathafen: Nassau
Länge: 198 Meter
Tonnage: 40.350 BRZ
Geschwindigkeit: 19 Knoten
Besatzung: 450
Passagiere: 604
Kabinenanzahl: 302
Bauwerft: Fincantieri, Marghera, Italien
Indienststellung: 2018

Cruise Liner in Hamburg ≈

Liegezeiten
So 17. Juni   8:00 – 17:00 Uhr

Noch sind die Segel gerafft und vertäut, doch bald wird die Mannschaft in die Takelage klettern, und dann heißt es: Ank

Masten, Tauwerk und das Salz

Die Masten ragen in den Himmel, das Meer umrauscht den Bug: Die luxuriöse Dreimastbark „Sea Cloud II" versetzt die Passagiere in vergangene Zeiten und lässt Nostalgieträume passionierter Segler wahr werden – höchster Komfort, elegante Ausstattung und bester Service sind natürlich garantiert

An Deck lädt eine „blaue Lagune" zum Sonne

≈ *Sea Cloud II*

Der Hafen ist nur noch eine Silhouette am Horizont. Das Meer wird weiter, der Himmel höher. Alle Matrosen sammeln sich an Deck bei den Masten. Plötzlich verstummt der Motor. Junge Frauen und Männer aus aller Herren Länder klettern jetzt in schwindelerregende Höhen den Mast hinauf. In Windeseile setzen sie 24 weiße Segel, 2758 Quadratmeter Tuch. Ebenso behände bewegen sie die 20 Kilometer Taue, Stahldrähte und Kunststoffseile – konzentrierte Präzisionsarbeit im Takt der Kommandos. Nur mit der Kraft des Windes nimmt die „Sea Cloud II" Fahrt auf, geräuschlos und elegant gleitet sie davon. Dieses täglich wiederkehrende Schauspiel macht den besonderen Reiz einer Reise auf der luxuriösen Dreimastbark aus. Dafür verzichten ihre maximal 94 Passagiere gern auf Pool und Showbühne, auf Animateure und üppiges Wellnessangebot.

Die „Sea Cloud II" segelt in ihre 17. Saison: Sie wurde am 6. Februar 2001 nach 36 Monaten Bauzeit auf einer asturischen Werft getauft, während aus Hamburg der Bootsbaumeister Detlev Löll die Takelage beisteuerte (wir berichteten 2010). Eigentümer ist der Hamburger Kaufmann und Reeder Hermann Ebel, der die historische „Sea Cloud" 1994 übernahm. Die „Sea Cloud II" verfügt über 47 Außenkabinen, davon zwei 27 Quadratmeter große Eigner Suiten auf dem Lido Deck sowie 16 Junior Suiten auf dem Promenadendeck. Alle Gemächer sind sehr geschmackvoll mit individuellem, hochwertigem Mobiliar und opulenten Marmorbädern ausgestattet, haben hohe weiße Stuckdecken, unter den großen Sprossenfenstern verlaufen edle Holzkassetten. Auch Restaurant und Lounge beeindrucken mit prächtig kassettierten Decken und aufwendigen Holzarbeiten. Die elegante Lounge mit Bar, mittigem Oberlicht und Fenstern rund herum ist ebenso zentraler Treffpunkt wie das klassisch mit Teak möblierte Lido Deck. Manch einer zieht sich später in die „blaue Lagune" direkt an der Achterreling des Lido Decks zurück: Auf gemütlichen Kissen lässt es sich unter nächtlichem Sternenhimmel angenehm träumen.

Sea Cloud Cruises
An der Alster 9
20099 Hamburg
Telefon 040-309 59 20
www.seacloud.de
Beratung und Buchung
in jedem guten Reisebüro

Reisepreise

Häfen des westlichen Mittelmeeres erkundet die „Sea Cloud II" auf dieser Schnupperreise: Von Barcelona über Sanary-sur-Mer in der Provence nach Korsika und über St. Tropez nach Nizza. Sechs Tage in einer Außenkabine kosten ab 2395 Euro pro Person

Sea Cloud II in Kürze

Flagge: Malta
Heimathafen: Valletta
Länge: 117 Meter
Tonnage: 3.849 BRZ
Geschwindigkeit: 14 Knoten
Besatzung: 58
Passagiere: 94
Kabinenanzahl: 47 außen
Bauwerft: Astilleros Gondan, Figueras, Spanien
Indienststellung: 2001, letzte Werftzeit: 2014

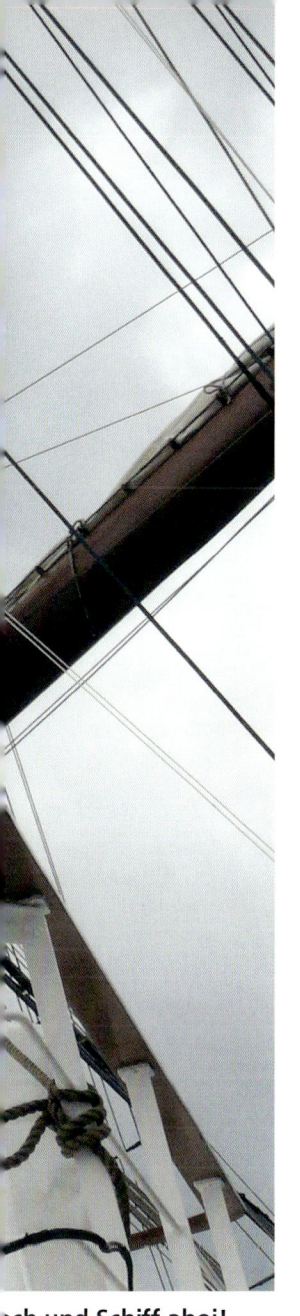

och und Schiff ahoi!

des Meeres

n, die Bar zum Aperitif vor dem Essen oder zum Digestif danach

Cruise Liner in Hamburg ≈

Maritime Lebensart:

Liegezeiten
So 9. Sept. 19:30 – 24:00 Uhr
Mo 10. Sept. 0:00 – 18:00 Uhr

Die „Silver Wind" liegt am Terminal im Hamburger Südwesthafen. Im Vordergrund ist der Zweimastsegler „J. R. Tolkien" a

Reisepreise
Wie viele Kreuzfahrtschiffe verbringt die „Silver Wind" Herbst und Winter in der Karibik. Im Frühjahr wechselt sie ins Mittelmeer, im Sommer sticht sie in Nord- und Ostsee. 13 Nächte von London nach Stockholm kosten ab 7830 Euro pro Person in einer Vista Suite

Blick in eine Vista Suite; im Le Champagne werden zum mehrgängigen Menü die passende

≈ *Silver Wind*

Dolce Vita auf hoher See

Die „Silver Wind", ein kleines, aber feines Kreuzfahrtschiff, wurde in Italien gebaut und gehört einer italienischen Reederei. An Bord erwarten Passagiere exklusive Kabinen und exzellente Küche

Ob am Bridgetisch, bei einem Gourmetmenü oder einer Degustation – an Bord der „Silver Wind" erwartet die Passagiere ein anspruchsvolles Programm.

Das Schwesterschiff der „Silver Cloud" lief in Genua auf der Mariotti-Werft vom Stapel und wurde 1995 in Betrieb genommen. Die „Silver Wind" ist der zweite Bau der italienischen Reederei Silversea Cruises mit Sitz in Monaco. Silversea hatte von Anfang an eine anspruchsvolle Klientel im Visier.

Durch sorgfältige Pflege und Modernisierung ist die inzwischen 20 Jahre alte „Silver Wind" immer noch ein Juwel unter den kleineren Oceanlinern: Ihre 149 Suiten sind alle mindestens 22 Quadratmeter groß, mit begehbarem Kleiderschrank und Mamorbad inklusive Badewanne ausgestattet. Die öffentlichen Bereiche liegen achtern, sodass die Gäste niemals weite Wege zurücklegen müssen. Während der Ende 2017 abgeschlossenen Werftzeit erhielten unter anderem das Casino und der Spabereich neue Bodenbeläge, Möbel wurden neu gepolstert.

Für das leibliche Wohl wird an verschiedenen Orten gesorgt: The Restaurant serviert den Passagieren bei freier Tischwahl und zu selbst gewählten Zeiten moderne internationale Küche. Seine italienischen Wurzeln honoriert die „Silver Wind" mit dem La Terrazza, das die Küche Italiens serviert. Hier können sich die Gäste auch auf der Außenterrasse beim Frühstücks- und Mittagsbuffet bedienen. Wer es abends informell liebt, lässt sich auf Deck 8 am Pool Grillspezialitäten zubereiten, während Weinliebhaber im eleganten Le Champagne edle Tropfen zum mehrgängigen Menü genießen – eine Reservierung ist hier erforderlich. Die Restaurants Le Champagne auf den Silversea-Schiffen sind die einzigen Weinrestaurants auf See von Relais & Châteaux, einer weltweiten Vereinigung von Luxushotels und Restaurants. Auf der „Silver Wind" finden es die Passagiere direkt neben The Restaurant auf Deck 4.

Herz der Abendunterhaltung ist das Theater, doch auch die Panoramalounge und The Bar servieren Drinks. Außerdem an Bord: Fitnesscenter mit Sauna, Dampfbädern und einem Kursangebot, das Pilates und Yoga sowie Wellnessanwendungen umfasst.

Silversea Cruises
Schillerstraße 31
60313 Frankfurt
Telefon 069-222 212 283
www.silversea.com/de
Beratung und Buchung
in jedem guten Reisebüro

Silver Wind in Kürze

Flagge: Bahamas
Heimathafen: Nassau
Länge: 156 Meter
Tonnage: 17.400 BRZ
Geschwindigkeit: 18 Knoten
Besatzung: 222
Passagiere: 296
Kabinenanzahl: 149 außen
Bauwerft: T. Mariotti, Genua, Italien
Indienststellung: 1995, letzte Werftzeit: 2016

Cruise Liner in Hamburg ≈

Wikinger auf

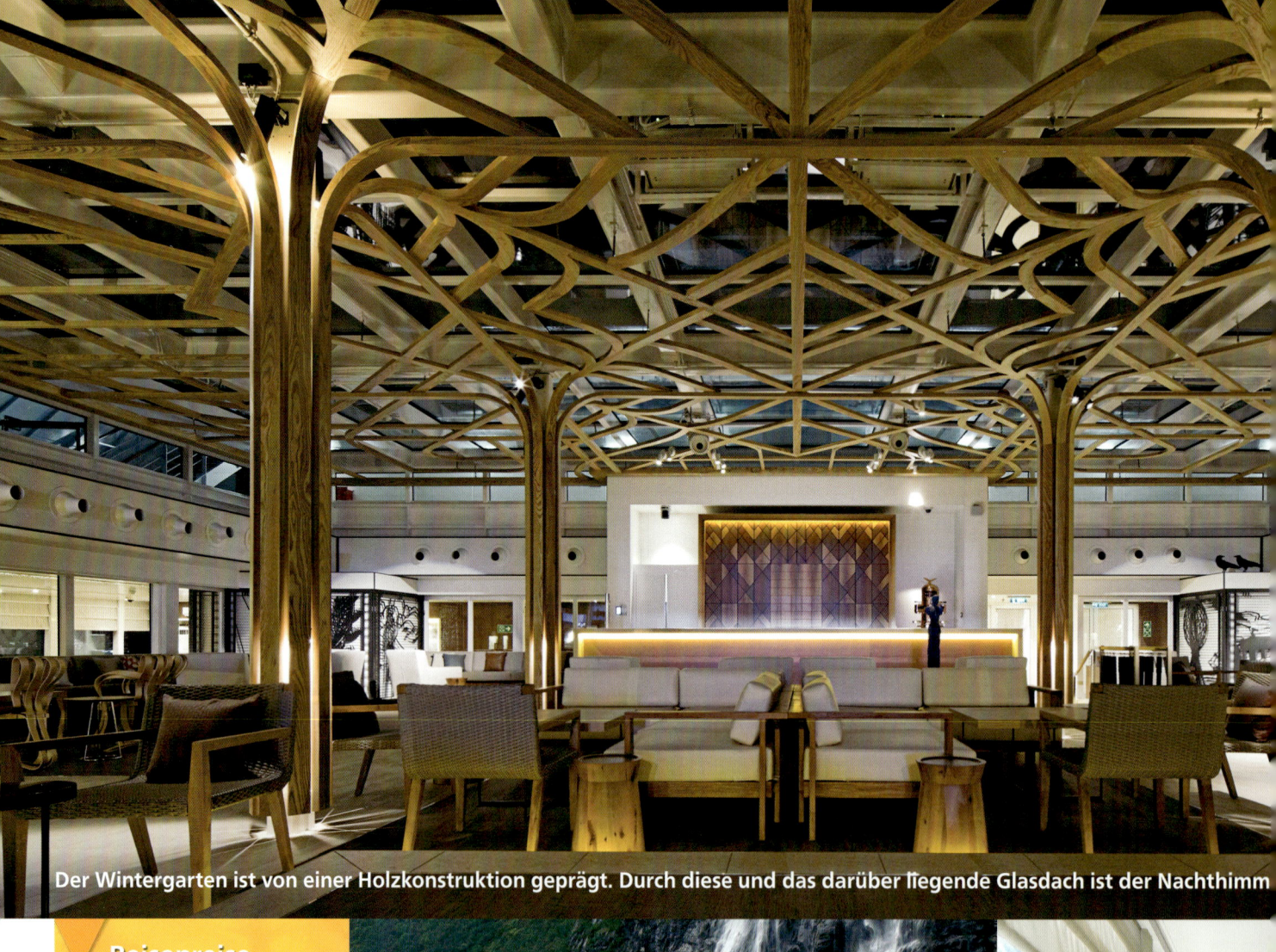

Liegezeiten
Mi	3. Okt.	9:00 – 24:00 Uhr
Do	4. Okt.	0:00 – 14:00 Uhr

Der Wintergarten ist von einer Holzkonstruktion geprägt. Durch diese und das darüber liegende Glasdach ist der Nachthimm

Reisepreise

In den ersten Monaten des Jahres kreuzt die „Viking Sky" durch die Karibik und vor Mittel- und Südamerika. Dann überquert sie den Atlantik und macht Fahrten rund um Europa. 14 Nächte Britische Inseln in einer Innenkabine kosten ab 5940 Euro pro Person

Die „Viking Sky" im Geirangerfjord vor dem Wasserfall Sieben Schwestern, weiter Meerblick a

≈ *Viking Sky*

den Weg zu neuen Ufern

Neue Gäste: 2018 besuchen erstmals Kreuzfahrtschiffe von Viking Cruises Hamburg. Die „Viking Sky" ist das vierte Hochseeschiff der norwegischen Reederei, die vor 20 Jahren mit Flussfahrten startete

Warum etwas ändern, wenn es passt: Die Viking Reederei will nicht viele unterschiedliche Schiffe in der Flotte präsentieren, sondern nahezu identische Ausstattung und Service auf allen Schiffen garantieren. 1997 gründete Torstein Hagen das Unternehmen. Der Norweger hatte bereits 1984 versucht, die Reederei Royal Viking Line, deren Vorstandsvorsitzender er war, zu kaufen. Das klappte nicht, das Unternehmen wurde einige Jahre später zerschlagen. Über zehn Jahre später machte Hagen eine Flussfahrt in Russland und gründete, davon inspiriert, 1997 Viking River Cruises mit vier Schiffen in Russland. Das Unternehmen expandierte nach Europa, Nordamerika und China. 2013 folgten Kreuzfahrten auf dem Meer – und die Namenskürzung in Viking Cruises.

Die Flotte hochseetüchtiger Schiffe ist noch klein und wird nach und nach erweitert – ohne Experimente: Die „Viking Sky" ist nahezu baugleich mit ihren drei Schwesterschiffen, darunter die ebenfalls 2017 in Dienst gestellte „Viking Sun" (siehe Seite 178). Bis 2022 sollen vier weitere Schiffe folgen.

Die Viking-Schiffe fuhren zunächst Skandinavien und die Ostsee an, dann das Mittelmeer. Später folgten Ziele in Nord- und Südamerika, der Karibik, Asien und Australien. Ein wesentlicher Teil der Reederei-Philosophie ist, dass auf den Kreuzfahrten möglichst viel Zeit in den angelaufenen Häfen verbracht wird, um den Passagieren ausreichend Gelegenheit für Landgänge zu geben.

Der überwiegende Teil der Passagierkabinen sind 25 Quadratmeter große Außenkabinen mit Doppelbett und Veranden, die vier Quadratmeter messen. Zwei etwas größere Varianten haben einen ähnlichen rechteckigen Grundriss. Anders sind die Explorer Suiten am Heck der „Viking Sky" gestaltet. Sie sind 71 Quadratmeter groß mit 16 Quadratmeter großen, über Eck laufenden Veranden. Diese Suiten sind jeweils auf der Steuer- und Backbordseite auf den Decks 3 bis 6 zu finden.

Die Owner's Suite wurde gemäß der Wünsche von Torstein Hagen ausgestattet. Wer großzügige 136 Quadratmeter zur eigenen Verfügung haben möchte, kann sie für die Kreuzfahrt buchen – samt der persönlichen Fenstersauna mit Meerblick.

Viking Ocean Cruise Line
5700 Canoga Avenue
Woodland Hills, CA 91367, USA
Telefon 1-866-984-5464
www.vikingcruises.com
Beratung und Buchung
in jedem guten Reisebüro

Viking Sky in Kürze

Flagge: Norwegen
Heimathafen: Bergen
Länge: 228 Meter
Tonnage: 47.800 BRZ
Geschwindigkeit: 20 Knoten
Besatzung: 465
Passagiere: 930
Kabinenanzahl: 465 außen
Bauwerft: Fincantieri Shipyard, Ancona, Italien
Indienststellung: 2017

Cruise Liner in Hamburg ≈

Sonne auf Deck,

Liegezeiten
Mi	4. Juli	9:00 – 24:00 Uhr
Do	5. Juli	0:00 – 14:00 Uhr

Der Thermalpool samt Feuerstelle im Spa-Bereich. Links ist die blau ausgeleuchtete Schneegrotte zu sehen, daneben d

Reisepreise

Das neue Jahr begrüßt die „Viking Sun" vor Mexiko, auf der ersten Viking World Cruise. Den Sommer verbringt sie vor Skandinavien und rund um die britischen Inseln. 14 Nächte von Bergen nach London in einer Balkonkabine kosten ab 5520 Euro pro Person

Tolle Aussicht: Am Heck der „Viking Sun" befindet sich auf Deck 7 der Infinity Pool mit sein

≈ *Viking Sun*

Schnee im Spa-Bereich

Die „Viking Sun" ist gerade in Italien vom Stapel gelaufen und geht schon auf Weltreise. Die Passagiere finden an Bord des norwegischen Schiffs viel Platz und genießen Service für gehobene Ansprüche

Die „Viking Sun" lief 2017 als viertes Hochseeschiff der Viking Cruises vom Stapel und startete kurz vor Jahresende zur ersten World Cruise der Reederei, die sie fast um den ganzen Erdball führt. In 141 Tagen geht es von Miami durch die Karibik, über den Pazifischen und Indischen Ozean und durch das Mittelmeer bis nach London. Dort wird die „Viking Sun" im Mai erwartet. In den folgenden Monaten stehen Skandinavien und die britischen Inseln auf dem Programm, bevor das Schiff im Herbst Kurs auf das das Mittelmeer nimmt.

Viking Cruises setzt auf ein Konzept kleinerer Schiffe mit weniger Passagieren und mehr Raum, was sich in der Flotte widerspiegelt: Die „Viking Sun" ist nahezu baugleich mit ihren drei Schwesterschiffen – darunter die „Viking Sky" (siehe Seite 176).

Wie auf den meisten Kreuzfahrtschiffen ist das Pooldeck der zentrale Bereich im Freien. Auf der „Viking Sun" liegt es auf Deck 8 und lässt sich mit einem großflächigen Schiebedach gegen die Witterung schützen. Einen besonderen Ausblick bietet der Infinity Pool auf Deck 7. Er ist Teil der Aquavit Terrace am Heck des Schiffes und hat eine gläserne Außenwand. Wer im Becken schwimmt, bekommt den Eindruck, dass die Wasseroberfläche des Pools direkt in die Meeresoberfläche übergeht.

Im Spa- und Wellnessbereich gibt es, ganz skandinavisch, eine Sauna. Damit das Abkühlen auch in tropischen Regionen stilecht möglich ist, geht es nach dem Saunagang direkt in die Schneegrotte, in der echter Schnee rieselt. Wohlige Wärme bereitet der Thermalpool, um den bequeme Liegeplätze angeordnet sind.

Wer es aktiver mag, geht ins Fitnesscenter, übt seinen Abschlag auf der Golfbahn oder joggt auf dem Laufkurs. Dieser Außenbereich liegt auf Deck 9.

Unterhaltung wird auf den Viking-Schiffen natürlich auch geboten. Im Theater auf Deck 2 werden Live-Shows aufgeführt und Vorträge gehalten, die die Kultur der angelaufenen Ziele aufgreifen. Auch die Auswahl der Filme in den beiden Kinos orientiert sich an den Reiserouten. In der Bar Torshavn, benannt nach der Färöer-Hauptstadt, bietet eine kleinere Bühne Raum für Live-Auftritte mit Clubatmosphäre.

Viking Ocean Cruise Line
5700 Canoga Avenue
Woodland Hills, CA 91367, USA
Telefon 1-866-984-5464
www.vikingcruises.com
Beratung und Buchung
in jedem guten Reisebüro

Viking Sun in Kürze

Flagge: Norwegen
Heimathafen: Bergen
Länge: 228 Meter
Tonnage: 47.800 BRZ
Geschwindigkeit: 20 Knoten
Besatzung: 465
Passagiere: 930
Kabinenanzahl: 465 außen
Bauwerft: Fincantieri Shipyard, Ancona, Italien
Indienststellung: 2017

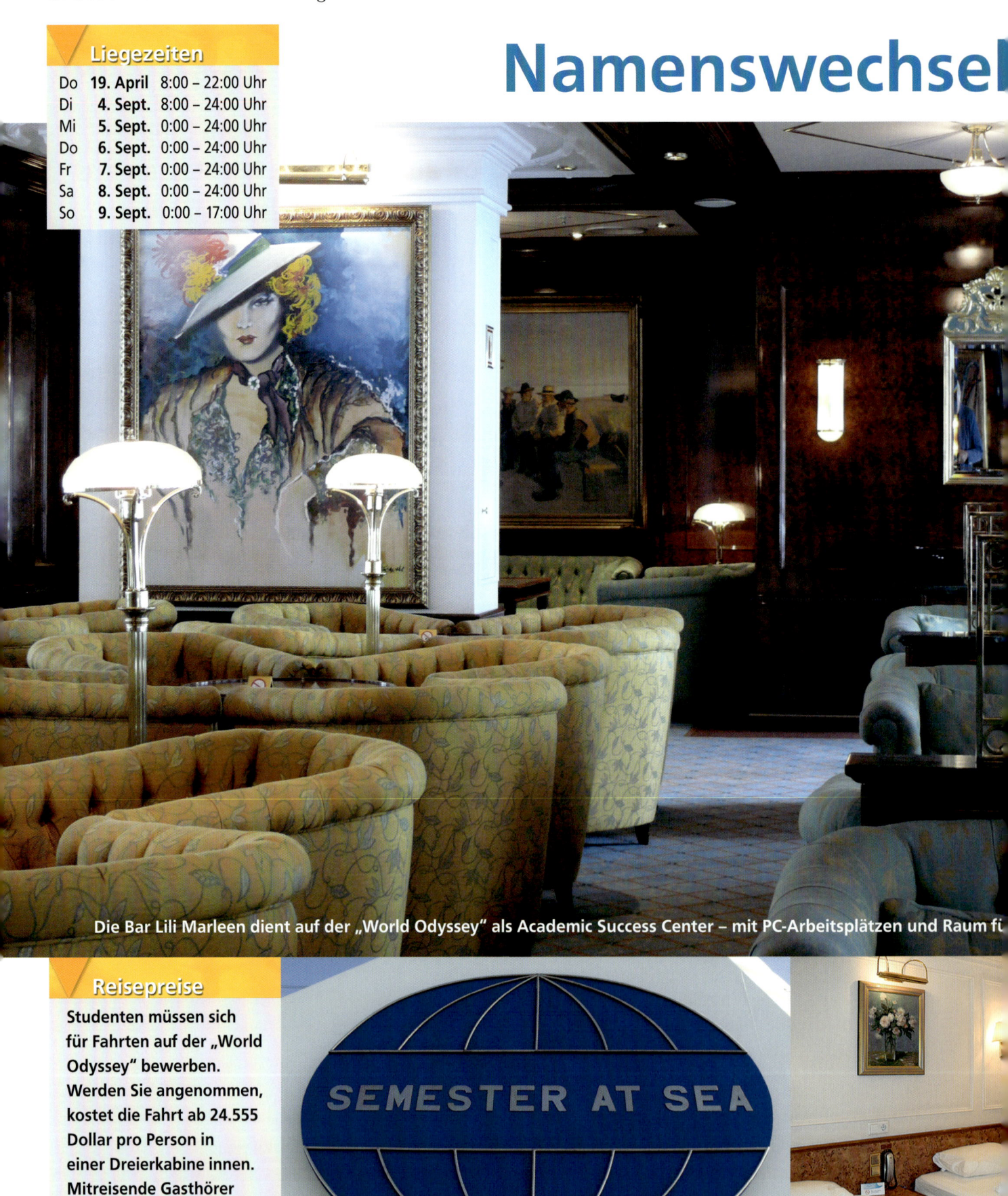

Cruise Liner in Hamburg ≈

Namenswechsel

Liegezeiten
Do	19. April	8:00 – 22:00 Uhr
Di	4. Sept.	8:00 – 24:00 Uhr
Mi	5. Sept.	0:00 – 24:00 Uhr
Do	6. Sept.	0:00 – 24:00 Uhr
Fr	7. Sept.	0:00 – 24:00 Uhr
Sa	8. Sept.	0:00 – 24:00 Uhr
So	9. Sept.	0:00 – 17:00 Uhr

Die Bar Lili Marleen dient auf der „World Odyssey" als Academic Success Center – mit PC-Arbeitsplätzen und Raum fü

Reisepreise
Studenten müssen sich für Fahrten auf der „World Odyssey" bewerben. Werden Sie angenommen, kostet die Fahrt ab 24.555 Dollar pro Person in einer Dreierkabine innen. Mitreisende Gasthörer bezahlen ab 19.950 Dollar pro Person in einer Zweierkabine innen

Semester at Sea: lernen auf dem Meer; die Kabinen sind für die Studentenunterbringung a

in Frühling und Sommer

Studenten auf Weltreise: Die Organisation Semester at Sea schickt die „World Odyssey" auf Studienreisen – zweimal pro Jahr und jeweils mit Stopps in Hamburg. Doch das Schiff führt ein Doppelleben

Die „World Odyssey" ist ein schwimmender Hörsaal – zumindest einige Monate im Jahr. Von September bis April kreuzt sie die Weltmeere, mit über 500 Studenten an Bord. Die Non-Profit-Organisation Semester at Sea arbeitet seit 2016 mit der Colorado State University zusammen und bietet den Teilnehmern rund dreieinhalb Monate dauernde Weltreisen an, mit Seminaren und Studienprojekten an Bord und in den angesteuerten Häfen. Die am 5. Januar in San Diego gestartete Frühlingsreise führt über Hawaii, Japan, China, Vietnam, Myanmar, Indien, Mauritius, Südafrika, Ghana, Marokko nach Hamburg, wo die „World Odyssey" am 19. April erwartet wird.

Dann geschieht das Ungewöhnliche: Das Schiff erhält einen neuen Anstrich und seinen alten Namen zurück. Aus der „World Odyssey" wird die „Deutschland". Unter diesem Namen wurde sie 1998 in Kiel in Dienst gestellt und fuhr als Kreuzfahrtschiff rund um die Welt. Nachdem die Betreibergesellschaft insolvent ging, wurde die „Deutschland" 2015 an ein US-Unternehmen verkauft – und ihr Doppelleben als Kreuzfahrt- und Universitätsschiff begann. Denn die Rückbenennung in „Deutschland" währt nur einige Monate: Nach Fahrten für Phoenix Reisen gibt es im Spätsommer wieder einen frischen Anstrich und die erneute Namensänderung in „World Odyssey". Am 9. September legt sie in Hamburg zum Herbstsemester ab.

Auf der „World Odyssey" verwandeln sich viele der öffentlichen Bereiche in Seminarräume und Hörsäle, etwa das Kino, das Berlin Restaurant und der Kaisersaal. Insgesamt gibt es neun Unterrichtsräume für über 70 Seminare und Veranstaltungen in Fächern wie Geschichte, Kunst, Fremdsprachen, Wirtschafts- und Naturwissenschaften. Alle haben einen globalen Schwerpunkt. Ergänzt werden die Kurse durch Landexkursionen an den Reisestationen auf vier Kontinenten. Die Liegezeiten der „World Odyssey" sind daher deutlich länger als üblich. Bis zu sechs Tage bleibt das Schiff in einem Hafen.

An den Kabinen des Schiffs ändert sich nichts. Die Studenten sind in Zweier- oder Dreierkabinen untergebracht. Die Suiten sind den Dozenten und den „Lifelong Learners" vorbehalten. Das sind ältere Gasthörer, die zum Teil auch selbst Vorträge halten.

Institute for Shipboard Education
2410 Old Ivy Road
Charlottesville, VA 22903
Telefon 800-854-0195
www.semesteratsea.org

World Odyssey in Kürze

Flagge: Bahamas
Heimathafen: Nassau
Länge: 175 Meter
Tonnage: 22.400 BRZ
Geschwindigkeit: 21 Knoten
Besatzung: 280
Passagiere: 520
Kabinenanzahl: 294, davon 70 innen
Bauwerft: HDW, Kiel
Indienststellung: 1998, letzte Werftzeit 2017

Entspannung Erholung Erlebnis

HANSEATIC

Hamburg-Atlantik Linie

≈ *Vergnügungsreise anno dazumal*

Neues Lebensgefühl in der Zeit des Wirtschaftswunders

Spannender als jeder Krimi sind die drei Leben der „Hanseatic": Im Linienverkehr startet sie 1929 als „Empress of Japan" auf der Transpazifik-Route. Zur „Empress of Scotland" wird sie als trister Truppentransporter im Zweiten Weltkrieg und 1958 zum ersten deutschen Traumschiff

TEXT VON HANS-JÜRGEN SIMMERSBACH

Sein Vater, Schuldirektor im kleinen dänischen Roskilde hat ihm abgeraten: „In unserer Familie gab es so viele gute Lehrer, warum willst Du nicht etwas anderes werden?" So schwenkt Axel Bitsch-Christensen nach erworbenem Lehrerdiplom um. Er will Schifffahrtskaufmann werden. Der dänische Schiffsmakler C. K. Hansen in Kopenhagen macht's möglich.

Am Anfang seines Karrierewegs lernt ABC, wie er sich alsbald nennt, 1952 den griechischen Reeder Eugen Eugenides kennen. Der Chef der Home-Lines hat mehrere Passagierschiffe in Fahrt und sucht einen Repräsentanten in Hamburg. Schier totlachen will er sich, als er den Namen Bitsch hört und noch mehr, als ABC erklärt, dass dieses Wort auf Dänisch Hure bedeutet.

Mit diesem Treffen geht ein Stern am Schifffahrtshimmel auf. ABC wird mit Sitz in der Hansestadt Beauftragter der Home-Lines für das Passagierschiff „Italia", das unter Panama-Flagge fährt. Sie ist erste Wahl für Auswanderer, die nach New York wollen. Deutsche Passagierschiffe gibt es nicht. Lediglich der Bremer Norddeutsche Lloyd will mit der in Schweden gekauften „Berlin" (ex Gripsholm) an Vorkriegserfolge anknüpfen. Die Hanseaten an der Elbe wollen ein Passagierschiff mit Heimathafen Hamburg. Das ist das Signal für ABC. Der selbstbewusste Däne findet in Max Brauer, dem damaligen Hamburger Bürgermeister, einen Förderer und Weggefährten für seinen Plan.

Brauer gibt schließlich den entscheidenden Anstoß zur Gründung der ≫

Das Hanseatic-Plakat Ende der 1950er Jahre verspricht „Entspannung, Erholung, Erlebnis" auf der Fahrt nach New York. Der schnittige Luxusliner mit den markanten roten Schornsteinen liegt an der Überseebrücke. Für die einen ist die Reise zu Ende, und die neuen Passagiere starten in die Neue Welt

Turbinenschiff Hanseatic in Kürze

Reederei:
Hamburg-Atlantik Linie
Heimathafen: Hamburg
Länge: 205 Meter
Tonnage: 30.030 BRT
Geschwindigkeit: 21 Knoten
Besatzung: 474
Passagiere: 1255, davon 85 in der 1. Klasse
Bauwerft: Fairfield, Glasgow, Schottland
Indienststellung: 1930, Umbau 1958

183

Cruise Liner in Hamburg ≈

Unbeschwertes Leben an Bord der „Hanseatic"

Eine schwimmende Stadt: fröhliches Poolleben; praktisch eingerichtete Kabinen mit Klappbett, Dusche und WC; Perserteppiche und getäfelte Wände schaffen eine noble Atmosphäre in den Wandelgängen

Hamburg Atlantik Linie GmbH: Stammkapital fünf Millionen DM (Eugenides zeichnet 4,9; Bitsch-Christensen 0,1 Millionen). ABC wird Geschäftsführer und wenig später im Januar 1958 mit der kanadischen Reederei CP Ships handelseinig. Für eine Million Pfund Sterling (12 Millionen DM) wechselt die „Empress of Scotland", die auf der Fahrt nach Hamburg als „Scotland" reist, von der kanadischen zur deutschen Flagge und ist erstes und einziges Schiff der jungen Reederei. Das fast dreißig Jahre alte Turbinenschiff rauscht am 17. Dezember 1929 von den Helgen der Fairfield Shipbuilding & Engineering in den schottischen River Clyde. Ein Jahr später beweist sie auf der Jungfernfahrt nach Yokohama, was sie kann: Als „Empress of Japan" gewinnt sie das pazifische Blaue Band als schnellstes und komfortabelstes Schiff auf dem Pazifik.

Bei Ausbruch des Zweiten Weltkriegs macht der Liner Dienst für die britische

≈ *Vergnügungsreise anno dazumal*

Navy, wird grau gestrichen und mit Geschützen bestückt, um als Truppentransporter zu fungieren. Aus Luxus wird militärische Zweckmäßigkeit. Die „Empress of Japan" übersteht einen deutschen U-Boot- und Luftangriff vor der irischen Westküste, um weiterhin Frauen und Kinder aus Kriegsgebieten nach England zu evakuieren. Zehn Monate nach dem japanischen Angriff auf Pearl Harbor, wird das Schiff in „Empress of Scotland" umbenannt. Ein persönlicher Wunsch von Winston Churchill, der den Namen eines feindlichen Staates nicht mehr auf einem alliierten Schiff lesen will.

Aus dem Kriegsdienst entlassen kehrt die „Empress of Scotland" zu ihrer Bauwerft zurück und wird zum aktuellen Luxusliner hergerichtet, der als Flaggschiff der CP-Reederei die Lücke füllt, die das verloren gegangene Schwesterschiff „Empress of Britain" hinterlassen hat. Schon während der ersten Reise von Liverpool nach Québec wird ein neuer Geschwindigkeitsrekord aufgestellt. Nach sieben Jahren auf der Atlantikroute mit 90 Kanada-Rundreisen und 29 Karibik-Kreuzfahrten steht die in die Jahre gekommene „Empress of Scotland" 1958 zum Verkauf.

Diese Vorgeschichte macht Bitsch-Christensen sicher, dass der Kauf der waschechten Britin ein Gewinn für die Reederei und ein Aushängeschild für Hamburg werden kann. Sein Gespür für Aktuelles, Risikofreude, Entschluss- ≫

Bullaugen, Särge und ein neuer Anfang

Nach dem Brand in New York wird aus dem hanseatischen Flaggschiff ein Fall für die Abwrackwerft. Die angereisten Seeschlepper „Atlantic" (5000 PS) und „Pacific" (10.000 PS) der Hamburger Bugsier-Reederei ziehen die „Hanseatic" zurück in ihren Heimathafen. Dort angekommen wird der Trauerzug zum Highlight: Die einstige „Schöne Hamburgerin", rauchgeschwärzt und manövrierunfähig, wird mit Fontänen der Löschboote und Hupkonzerten begrüßt, in Altenwerder bei „Eisen & Metall" festgemacht.

Bevor die Schneidbrenner ansetzen, wird der Luxusliner Schauplatz der größten und ungewöhnlichsten Auktion, die jemals in der Hansestadt stattgefunden hat. Von der kompletten Restauranteinrichtung über Küchen-, Wäscherei- und Kinoinventar über Teile aus der Kommandobrücke, das komplette Hospital bis hin zum Steinway-Flügel und den für traurige Fälle noch vorhandenen Särgen kommen über 30.000 Einzelteile unter den Hammer. Für Axel Bitsch-Christensen, ABC genannt, der sich das Steuerrad

Versteigerung des Inventars im Auktionshaus Schopmann

Schwerer Schlag für den Dänen Bitsch-Christensen: Die „Hanseatic" brennt im Hafen von New York aus

sichert, ist damit das erste Kapitel „Hanseatic" abgeschlossen. Er inszeniert bereits ein neues. Diesmal sollen seine Kunden als Miteigentümer einer neuen Reederei mitfinanzieren. Drei Hamburger Werften arbeiten am Konzept des neuen Kreuzfahrers, für den ABC 85 Millionen Mark auftreiben will. Er verspricht seinen Anteilseignern, dass bei 20 Jahren Laufzeit und nur 50.000 DM Einsatz rund 215.000 DM Ertrag entstehen.

Ein Neubau kommt zunächst nicht dabei heraus. ABC kauft für die neu gegründete Deutsche Atlantik Linie (DAL) die ehemals unter israelischer Flagge gefahrene „Shalom". Mit einer Gala-Silvesterreise 1967/68 startet sie als zweite „Hanseatic" ins deutsche Kreuzfahrtgeschäft. Das 25.320 BRT große Turbinenschiff hat eine Kapazität für 1090 Passagiere, die von 469 Besatzungsmitgliedern betreut werden.

Die Deutsche Werft in Hamburg bekommt zugleich den Auftrag von ABC für den Neubau eines 23.000 BRT großen Luxusliners, der am 20. März 1969 von Marie-Luise Kiesinger, Gattin des damaligen Bundeskanzlers, auf den Namen „Hamburg" getauft wird. Vier Jahre später wird das 85 Millionen Mark teure Schiff in „Hanseatic" umbenannt und ausschließlich für Kreuzfahrten eingesetzt. Dies allerdings nur kurze Zeit, da die Reederei im Dezember 1973 ihren Betrieb einstellen muss. Als „Maxim Gorki" taucht sie in deutschen Katalogen wieder auf, bereedert von der russischen Black Sea Shipping Co. in Odessa.

Die vierte „Hanseatic" wird 1990 unter dem Namen „Society Explorer" für die Bremer Discoverer-Reederei bei der finnischen Werft Finnyards gebaut. Wegen finanzieller Probleme kann die Reederei den Neubau nicht übernehmen. So kauft die Society Adventurer Shipping Co. den Liner ein Jahr später und lässt ihn 1993 auf den Namen „Hanseatic" von der damaligen Tagesschau-Sprecherin Dagmar Berghoff taufen. Am 1. Januar 1997 übernimmt Hapag-Lloyd das Fünfsterne-Schiff.

HANS-JÜRGEN SIMMERSBACH

Cruise Liner in Hamburg ≈

Edles Inventar und schmucke Passagiere

Der vornehme Atlantic Club mit edlen Hölzern, kostbaren Teppichen und aktuellem Gestühl der damaligen Zeit lockt die „aufgeputzten" Passagiere zum Drink und Plausch auf gepolsterten Hocker an die Bar oder bei Livemusik auf die Tanzfläche

Der Kapitän lädt zum Cocktail: Treffpunkt auf dem Offiziersdeck vor der Funkstation. Rolf Fink aus Hamburg-Eilbek zahlte 271 Dollar für die Reise von Cuxhaven nach New York

Wir danken Martina Fähnemann von der Hamburger Reederei Hapag-Lloyd für die freundliche Unterstützung mit Archivmaterial

kraft, Direktheit und Dynamik gibt ihm recht. Der radebrechende Charme des Dänen und derzeitigen Wahlhamburgers, der auch nach über 20 Jahren in Deutschland stets sein eigenes Deutsch spricht, setzt sich durch und lässt das Schiff bei HDW (Howaldtswerke) umbauen.

Was damals die Elbe hinauf schwimmt, löst bei den Hanseaten allerdings wenig Begeisterung aus. Sie unken hämisch mit dem Spitznamen „Schrottland", bevor wie Phönix aus der Asche das Traumschiff des Wirtschaftswunders erblüht ist. Das dritte Leben des traditionsreichen Turbinenkreuzers beginnt: Aus dem Drei-Schornstein-Schiff wird ein moderner Liner mit zwei Kaminen. Rund 2000 HDW-Werftarbeiter lassen in drei Schichten täglich ein glänzendes Juwel hanseatischer Schiffbaukunst entstehen. Aus der Vermessung von 26.032 BRT werden 30.030 BRT.

Beim zweiten Schornstein finden sich jetzt Kabinen und ein Penthaus der neuen Ersten Klasse, hinter dem ersten Schornstein ein großzügiges Sportdeck. So kann das übrige Schiff zur Touristenklasse mit 1167 Betten aufpoliert und 90 Prozent der Kabinen mit eigenen Bädern ausgestattet werden. Der gründliche Umbau mit edlen Hölzern und Teppichen, ausgesuchtem Interieur der Kabinen, Bars und Salons, bequemen Betten und aktuellem Design haben eine „schöne Hamburgerin" entstehen und die Miesmacher verstummen lassen.

Der Name „Hanseatic" ist eine Referenz an den Heimathafen und die dortigen Finanzförderer. Das Hanseatenkreuz bietet sich als Firmen- und Schiffslogo an. Wegen der Nähe zum Eisernen Kreuz wird einfach ein Schenkel entfernt und in weiß auf den roten Schornsteinen platziert. Fertig ist das erste Passagierschiff mit diesem Namen und zugleich das erste, das nach dem Krieg unter deutscher Flagge über den Atlantik fährt.

Wegen des wachsenden, schnelleren Flugverkehrs auf der Prestigeroute nach New York geht das „Schiff der guten Laune" auf Kreuzfahrt in Gebiete, die auch in heutigen Katalogen zu finden sind: Mittelmeer, Nordland, Karibik. Der deutsche Service an Bord, der an die legendäre Vorkriegstradition anknüpft, wird zum Schlüssel für den Erfolg. Auch die Filmwelt entdeckt das Traumschiff des Wirtschaftswunders: Für „Drillinge an Bord" mit Heinz Erhardt werden 1959 die Bordszenen gedreht und für „Geliebte Hochstaplerin" mit Nadja Tiller und Walter Giller zwei Jahre später.

Der 7. September 1966 markiert das jähe Ende einer Erfolgsgeschichte: Ein Brand im Maschinenraum frisst sich rasch durchs ganze Schiff, das am Pier 86 zur Abfahrt nach Deutschland bereitliegt. Die New Yorker Feuerwehr ist machtlos. Trotz über zehnstündigen Einsatz ist das Schiff verloren, der Totalschaden wird attestiert.

Hans-Jürgen Simmersbach ist waschechter Hamburger, als Redakteur vom Hamburger Abendblatt, Welt am Sonntag, Wirtschaftswoche und Frankfurter Allgemeine mit der Waterkant verbunden. Den studierten Soziologen interessieren vor allem die Menschen, die hinter Schiffen, Werften und Hafen stehen

Weltentdeckerreise mit ZUGHANSA® und MS PRINSENDAM
Südamerika & Antarktis 2019 | 81 Tage ab 19.329 €

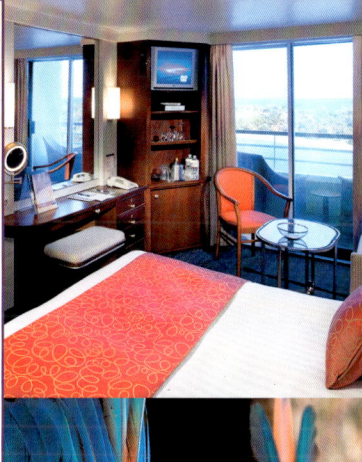

Jetzt ZUGHANSA® - Mehrwerte sichern und telefonisch buchen!

Reise - Highlights

- ☑ kleines Schiff mit max. 835 Passagieren
- ☑ 41 Häfen in Südamerika
- ☑ 9 Tage Amazonas-Erlebnis
- ☑ 4 Tage eisiges Reich der Antarktis

Reisetermin: 04.01. - 25.03.2019

☎ 0 25 73.920 928 50

ZUGHANSA®

eine Marke der NOWATOURS GmbH_48356 Nordwalde

Sie erreichen uns: Mo.-Fr. 9 - 18 Uhr | Sa. 9 - 12.30 Uhr

Aktuelle Angebote: www.zughansa-deals.de

Cruise Liner in Hamburg ≈

Die Herrin der Kostüme

Sie steht zwar nicht auf der Bühne, doch ohne sie kann die Show nicht starten, und wenn es losgeht, steht sie unter Strom: Jennifer Semen ist Dresserin auf der „AIDAaura". Sie sorgt dafür, dass die Kostüme an Ort und Stelle sind. Ein Blick hinter die Kulissen

TEXT VON RICARDA GERHARDT

„Weltenwandler" heißt die große Show im Theater an Bord der „AIDAaura", eine Geschichte um einen jungen Träumer, der Rätsel lösen, aus einem Irrgarten herausfinden und die versteinerte Galatea befreien muss.

Während einer Kreuzfahrt wird das Stück mindestens einmal gespielt; das Publikum sitzt an den Tischen im neuen Loungebereich vor der Bühne der „aura" und ist geblendet von den Kostümen, den Lichteffekten, den Tänzen. Tatsächlich sind es nur neun Darsteller, die alles bestreiten, manche von ihnen spielen drei Rollen: Sie stellen in einer Szene das fröhliche Zahlenrätsel dar, dann die düsteren Helfer des bösen Daedalos – überzeugend umgesetzt dank wundervoller Kostüme.

Zwischen den Szenen geht es hinter der Bühne hoch her: Blitzschnell müssen die Artisten die Kleider wechseln, teilweise mehrmals pro Aufführung. Die Zeit, die ihnen dafür zur Verfügung steht, ist fast auf die Sekunde genau berechnet, es muss alles wie am Schnürchen klappen.

Und hier kommt eine junge Frau ins Spiel, die zwar nicht im Rampenlicht steht, ohne die aber nichts läuft: Die Dresserin Jennifer Semen verwaltet die Kostüme, legt sie bereit und hilft den Darstellern beim Umziehen. Sie ist dafür verantwortlich, dass alle Kleider in einem Topzustand sind, egal welchen Stresstests sie ausgesetzt werden. Wenn Jennifer krank ist, »

Dresserin Jennifer Semen trifft letzte Vorbereitungen für die Show: Kopfschmuck, Schminkvorlagen und Kosmetik werden bereitgestellt

≈ AIDA Entertainment

189

Ordnung bedeutet hier das ganze Leben: Im Kleiderlager an Bord der „aura" hat alles seinen festen Platz

kann die Aufführung nicht stattfinden. „Auf den größeren Schiffen ist meine Position doppelt besetzt, da können wir uns aushelfen", sagt sie. „Doch solange ich irgendwie arbeiten kann, bin ich zur Stelle, denn sonst müsste die Show ausfallen."

Lange bevor es losgeht, ist Jennifer in der Umkleide hinter der Bühen zugange: Alles wird kontrolliert und bereitgelegt. Denn wenn die Show einmal läuft, muss jeder Handgriff sitzen: Die Dresserin öffnet Reißverschlüsse, hilft Kleider über den Kopf zu ziehen, ohne die Frisur zu zerstören, korrigiert den Sitz des Kopfschmucks und kontrolliert das Make-up. Zwar schminken die Darsteller sich selbst, mit einer Schminke, die genau auf ihren Hauttyp abgestimmt ist, doch Jennifer ist wie ihr Spiegel. Sie sieht sich das Ergebnis an und korrigiert alle Unregelmäßigkeiten.

Die Shows sind hochprofessionell, meist exklusiv für ein Schiff konzipiert, mit effektvoller Lichtshow und akrobatischen Einlagen. Von der ersten Idee bis zur Premiere können schon mal ein bis

Kopfschmuck und Schminkvorlage des Schmetterlingstores: Das personifizierte Tor muss den Weltenwandler passieren lassen. Die Darsteller schminken sich selbst, doch die Dresserin kontrolliert das Make-up

≈ *AIDA Entertainment*

zwei Jahre vergehen. Rund 80 Mitarbeiter sind bei AIDA Entertainment in Hamburg damit beschäftigt, die Geschichte für eine neue Show zu entwickeln und die Musik zu komponieren. Und danach kommen das Casting der Darsteller und ihr Training – und die Kostüme.

In einer riesigen Werkstatt in Hamburgs Szene-Stadtteil St. Pauli werden die Anzüge und Kleider entworfen, genäht und aufbewahrt. Die Stoffe müssen möglichst elastisch sein, damit die Tänzer und Artisten sich gut bewegen können. Daher werden häufig Fasern aus Polyamid und Elasthan verwendet, die auch bei der Herstellung von Sportkleidung eine Rolle spielen. Die fertigen Kostüme haben viele versteckte Reißverschlüsse, um schnelles An- und Ausziehen zu gewährleisten. Und da die Tänze schweißtreibende Angelegenheiten sind, sollte der Stoff viele Wäschen aushalten. ≫

Ein gutes Team: Theatermanager Armen Karabetyan mit dem Umhang des Daedalos und Dresserin Jennifer Semen. Hinter der Bühne wird jede freie Ecke zum Lagern der Requisiten genutzt

Der Weltenwandler konsultiert sein Buch, um das nächste Rätsel zu lösen, während sein Gegenspieler Daedalos (rechts) ein neues Hindernis ersinnt

191

Cruise Liner in Hamburg ≈

Armen Karabetyan singt live mit den Künstlern auf der Bühne, die Band im Hintergrund ist interaktiv dabei

Die Dresserin an Bord ist wie der verlängerte Arm der Designer in Hamburg. „Für die meisten Rollen gibt es nur ein Kostüm", erklärt Jennifer, „daher muss ich die Kleider direkt nach der Vorstellung waschen und reparieren, falls etwas gerissen ist." Während der Aufführung dürfen die Darsteller nur Wasser trinken und nichts essen, damit nicht etwa Kaffee über ein helles Kleid gekippt wird.

Wenn die Show läuft, birst die Umkleide vor Aktivität. Sind die Darsteller mit ihrem Tanz oder Lied durch, stürmen sie zurück hinter die Bühne. Schnell wird das nächste Kostüm übergestreift. Ein letzter Blick auf die Frisur, das Make-up und schon folgt der nächste Auftritt.

„Einmal ist einem Tänzer bei einem Auftritt am Pool die Naht an der Hose geplatzt, weit weg von der Umkleide. Zum Glück habe ich mein Notfallset immer dabei und konnte die Hose schnell zusammenheften."

Nach Ende der Show ist Jennifer noch gut eine Stunde damit beschäftigt, die ≫

Jennifer Semen hängt die Kostüme auf. Alles wird mit großer Sorgfalt behandelt, denn jedes Stück ist ein Unikat. Wichtig: Das Bügeleisen ist immer griffbereit, die Accessoires sind in Kisten geordnet

★ **BMS** ★
OUTDOOR PERFORMANCE
SINCE 1987

Komm doch auf einen Sprung vorbei!

BMS® HAFENCITY® COAT

BMS Sailing Wear GmbH, Am Sandtorkai 25-26, 20457 Hamburg-Speicherstadt, Tel.: 040-3743567 www.bms.tv

Cruise Liner in Hamburg ≈

That's Entertainment: Die Mühen hinter der Show

Mitten auf St. Pauli werden die Programme für die AIDA-Schiffe entwickelt: In einer alten Volksschule sitzen die Verwaltung von AIDA Entertainment sowie ein Proberaum. In einem Neubau in der Simon-von-Utrecht-Straße durchlaufen die Tänzer, Sänger und Artisten ein strenges Casting und ein nicht minder hartes Training. Hier befinden sich auch ein Tonstudio sowie Schneiderei, Werkstätten und Lager. Jeden Tag finden auf zwölf Schiffen 28 Aufführungen statt. Wenn die Darsteller an Bord gehen, muss alles stimmen

Aufnahme für das Songbook: Bryan Adams in Hamburg. Das Video der Band wird später an Bord auf die Bühnenwand projiziert, doch die Stars singen live, und ein Moderator erzählt aus dem Leben des kanadischen Rocksängers

In einem Proberaum in der Seilerstraße in Hamburg üben Tänzer und Akrobaten für die neuen Shows. Die bunten Striche auf dem Boden markieren die Ausmaße der Bühnen auf den verschiedenen AIDA-Schiffen

Die Figur der Galatea erinnert an einen Phönix

AIDA Entertainment • Seilerstraße 41-43 • 20353 Hamburg
Telefon 040-361 66 299 • www.aida-entertainment.de

≈ *AIDA Entertainment*

Kostüme zu ordnen und die nächste Show vorzubereiten: Sie repariert Nähte und näht abgesprungene Knöpfe an, wäscht die Kostüme mit einem speziellen Waschmittel, teilweise sogar mit der Hand. Danach gehen die Kostüme in den „Fundus", einen kleinen Abstellraum, in dem sie aufgehängt werden.

Jennifer liebt ihre Arbeit auf dem Meer: „Ich mag es, die Welt zu bereisen und immer neue Leute kennenzulernen." Sie hat in Heilbronn an der Akademie für Kommunikation eine Ausbildung zur Modedesignerin gemacht und unter anderem in Schneidereien für Braut- und Abendkleider gearbeitet, bevor sie bei AIDA Cruises anheuerte. Mehr als zwei Jahre fährt Jennifer Semen inzwischen zur See, und auch wenn sie ihre Familie vermisst, will sie vorerst dabeibleiben, denn dank der sozialen Medien ist es heutzutage viel einfacher, Kontakt nach Hause zu halten.

Acht Monate laufen die Verträge der Darsteller im Durchschnitt, doch die meisten bleiben mehrere Jahre an Bord. Zurzeit arbeiten etwa 570 Tänzer, Sänger und Artisten für AIDA. Wie alle anderen Crewmitglieder erhalten sie eine Heuer, deren Höhe mit der Dauer des Engagements steigt.

„Es ist wie eine Ersatzfamilie", so Jennifer Semen. Und wenn jemand wie Theatermanager Armen Karabetyan dabei ist, ist es ein doppelter Gewinn: Armen managt die Shows, schreibt die Tagespläne und kann das Team als Sänger unterstützen. Beide loben den Teamgeist. Die Theaterleute machen gemeinsam Landausflüge und essen zusammen in der Crewmesse. Und sollte jemand zunehmen, ändert Jennifer Semen die Kostüme um, damit die Show ohne gerissene Nähte weiterlaufen kann.

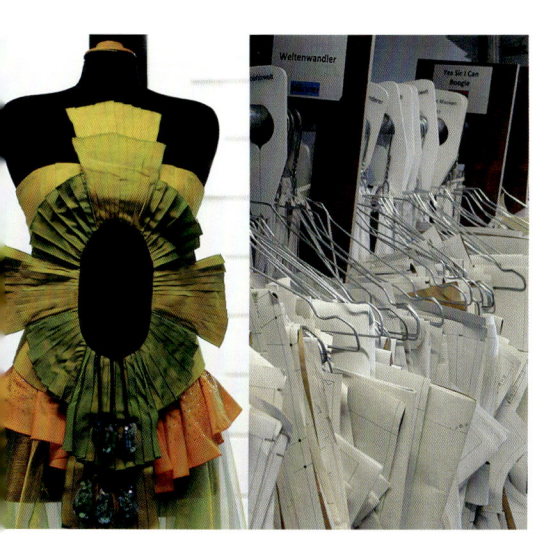

Der Weltenwandler muss die Figur der Galatea retten: Eine Entwurfszeichnung für Galateas Kostüm, die Umsetzung auf einer Kleiderpuppe und die Aufbewahrung der Schnittmuster im großen Lager der Schneiderei

Ricarda Gerhardt lebt seit mehr als zwanzig Jahren in Hamburg und kann sich ein Leben in einer Stadt ohne Hafen nicht mehr vorstellen. Die freiberufliche Journalistin arbeitet für verschiedene Reisemagazine, Zeitungen und Buchverlage und geht immer wieder auf Kreuzfahrten

Seit 25 Jahren auf Kurs

LAND & MEER
2018 Das Urlaubsmagazin für Deutschlands Norden · www.landundmeer.de

JUBILÄUMSAUSGABE

25 JAHRE

Leben auf dem Leuchtturm
Schöner Wohnen mit Ostseeblick

Klaus Störtebeker und die Hansestädte
Hamburg • Bremen
Lübeck • Stralsund
Wismar • Greifswald

Inselparadiese an Nord- und Ostsee
Sylt • Helgoland • Pellworm • Usedom
Rügen & MEER

Küche der Küste
Rezepte • gute Adressen

*Foto*wettbewerb *2018*

LAND & MEER
Ihr Urlaubsreiseführer für Hamburg und Ferien oder Ausflüge an Nord- und Ostsee – Sylt und Inseln...

Jahresausgabe 2018

Jetzt im Handel (8,90 Euro) oder versandkostenfrei direkt beim Verlag!

LAND & MEER-Verlag, Neumühlen 46, 22763 Hamburg,
Tel.: 040/390 76-81, Fax -82, mail@landundmeer.de
Auch auf Facebook & Instagram
Bestellungen (portofrei) im Shop: www.landundmeer.de

≈ *Atelierbesuch*

Uli Pforr in seinem Atelier Möwenkick auf der Veddel in Hamburg inmitten seiner „psychodelischen" Bilderwelten

Surrealistische Kunstwerke auf dem Meer

Der Künstler Uli Pforr stößt mit seiner eigenen Bildsprache gerade in die erste Liga der deutschen Pop-Art vor – auf der „Mein Schiff 5" ist sein Triptychon zu bewundern

Eigentlich wollte Uli Pforr Comics zeichnen, doch es kam anders: Der gebürtige Dortmunder, aufgewachsen in einem Dorf bei Flensburg, ging nach Hamburg, um Design zu studieren – und versank beinahe im Chaos der Großstadt und im Nachtleben auf St. Pauli. Die neue Welt voller skurriler Charaktere forderte ihren Tribut: Angtzustände plagten den angehenden Designer, wie ein Alb saßen die Gestalten auf seiner Brust. Ein stationärer Aufenthalt in der Psychiatrie war die Folge.

Und das erwies sich als Glücksfall: Uli Pforr verarbeitete seine Ängste in seiner Abschlussarbeit. Die radikale Ehrlichkeit wurde belohnt: beste Arbeit seines Jahrgangs, Note eins mit Auszeichnung. Diese Entwicklung half ihm, seinen künstlerischen Ausdruck zu finden: Uli Pforr begann mit der freien Malerei und gehört heute zu den führenden surrealistischen Künstlern Deutschlands.

Seine Erfahrungen im Hamburger Nachtleben inspirieren seine Bilder, die vor bunten Figuren und wilden Geschichten zu bersten scheinen. Uli Pforr selbst lässt es ruhiger angehen: Sein Atelier „Möwenkick" liegt auf der Veddel, kein Szene-Stadtteil, sondern Arbeiterviertel mit mausgrauer Architektur. Hier findet er die nötige Ruhe und Konzentration. Eine TUI-Mitarbeiterin sah die Pforr-Bilder in Berlin und empfahl ihn der Firma International Corporate Art aus Oslo, die weltweit nach Kunst für Kreuzfahrtschiffe scoutet. „Steampunk", „Colour Shock" und die Maße waren die einzigen Vorgaben, die Pforr bekam, um die Nische auf der „MS 5" zu gestalten – er war begeistert!

Wer gerade nicht auf dem TUI-Schiff unterwegs ist, kann die Bilder von Uli Pforr in einem Showroom im Großen Grasbrook 9 in der HafenCity ansehen, quasi in Sichtweite des Cruise Centers. *Ricarda Gerhardt*

Cruise Liner in Hamburg ≈

Steampunk – Nachgestalten im Farbschock

Traum oder Wirklichkeit? Das fragt sich mancher, der eine Kreuzfahrt macht, und so passen die Bilder, die Uli Pforr für die „Mein Schiff 5" gemalt hat, ganz hervorragend hierher: eine blau gefeierte Kuh, DJs verbreiten Stimmung und Poseidon als Punk. Meerjungfrauen schweben über allem.

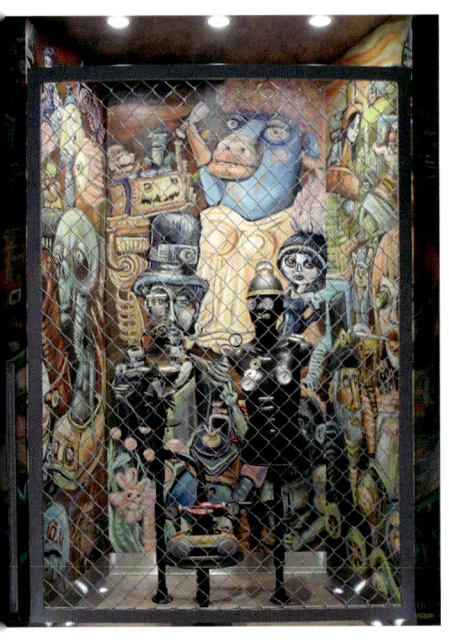

Der bärtige Seemann ist ein Porträt seines Vaters – der Künstler versteckt in seinen Bildern gern Anspielungen auf Freunde und Bekannte. So stellt die Schönheit mit schwarzem Haar im rechten Bild ein Porträt von Cosma Shiva Hagen dar, der Uli Pforr freundschaftlich verbunden ist. Die Bilder werden in einer Installation hinter Maschendraht präsentiert, damit keiner der Gäste an den Farben kratzen kann

Uli Pforr
Atelierwerkstatt Möwenkick
20539 Hamburg-Veddel
E-Mail: kontakt@f-you.de
Besichtigung nach Absprache
www.ulipforr.de

≈ *Atelierbesuch*

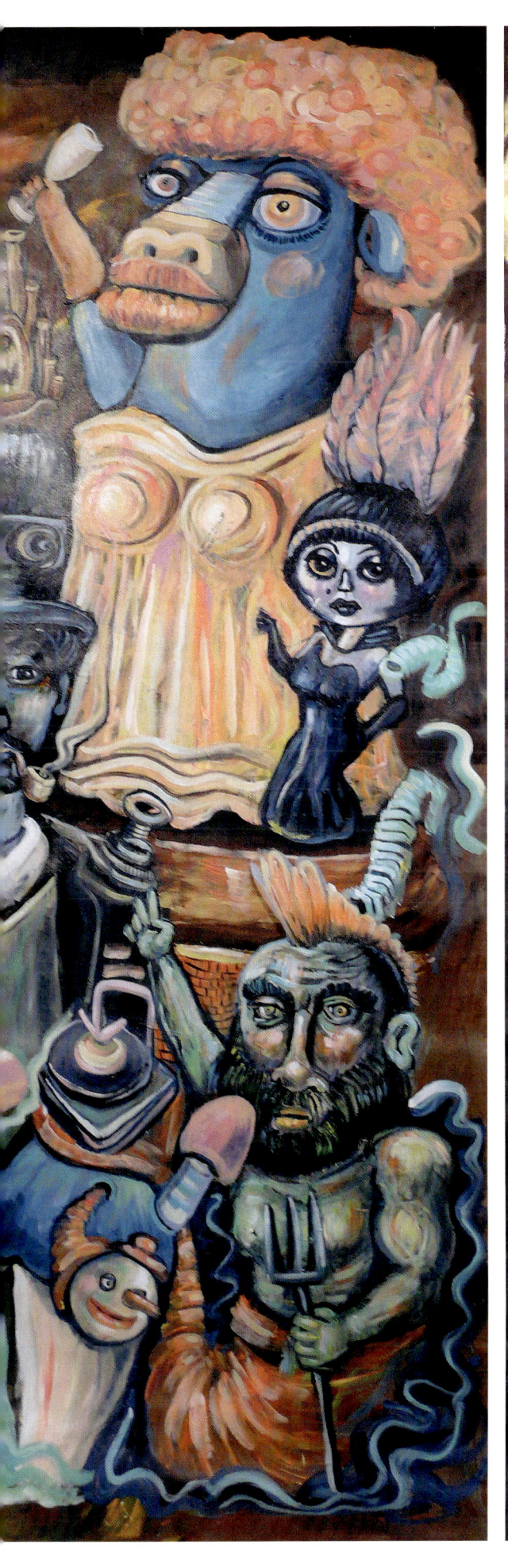

Cruise Liner in Hamburg ≈

Ein Leitfaden für Quiddjes

Hans Albers und Heidi Kabel haben den Hamburger Wortschatz zwar populär gemacht. Die „TV-Straßenfeger" aus dem Ohnsorg-Theater sind Wegbegleiter jener Worte, die nur in der Hansestadt gesprochen werden

TEXT VON HANS-JÜRGEN SIMMERSBACH

Hamburger gelten nicht als besonders redselig. Sie sind also nicht sabbelig. Nur wenige Worte genügen, um sich zu verstehen. Das ist schon bei der Begrüßung zu merken. Ein knappes „Moin" reicht. Moin, moin wäre sabbelig. Dabei bedeutet „Moin" nicht „Guten Morgen", sondern eher „Hallo" und wird zu jeder Tages- und Nachtzeit angewendet.

Ein Quiddje (Zugereister), sollte den Gruß genauso knapp erwidern oder nur mit Mittel- und Zeigefinger an die Stirn tippen – an den imaginären Mittelpunkt des Elbseglers erinnernd, einer typisch hamburgischen Schirmmütze. Ein Sabbelbüdel ist ein redseliger Zeitgenosse, der schon mal Tüünkraam, dummes Zeug, erzählt. Und wenn er dann noch zu viel Sabbelwater (Alkohol) getrunken hat, kommt meist die Aufforderung: „Holl dien Sabbel." Halt den Mund. Das kann auch passieren, wenn einer seinen Sabbelknaken (Sprechknochen Handy) zu lange und laut benutzt.

Schon bei Tagesbeginn begegnet uns eine Besonderheit: Der Hamburger kauft beim Bäcker „Rundstücke", nicht etwa Brötchen oder Schrippen. Dazu liebt er es, bei einem Pott (Becher oder Tasse) Kaffee ein „Botterfranzbroot" zu genießen. Das süße Feingebäck aus Hefeteig gibt es inzwischen in vielen Variationen: mit Rosinen, Streuseln, Schokoladenstückchen, Marzipan, Mohn oder Kürbiskernen. Beim Backen karamellisiert der Zucker an der Oberfläche und bestimmt neben dem Zimt den typischen Geschmack des Franzbrötchens, dessen Ursprung im Nebel der Vergangenheit entschwunden ist.

Während der Mittagspause treffen sich die Hamburger zum kurzen Gespräch: „auf einen kurzen Snack", dem klassischen Small Talk. Dabei geht es nicht darum „enen in en Snack ophollen", also das Gegenüber mit unnützem Zeug aufzuhalten. So ist es verpönt (nicht erwünscht), nur zu quasseln (reden). Es geht vielmehr darum, Aktuelles aus ≫

Ein Stück Norden zum Frühstück: Franzbrötchen und ein Pott Kaffee

Cruise Liner in Hamburg ≈

Traditionelles Rundstück warm, serviert in Wehmanns Bistro an der Elbchaussee

Politik, Wirtschaft oder Kultur zu verposementuckeln, verklookfiedeln oder verkasematuckeln: Nicht nur Reden um des Redens Willen, sondern etwas genau erklären, klarmachen oder etwas Schritt für Schritt zu verdeutlichen.

Beim Mittagstisch taucht das „Rundstück" wieder auf – diesmal als „Rundstück warm", das als Geheimtipp gilt. Dieser kurze Imbiss: eine Scheibe warmer Braten wird in ein halbiertes Rundstück gelegt und mit Bratensauce übergossen. Senfgurken und Aspik aus dem Bratenfond sind meist die Beilagen. Kloogschieter (Besserwisser) bezeichnen das „Rundstück warm" als Vorläufer des mit Hack gefüllten „Hamburgers".

Mit dem Abendessen klingt der Tag „kommodich" (gemütlich) aus. Bei der reichhaltigen Speisekarte hanseatischer Gerichte kann man schon mal „in'n Tüdel kommen" (durcheinander kommen). Ein guter Tipp ist meist „Pannfisch" (gebratener Seelachs auf Bratkartoffeln mit Dillsoße serviert), eine Hamburger Spezialität. Anschließend gibt's „rode Grütt" (Rote Grütze aus Kirschen, Erdbeeren, Johannisbeeren und Himbeeren, mit ganzen Fruchtstücken). Mit Milch, Vanillesoße oder Sahne ein Hochgenuss.

Wenn alles sehr reichlich gereicht worden ist, kommt der „Verteiler" auf den Tisch: Nach dem Bier zum Fisch wird „Köm" (klarer Schnaps – Kümmel oder Korn) getrunken. Wir wären nicht in Hamburg, wenn es dazu keine Anspielungen oder Abwandlungen geben würden: Die nur noch wenigen Eck-

Illustration: © Gisela Wassmann

kneipen werden „Köminsel" mit „Schnellfeuertheke" (Theke für ein schnelles Bier) und deren Wirte „Kömkaker" genannt. Auch die einst beliebte Feierabendkombination „Köm un'n Beer" ist aus der Mode gekommen. Wer zu viel aus der Kömbuddel (Schnapsflasche) getrunken hat, muss aufpassen, dass er nicht zum Kömbroder (Trunkenbold) wird. Und wenn das „Schnabbulieren", das genüssliche Essen und Trinken vorüber ist, wird eine „geschmökt", eine Zigarette vor der Tür geraucht, über Tüdelkraam (überflüssiges Zeug – nicht der Rede wert) oder „Feez" (Spaß) gesnackt (geredet) und der Feierabend endgültig eingeläutet.

Miniatur Wunderland
Kehrwieder 4 • Block D
20457 Hamburg
Telefon 040-300 68 00
www.miniatur-wunderland.de

Deutsches Zollmuseum
Alter Wandrahm 16 • 20457 Hamburg
Telefon 040-300 87 611
www.zoll.de

Spicy's Gewürzmuseum
Am Sandtorkai 34 • 20457 Hamburg
Telefon 040-36 79 89
www.spicys.de

Restaurantschiff „Bergedorf"
am Ponton Neumühlen
22763 Hamburg
Telefon 040-39 73 83
www.kleinhuis-restaurantschiff.de

Elbphilharmonie
Platz der Deutschen Einheit 4
20457 Hamburg
Tickethotline 040-357 66 666
www.elbphilharmonie.de

Museumsschiff „Cap San Diego"
Überseebrücke
20459 Hamburg
Telefon 040-36 42 09
(auch Übernachtungen)
www.capsandiego.de

Museumsschiff „Rickmer Rickmers"
Landungsbrücken • Ponton 1a
20359 Hamburg
Telefon 040-319 59 59
Tischreservierungen (10 bis 18 Uhr)
Telefon 040-319 63 73
www.rickmer-rickmers.de

Das Feuerschiff „LV 13"
im City-Sportboothafen
Vorsetzen • 20459 Hamburg
Telefon 040-36 25 53
www.das-feuerschiff.de

Theater im Hafen: „Der König der Löwen", „Mary Poppins", „Tanz der Vampire"
Operettenhaus: „Kinky Boots"
Hotline 01805-44 44 (kostenpflichtig)
www.stage-entertainment.de

LINDNER
★★★★
HOTEL AM MICHEL
Hamburg

BEVOR SIE IN SEE STECHEN, KOMMEN SIE DOCH BEI UNS VORBEI!

P.S. Wir passen gern auf Ihr Auto auf!
Buchen Sie unser Park, Sleep & Cruise Angebot.

NICHT NUR BESSER. ANDERS.

Lindner Hotel Am Michel • Neanderstraße 20 • 20459 Hamburg
Fon +49 40 307067-0 • Fax +49 40 307067-777
info.hamburg@lindner.de • www.lindner.de

Cruise Liner in Hamburg ≈

Ein Flaggschiff für das neue Hafenmuseum

Lange hat es gedauert, bis die „Peking" wieder in ihre Heimat gekommen ist. Die 1911 bei Blohm+Voss gebaute Viermastbark war seit 1976 fester Bestandteil des „South Street Seaport Museums" in New York. Nun ist das Schiff nach einer elftägigen Überfahrt über den Atlantik in die Peters Werft nach Wewelsfleth gebracht worden, um komplett restauriert zu werden. Der Segler gehörte zur legendären Flying P-Liner-Flotte, zu der unter anderem auch das heutige russische Segelschulschiff „Kruzenshtern" zählt.

Die „Peking" soll das Flaggschiff des zukünftigen Hafenmuseums im Hamburger Hafen werden. Dafür hat die Bundesregierung 2015 den Beschluss gefasst, das Restaurierungsprojekt mit 26 Millionen Euro zu unterstützen. Der Hamburger Senator für Kultur und Medien, Dr. Carsten Brosda, ist glücklich über die Entscheidung: „Die Peking wird eine spektakuläre Attraktion dieses wichtigen neuen Museums sein. Sie kann uns viel über die Geschichte der Schifffahrt und den globalen Handel erzählen."

Doch zuerst muss die Viermastbark in der Werft grundsaniert werden. Rund zwei Jahre werden die umfangreichen Arbeiten dauern. Die endgültige Ankunft des Frachtseglers in seinem Heimathafen ist für 2020 geplant.

Wenn die „Peking" ihren festen Liegeplatz im Museumshafen gefunden hat, soll sie ein lebendiges Museumsschiff werden. Ihre Besucher werden in die maritime Welt der Frachtsegler zu Beginn des 20. Jahrhunderts eintauchen. Sie bekommen einen Einblick über die Arbeits- und Lebensbedingungen an Bord des Schiffes auf seinen Reisen rund um Kap Hoorn bis nach Südamerika. „Die Peking repräsentiert die Spitze einer jahrtausendealten technischen Entwicklung, nämlich der Frachtsegelschifffahrt, und ist damit ein Leitobjekt für die frühen Jahre der Globalisierung und des prosperierenden Welthandels", sagt Börries von Notz, der Alleinvorstand der Stiftung Historische Museen Hamburg.

Dass die Peking zukünftig als Aushängeschild des neuen Hafenmuseums dient, hat die Hansestadt dem ehrenamtlichen Engagement des Vereins „Freunde der Viermastbark e.V." zu verdanken. Der 2013 gegründete Verein hat den Segler vor der Verschrottung bewahrt. Und damit Hamburg eine neue Attraktion im Hafen beschert.

Endlich wieder in der Heimat: Die Viermastbark wird auf der Peters Werft in Wewelsfleth von Grund auf saniert

Freunde der
Viermastbark „Peking" e.V.
Tinsdaler Kirchenweg 238 c
22559 Hamburg
Telefon 040-81 09 16
www.peking-freunde.de

Historie: 40 Jahre ankerte die Peking im South Street Seaport Museum in New York

204

Kreuzfahrtträume
beginnen auf der Elbe

Für nur 35 Euro
Sie sparen 9,40 Euro
versandkostenfrei innerhalb Deutschlands

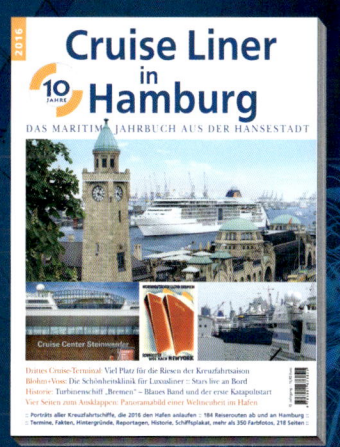

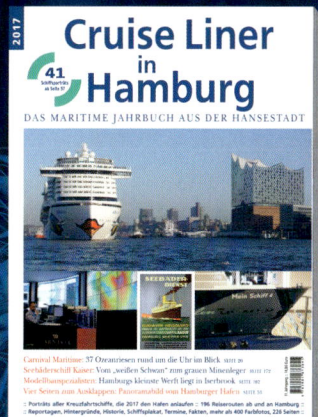

ANGEBOT
3 Ausgaben
668 Seiten
58 Schiffsporträts
Reportagen von Bord
Neues vom Hafenrand
Historie mit Schiffsplakat
Daten und Fakten

Bestellen Sie direkt per Fax 040-439 72 64 oder E-Mail verlag@eurodruck.org

EUROCARIBE Druck und Verlag GmbH – Einzelpreis: 14,80 Euro inkl. Versand innerhalb Deutschlands

Näheres unter: www.cruise-liner-in-hamburg.de/Index5.htm

Glocal Consult — tec.tours

Infos und Buchungen
www.tec.tours

Technologie-Gruppenreisen, die faszinieren

Digitalisierung hautnah erleben.
Professionel organisiert für
Unternehmer und Start-ups.
Steigt ein und hebt mit uns ab!

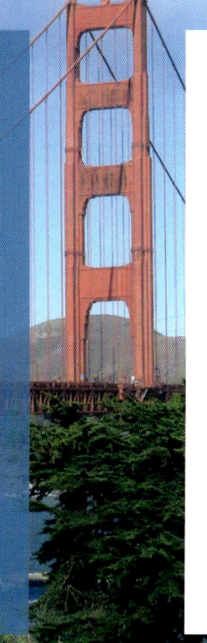

Touren 2018

Silicon Valley & Lean Start-up Conference – San Francisco

Skandinavien/Baltikum
Kopenhagen, Malmö, Stockholm, Tallinn, Helsinki

Logistic Tour – Dubai, Singapore

Fintech Tour – London

DLD Konferenz – Tel Aviv, Haifa

Touren in Vorbereitung

China, Seoul, Singapore, New York, South Africa

Cruise Liner in Hamburg ≈

Mit einem Taxi flexibel durch das Wattenmeer

Nicht auf vier Rädern, sondern auf zwei Rümpfen ist seit dem Herbst 2017 das Wattentaxi in der Inselwelt des nordfriesischen Wattenmeers unterwegs. Der bis zu 16 Knoten schnelle Katamaran der Watten Fährlinien kann rund um die Uhr für Fahrten mit bis zu 50 Personen gebucht werden.

Die Anzahl der Fahrgäste und die Streckenlänge bestimmen den Fahrpreis pro Person. Denkbare Touren führen die in Husum beheimatete „Liinsand" von Wittdün auf Amrum nach Wyk auf Föhr oder von Dagebüll nach Pellworm. Auf Wunsch werden auch die Halligen angefahren, der geringe Tiefgang von nur 1,35 Metern macht den weitgehend tidefreien Betrieb möglich. An Bord ist zudem Platz für bis zu 15 Fahrräder.

„Damit ist unser Angebot vor allem für Reisegruppen, Pendler von den Inseln auf das Festland, Schulausflüge oder Festgesellschaften interessant", sagt Sven Jürgensen, Geschäftsführer der Reederei. „Es kann aber auch zu Fahrten für die ärztliche Versorgung oder zu Einkaufstouren genutzt werden", betont er.

Das 18,70 Meter lange und 7,20 Meter breite schwimmende Taxi ist mit einem Hybrid-Getriebe ausgestattet. Im Hafen sorgt das innovative Batteriesystem Cobra von Becker Marine Systems aus Hamburg für emissionsfreien, elektrischen Vortrieb, auf See kommen moderne, abgasgereinigte Dieselmotoren zum Einsatz. Mit diesem Antriebskonzept ist das Wattentaxi an der Nordseeküste einzigartig – und auch ein Vorbild für die nächste Generation der Hamburger Hafenfähren. Gebucht werden können die Fahrten über die Internetseite www.wattentaxi.de oder telefonisch im Husumer Büro unter der Hotline 0700-981 981 981. *Behrend Oldenburg*

Der Schiffsführer des Wattentaxis „Liinsand" schaltet im Hafen auf umweltfreundlichen Elektroantrieb um

Watten Fährlinien
Schiffbrücke 15
25813 Husum
Telefon 04841-937 46 17
www.watten-faehrlinien.de

Learning Journeys zu den digitalen Hotspots

Seit Jahren bietet Stefan Stengel Reisen zu den digitalen Hotspots an. „Wir organisieren Touren, um digitale Eco-Systeme kennenzulernen", sagt er. Angefangen hat es 2015 mit einem Trip nach San Francisco, an dem Teilnehmer des Start-up Accelerator SpeedUp! Europe teilnahmen. Das kam so gut an, dass er daraus ein neues Unternehmen machte: tec.tours! Mittlerweile bietet Stengel zehn Destinationen an. In Vorbereitung sind eine Reise ins südkoreanische Seoul sowie eine Logistiktour nach Dubai und Singapur.

Die Learning Journey nach Skandinavien wird 2018 erweitert. Neben Stockholm, Tallinn und Helsinki kommen die Standorte Malmö und Kopenhagen hinzu. Er bietet Interessierten ein Gesamtpaket inklusive Flügen, Fähren, Hotelübernachtungen, Verpflegung sowie die Organisation der Firmenbesuche zu einem Komplettpreis an: „Hier unterscheidet sich unser Angebot stark von den Mitbewerbern, die vor Ort nur Firmenbesuche organisieren." tec.tours möchte den Gästen auf seinen Learning Journeys erfolgreiche Eco-Systeme näherbringen, die Vorreiter sind in digitalen Handlungsfeldern. Erstmals wird es 2018 auch themenspezifische Touren nach London (Thema: FinTechs) und nach Dubai/Singapur (Thema: Logistik, Transport und Verkehr) geben. *Achim Schneider*

Trip nach San Francisco:
Die Gruppe der letzten Reise 2017 ins Silicon Valley vor der Golden Gate Bridge

tec.tours UG c/o WeWork
Axel-Springer-Platz 3
20355 Hamburg
Mobil 0172-400 53 33
E-Mail stengel@glocal.biz
Web http://tec.tours

Marc L.,
Förderer
seit 2013

Meine ✗ Stimme BEWEGT.

Werden Sie Mitglied im Hamburger Spendenparlament und entscheiden Sie mit, wem wir helfen.

www.spendenparlament.de

unterstützt von **weigertpirouzwolf** Foto: Christoph Siegert

Hamburger Spendenparlament

MITHELFEN.
MITENTSCHEIDEN.
MITGLIED WERDEN.

---

www.hotel-vorbach.de

HOTEL VORBACH Hamburg

Im Zentrum von Kunst und Kultur

Das traditionsreiche Privathotel
3 *** superior Hotel Vorbach
liegt in einer ruhigen Seitenstraße
direkt in der Innenstadt.
Wir verfügen über 115 Zimmer
und Suiten, größtenteils Designerzimmer. Tiefgarage im Haus.

Hotel Vorbach //
Johnsallee 63-67 // 20146 Hamburg
Info@hotel-vorbach.de //
Telefon +49 40-44182-0 //
Fax +49 40-44182-888 //

Cruise Liner in Hamburg ≈

Zukunft des Schlepperballetts ist gesichert

Wie in jedem Jahr treffen sich auch 2018 Kreuzfahrtriesen und Traditionssegler, um den Hamburger Hafengeburtstag zu feiern. Zehn Oceanliner machen an den Feiertagen im Hafen fest. Vier davon, die „AIDAsol", „Astor", „Hamburg" und die „Mein Schiff 1" nehmen an der großen Auslaufparade am Sonntag teil. Sie werden von den Hafenschleppern unterstützt, die am Tag zuvor die Zuschauer mit einem Tänzchen auf dem Wasser unterhalten haben.

Die aufmerksamen Seh-Leute kennen die Kraftprotze nicht nur vom Schlepperballett. Viele beobachten die kräftigen Schiffe der Reederei Bugsier bei der täglichen Arbeit, bei der sie auch die größten Containerriesen punktgenau an die Pier manövrieren.

Der Schleppermarkt ist hart umkämpft und viele Reedereien müssen durch Fusionen Kräfte bündeln, damit sie ihre Position am Standort Hamburg halten können. Aus diesem Grund hat das Traditionsunternehmen Fairplay die Bugsier-Flotte übernommen – der Name soll aber erhalten bleiben. „Bugsier ist eine verlässliche Größe in der Schlepperschifffahrt. Es gibt keinerlei Absichten, die Marke einzustellen oder zu verändern", sagt Walter Collet, Geschäftsführer von Fairplay. Durch die Fusion der Reedereien ist deren Zukunft im Hafen gesichert. Mit einer Flotte von mehr als 100 Schleppern, 700 Beschäftigten und 45 Auszubildenden zählt der Firmenverbund zu den stärksten Schlepperverbänden in Nordeuropa.

Die gute Nachricht für die Freunde der tanzenden PS-Riesen: Das Schlepperballett wird auch in Zukunft ein Highlight des Hafengeburtstags sein.

Achim Schneider

Die Kreuzfahrtreedereien AIDA, Cunard, MSC und Plantours sind beim Hafengeburtstag vertreten. Auch die „Asuka II" aus Japan macht Station in Hamburg

Beliebte Tradition vor den Landungsbrücken: die tanzenden Schlepper

PLANTOURS
Kreuzfahrten
Eine Marke der plantours & Partner GmbH

MS HAMBURG
Für Weltentdecker und Genießer

DIE HAMBURG:
- Familiäres Schiff mit max. 400 Gästen
- Legere, persönliche Atmosphäre
- Reiserouten für Weltenbummler abseits des Massentourismus
- Bordsprache Deutsch
- Moderate Nebenkosten an Bord
- Concierge-Service, Lektorenvorträge und sechs Zodiacs
- Eine Tischzeit, alternativ: Buffetrestaurant

Ushuaia • Beagle Kanal • Kap Hoorn • Antarktis • Half Moon Island • Deception Island • Port Lockroy • Cuverville Island • Petermann Island • Almirante Brown/Paradise Bay

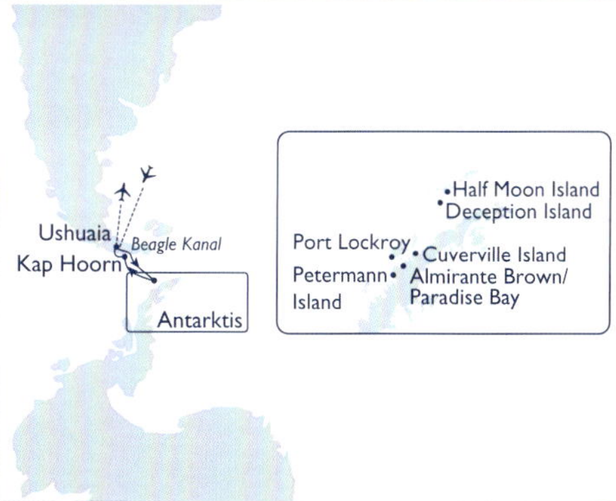

Reisebeispiel
ANTARKTIS
14-tägige Kreuzfahrt vom 02.01. bis 15.01.19
ab / bis Ushuaia

2-Bett-innen p.P. ab € **4.499,-**

2-Bett-außen p.P. ab € **5.399,-**

inkl. Flüge ab / bis Frankfurt oder München

Kataloge, Beratung und Buchung in jedem guten Reisebüro oder bei: PLANTOURS Kreuzfahrten – Eine Marke der plantours & Partner GmbH
Obernstr. 76 | 28195 Bremen | Tel. 0421/17369-0 | info@plantours-partner.de | www.plantours-partner.de

LIEGEZEITEN IM HAMBURGER HAFEN

JANUAR
		Ankunft	Abfahrt
Queen Victoria		*Freitag*	*Freitag*
12 Stunden am		05.01.18	05.01.18
Cruise Center Steinwerder		07:00 Uhr	19:00 Uhr

FEBRUAR
		Ankunft	Abfahrt
AIDAcara		*Samstag*	*Samstag*
10 Stunden am		10.02.18	10.02.18
Cruise Center Steinwerder		08:00 Uhr	18:00 Uhr
AIDAcara		*Samstag*	*Samstag*
10 Stunden am		24.02.18	24.02.18
Cruise Center Steinwerder		08:00 Uhr	18:00 Uhr

MÄRZ
		Ankunft	Abfahrt
AIDAcara		*Samstag*	*Samstag*
10 Stunden am		10.03.18	10.03.18
Cruise Center Steinwerder		08:00 Uhr	18:00 Uhr
AIDAperla Erstanlauf		*Samstag*	*Samstag*
10 Stunden am		17.03.18	17.03.18
Cruise Center Steinwerder		08:00 Uhr	18:00 Uhr
AIDAcara		*Samstag*	*Samstag*
10 Stunden am		24.03.18	24.03.18
Cruise Center Altona		08:00 Uhr	18:00 Uhr
AIDAperla		*Samstag*	*Samstag*
10 Stunden am		24.03.18	24.03.18
Cruise Center Steinwerder		08:00 Uhr	18:00 Uhr
AIDAvita		*Sonntag*	*Sonntag*
10 Stunden am		25.03.18	25.03.18
Cruise Center Altona		08:00 Uhr	18:00 Uhr
Queen Victoria		*Sonntag*	*Sonntag*
12 Stunden am		25.03.18	25.03.18
Cruise Center Steinwerder		07:00 Uhr	19:00 Uhr
Hanseatic		*Dienstag*	*Dienstag*
10 Stunden am		27.03.18	27.03.18
Cruise Center HafenCity		07:00 Uhr	17:00 Uhr
Astoria		*Mittwoch*	*Mittwoch*
12 Stunden am		28.03.18	28.03.18
Cruise Center Altona		12:00 Uhr	24:00 Uhr

Termin- und Liegeplatzänderungen möglich.
Angaben ohne Gewähr. Stand: 10. Januar 2018

MÄRZ
		Ankunft	Abfahrt
Albatros		*Freitag*	*Freitag*
10 Stunden am		30.03.18	30.03.18
Cruise Center Altona		10:00 Uhr	20:00 Uhr
AIDAperla		*Samstag*	*Samstag*
10 Stunden am		31.03.18	31.03.18
Cruise Center Steinwerder		08:00 Uhr	18:00 Uhr
MSC Magnifica		*Samstag*	*Samstag*
14 Stunden am		31.03.18	31.03.18
Cruise Center Altona		07:00 Uhr	21:00 Uhr

APRIL
		Ankunft	Abfahrt
Boudicca		*Mittwoch*	*Donnerstag*
22 Stunden am		04.04.18	05.04.18
Cruise Center Altona		21:00 Uhr	19:00 Uhr
AIDAvita		*Donnerstag*	*Donnerstag*
10 Stunden am		05.04.18	05.04.18
Cruise Center Steinwerder		08:00 Uhr	18:00 Uhr
Albatros		*Freitag*	*Freitag*
4 Stunden am		06.04.18	06.04.18
Cruise Center Altona		10:00 Uhr	14:00 Uhr
AIDAperla		*Samstag*	*Samstag*
10 Stunden am		07.04.18	07.04.18
Cruise Center Steinwerder		08:00 Uhr	18:00 Uhr
AIDAsol		*Samstag*	*Samstag*
10 Stunden am		07.04.18	07.04.18
Cruise Center HafenCity		08:00 Uhr	18:00 Uhr
MSC Magnifica		*Samstag*	*Samstag*
14 Stunden am		07.04.18	07.04.18
Cruise Center Altona		07:00 Uhr	21:00 Uhr
AIDAsol		*Mittwoch*	*Mittwoch*
10 Stunden am		11.04.18	11.04.18
Cruise Center Altona		08:00 Uhr	18:00 Uhr
AIDAperla		*Samstag*	*Samstag*
10 Stunden am		14.04.18	14.04.18
Cruise Center Steinwerder		08:00 Uhr	18:00 Uhr
MSC Magnifica		*Samstag*	*Samstag*
14 Stunden am		14.04.18	14.04.18
Cruise Center Altona		07:00 Uhr	21:00 Uhr

HANSA-TAXI 211 211
HAMBURGS GUTER RUF

ENTSPANNT REISEN
SAUBER FAHREN

800 topgepflegte Taxis
310 brandaktuelle Umwelttaxis
1200 bestgeschulte Taxifahrer

Jetzt die Taxi 211 211 App gratis laden

LIEGEZEITEN IM HAMBURGER HAFEN

APRIL

Schiff	Ankunft	Abfahrt
AIDAsol 10 Stunden am Cruise Center Altona	Sonntag 15.04.18 08:00 Uhr	Sonntag 15.04.18 18:00 Uhr
AIDAvita 10 Stunden am Cruise Center Altona	Montag 16.04.18 08:00 Uhr	Montag 16.04.18 18:00 Uhr
Hanseatic 19 Stunden am Cruise Center HafenCity	Dienstag 17.04.18 07:00 Uhr	Mittwoch 18.04.18 02:00 Uhr
AIDAsol 10 Stunden am Cruise Center Altona	Donnerstag 19.04.18 08:00 Uhr	Donnerstag 19.04.18 18:00 Uhr
World Odyssey / Deutschland 14 Stunden am Cruise Center HafenCity	Donnerstag 19.04.18 08:00 Uhr	Donnerstag 19.04.18 22:00 Uhr
AIDAperla 10 Stunden am Cruise Center Steinwerder	Samstag 21.04.18 08:00 Uhr	Samstag 21.04.18 18:00 Uhr
MSC Magnifica 14 Stunden am Cruise Center Altona	Samstag 21.04.18 07:00 Uhr	Samstag 21.04.18 21:00 Uhr
AIDAsol 10 Stunden am Cruise Center Altona	Montag 23.04.18 08:00 Uhr	Montag 23.04.18 18:00 Uhr
AIDAvita 10 Stunden am Cruise Center Steinwerder	Freitag 27.04.18 08:00 Uhr	Freitag 27.04.18 18:00 Uhr
AIDAsol 10 Stunden am Cruise Center Altona	Freitag 27.04.18 08:00 Uhr	Freitag 27.04.18 18:00 Uhr
AIDAperla 10 Stunden am Cruise Center Steinwerder	Samstag 28.04.18 08:00 Uhr	Samstag 28.04.18 18:00 Uhr
MSC Magnifica 14 Stunden am Cruise Center Altona	Samstag 28.04.18 07:00 Uhr	Samstag 28.04.18 21:00 Uhr

Termin- und Liegeplatzänderungen möglich. Angaben ohne Gewähr. Stand: 10. Januar 2018

APRIL

Schiff	Ankunft	Abfahrt
Hamburg 12 Stunden am Cruise Center HafenCity	Sonntag 29.04.18 07:00 Uhr	Sonntag 29.04.18 19:00 Uhr
MSC Meraviglia Erstanlauf 14 Stunden am Cruise Center Steinwerder	Sonntag 29.04.18 06:00 Uhr	Sonntag 29.04.18 20:00 Uhr

MAI

Schiff	Ankunft	Abfahrt
AIDAsol 10 Stunden am Cruise Center HafenCity	Dienstag 01.05.18 08:00 Uhr	Dienstag 01.05.18 18:00 Uhr
Hanseatic 11 Stunden am Cruise Center HafenCity	Donnerstag 03.05.18 07:00 Uhr	Donnerstag 03.05.18 18:00 Uhr
AIDAperla 10 Stunden am Cruise Center Steinwerder	Samstag 05.05.18 08:00 Uhr	Samstag 05.05.18 18:00 Uhr
AIDAsol 10 Stunden am Cruise Center Altona	Samstag 05.05.18 08:00 Uhr	Samstag 05.05.18 18:00 Uhr
Mein Schiff 1 Erstanlauf 11 ½ Stunden am Cruise Center Steinwerder	Sonntag 06.05.18 05:30 Uhr	Sonntag 06.05.18 17:00 Uhr
AIDAbella 10 Stunden am Cruise Center Steinwerder	Mittwoch 09.05.18 08:00 Uhr	Mittwoch 09.05.18 18:00 Uhr
AIDAsol 10 Stunden am Cruise Center HafenCity	Mittwoch 09.05.18 08:00 Uhr	Mittwoch 09.05.18 18:00 Uhr
Hamburg 9 Stunden am Cruise Center HafenCity	Mittwoch 09.05.18 07:00 Uhr	Mittwoch 09.05.18 16:00 Uhr
Mein Schiff 1 12 Stunden am Cruise Center Steinwerder	Mittwoch 09.05.18 07:00 Uhr	Mittwoch 09.05.18 19:00 Uhr
Mein Schiff 1 Taufe am 11. Mai 47 Stunden am Cruise Center Altona	Mittwoch 09.05.18 20:00 Uhr	Freitag 11.05.18 19:00 Uhr

MAI

Schiff		Ankunft	Abfahrt
Asuka II Erstanlauf		*Donnerstag*	*Donnerstag*
15 Stunden am Cruise Center HafenCity		10.05.18 07:00 Uhr	10.05.18 22:00 Uhr
MSC Meraviglia		*Donnerstag*	*Donnerstag*
14 Stunden am Cruise Center Steinwerder		10.05.18 06:00 Uhr	10.05.18 20:00 Uhr
AIDAvita		*Freitag*	*Freitag*
10 Stunden am Cruise Center Altona		11.05.18 08:00 Uhr	11.05.18 18:00 Uhr
Astor		*Samstag*	*Sonntag*
25 Stunden am Kirchenpauerkai		12.05.18 15:00 Uhr	13.05.18 16:00 Uhr
AIDAperla		*Samstag*	*Samstag*
10 Stunden am Cruise Center Steinwerder		12.05.18 08:00 Uhr	12.05.18 18:00 Uhr
MSC Magnifica		*Samstag*	*Samstag*
14 Stunden am Cruise Center Altona		12.05.18 07:00 Uhr	12.05.18 21:00 Uhr
Queen Elizabeth		*Samstag*	*Samstag*
12 Stunden am Cruise Center HafenCity		12.05.18 07:00 Uhr	12.05.18 19:00 Uhr
AIDAsol		*Sonntag*	*Sonntag*
10 Stunden am Cruise Center Altona		13.05.18 08:00 Uhr	13.05.18 18:00 Uhr
Hamburg		*Sonntag*	*Sonntag*
8 Stunden am Cruise Center HafenCity		13.05.18 08:00 Uhr	13.05.18 16:00 Uhr
Mein Schiff 1		*Sonntag*	*Sonntag*
12 ½ Stunden am Cruise Center Steinwerder		13.05.18 06:30 Uhr	13.05.18 19:00 Uhr
Le Soléal Erstanlauf		*Mittwoch*	*Mittwoch*
9 ¾ Stunden am Cruise Center HafenCity		16.05.18 14:00 Uhr	16.05.18 23:45 Uhr
Costa Mediterranea		*Freitag*	*Freitag*
13 Stunden am Cruise Center Steinwerder		18.05.18 07:30 Uhr	18.05.18 20:30 Uhr
AIDAperla		*Samstag*	*Samstag*
10 Stunden am Cruise Center Steinwerder		19.05.18 08:00 Uhr	19.05.18 18:00 Uhr
MSC Meraviglia		*Sonntag*	*Sonntag*
14 Stunden am Cruise Center Steinwerder		20.05.18 06:00 Uhr	20.05.18 20:00 Uhr

Kreuzfahrtplaner 2018

Zum Abschluss schöne Tage in der Hansestadt: 35 Kreuzfahrten an Hamburg

07.01. bis 10.02.18 AIDAcara 34-tägige Reise **ab 2.830 €** p.P.
Von Singapur nach Hamburg — Singapur (Singapur) - Port Klang (Malaysia) - Langkawi (Malaysia) - Drei Tage auf See - Colombo (Sri Lanka) - Auf See - Male (Malediven) - Drei Tage auf See - Salalah (Oman) - Vier Tage auf See - Zwei Tage Aqaba (Jordanien) - Zwei Tage Suezkanal-Passage - Limassol (Zypern) - Zwei Tage auf See - Valletta (Malta) - Zwei Tage auf See - Malaga (Spanien) - Zwei Tage auf See - Leixões (Portugal) - Ferrol (Spanien) - Auf See - Honfleur (Frankreich) - Auf See - **Hamburg**

03.03. bis 17.03.18 AIDAperla 14-tägige Reise **ab 1.795 €** p.P.
Von Mallorca nach Hamburg — Palma de Mallorca (Spanien) - Auf See - Malaga (Spanien) - Cadiz (Spanien) - Lissabon (Portugal) - Auf See - Ferrol (Spanien) - Auf See - Southampton (England) - Le Havre (Frankreich) - Zeebrügge (Belgien) - Rotterdam (Niederlande) - **Hamburg**

12.03. bis 25.03.18 AIDAvita 13-tägige Reise **ab 1.520 €** p.P.
Von Gran Canaria nach Hamburg — Las Palmas/Gran Canaria (Spanien) - Auf See - Arrecife/Lanzarote (Spanien) - Auf See - Lissabon (Portugal) - Leixões (Portugal) - Ferrol (Spanien) - Auf See - Le Havre (Frankreich) - Dover (England) - Amsterdam (Niederlande) - Auf See - **Hamburg**

07.03. bis 30.03.18 ALBATROS 23-tägige Reise **ab 2.499 €** p.P.
Kuba, Karibik und Azoren — Havanna (Kuba) - Auf See - Cienfuegos (Kuba) - Santiago de Cuba (Kuba) - Amber Cove (Dominikanische Republik) - Grand Turk (Turks- und Caicosinseln) - Auf See - Hamilton (Bermuda) - Vier Tage auf See - Horta/Azoren (Portugal) - Ponta Delgado/Azoren (Portugal) - Zwei Tage auf See - Ferrol (Spanien) - Auf See - Honfleur (Frankreich) - Auf See - **Hamburg**

11.03. bis 31.03.18 MSC MAGNIFICA 21-tägige Reise **ab 1.349 €** p.P.
Grand Voyages — Santos (Brasilien) - Buzios (Brasilien) - Auf See - Salvador (Brasilien) - Fünf Tage auf See - Funchal/Madeira (Portugal) - Leixões (Portugal) - La Coruña (Spanien) - Southampton (England) - Le Havre (Frankreich) - Auf See - **Hamburg**

25.03. bis 07.04.18 AIDAsol 13-tägige Reise **ab 1.745 €** p.P.
Von Gran Canaria 3 — Las Palmas/Gran Canaria (Spanien) - Arrecife/Lanzarote (Spanien) - Auf See - Cádiz (Spanien) - Zwei Tage Lissabon (Portugal) - Leixões (Portugal) - Ferrol (Spanien) - Auf See - Le Havre (Frankreich) - Dover (England) - Amsterdam (Niederlande) - Auf See - **Hamburg**

19.04. bis 29.04.18 HAMBURG 11-tägige Reise **ab 1.399 €** p.P.
Frühlingsfrisch: Atlantik & Ärmelkanal — Flug nach Lissabon - Lissabon (Portugal) - Leixões (Portugal) - La Coruña (Spanien) - Santander (Spanien) - Bordeaux (Frankreich) - Brest (Frankreich) - Cherbourg (Frankreich) - Auf See - **Hamburg**

18.04. bis 29.04.18 MSC MERAVIGLIA 12-tägige Reise **ab 1.099 €** p.P.
Rund um Westeuropa — Genua (Italien) - Marseille (Frankreich) - Barcelona (Spanien) - Auf See - Cadiz (Spanien) - Lissabon (Portugal) - Vigo (Spanien) - Southampton (Großbritannien) - Le Havre (Frankreich) - Auf See - **Hamburg**

25.04. bis 07.05.18 ASTOR 13-tägige Reise **ab 2.529 €** p.P.
Frühlingsfrische Ostsee und „über Land" zum Hafengeburtstag — Kiel - Auf See - Danzig (Polen) - Klaipeda (Litauen) - Riga (Lettland) - Tallinn (Estland) - Zwei Tage St. Petersburg (Russland) - Helsinki (Finnland) - Stockholm (Schweden) - Auf See - Nord-Ostsee-Kanal Tagespassage - **Hamburg**

28.04. bis 09.05.18 AIDAbella 11-tägige Reise **ab 1.485 €** p.P.
Von Mallorca nach Hamburg 2 — Palma de Mallorca (Spanien) - Valencia (Spanien) - Auf See - Cadiz (Spanien) - Lissabon (Portugal) - Leixões (Portugal) - La Coruña (Spanien) - Auf See - Le Havre (Frankreich) - Auf See - **Hamburg**

08.05. bis 10.05.18 QUEEN ELIZABETH 3-tägige Reise **ab 450 €** p.P.
Schnupperreise — Southampton (England) - Auf See - **Hamburg**

11.05. bis 13.05.18 MEIN SCHIFF 1 3-tägige Reise **ab 528 €** p.P.
Taufreise — Hamburg - Auf See - **Hamburg**

25.05. bis 06.06.18 COSTA PACIFICA 12-tägige Reise **ab 1.279 €** p.P.
Magisches Europa — Barcelona (Spanien) - Auf See - Cádiz (Spanien) - Lissabon (Portugal) - Vigo (Spanien) - Auf See - Le Havre (Frankreich) - Dover (England) - Auf See - **Hamburg**

11.06. bis 17.06.18 SEA CLOUD II 7-tägige Reise **ab 3.295 €** p.P.
Steinway Musikkreise — Portsmouth (England) - Honfleur (Frankreich) - Ostende (Belgien) - Zwei Tage auf See - **Hamburg**

12.06. bis 26.06.18 EUROPA 14-tägige Reise **ab 6.880 €** p.P.
Kultur und Kulinarik entlang Europas Westküste — Bilbao (Spanien) - St.-Jean-de-Luz (Frankreich) - Bordeaux (Frankreich) - Le Palais/Belle-Ile (Frankreich) - St. Helier/Jersey (Kanalinseln) - St.-Malo (Frankreich) - Cherbourg (Frankreich) - Honfleur (Frankreich) - Gent (Belgien) - Antwerpen (Belgien) - **Hamburg**

29.06. bis 01.07.18 NORWEGIAN JADE 2-tägige Reise **ab 389 €** p.P.
Kurzreise — Southampton (England) - Auf See - **Hamburg**

01.07. bis 15.07.18 AIDAcara 14-tägige Reise **ab 2.355 €** p.P.
Ostseereise 2 — Kiel - Auf See - Visby/Gotland (Schweden) - Stockholm (Schweden) - Mariehamn/Åland (Finnland) - Auf See - Zwei Tage St. Petersburg (Russland) - Tallinn (Estland) - Zwei Tage Riga (Lettland) - Klaipeda (Litauen) - Gdingen (Polen) - Nord-Ostsee-Kanal-Passage - **Hamburg**

ÄNDERUNGEN VORBEHALTEN // ANGABEN OHNE GEWÄHR // WEITER AUF SEITE 215

LIEGEZEITEN IM HAMBURGER HAFEN

MAI	Ankunft	Abfahrt
MSC Magnifica 14 Stunden am Cruise Center Altona	*Dienstag* 22.05.18 07:00 Uhr	*Dienstag* 22.05.18 21:00 Uhr
AIDAsol 10 Stunden am Cruise Center Altona	*Mittwoch* 23.05.18 08:00 Uhr	*Mittwoch* 23.05.18 18:00 Uhr
AIDAvita 10 Stunden am Cruise Center Altona	*Freitag* 25.05.18 08:00 Uhr	*Freitag* 25.05.18 18:00 Uhr
Costa Mediterranea 13 Stunden am Cruise Center Altona	*Freitag* 25.05.18 07:30 Uhr	*Freitag* 25.05.18 20:30 Uhr
Hamburg 12 Stunden am Cruise Center HafenCity	*Freitag* 25.05.18 07:00 Uhr	*Freitag* 25.05.18 19:00 Uhr
AIDAperla 10 Stunden am Cruise Center Steinwerder	*Samstag* 26.05.18 08:00 Uhr	*Samstag* 26.05.18 18:00 Uhr
Queen Mary 2 12 Stunden am Cruise Center Steinwerder	*Sonntag* 27.05.18 07:00 Uhr	*Sonntag* 27.05.18 19:00 Uhr
Azura Erstanlauf 9 Stunden am Cruise Center Steinwerder	*Montag* 28.05.18 08:00 Uhr	*Montag* 28.05.18 17:00 Uhr
Navigator of the Seas Erstanlauf 10 Stunden am Cruise Center Steinwerder	*Dienstag* 29.05.18 07:00 Uhr	*Dienstag* 29.05.18 17:00 Uhr
MSC Meraviglia 14 Stunden am Cruise Center Steinwerder	*Donnerstag* 31.05.18 06:00 Uhr	*Donnerstag* 31.05.18 20:00 Uhr

JUNI	Ankunft	Abfahrt
Costa Mediterranea 13 Stunden am Cruise Center Altona	*Freitag* 01.06.18 07:30 Uhr	*Freitag* 01.06.18 20:30 Uhr
Queen Mary 2 12 Stunden am Cruise Center Steinwerder	*Freitag* 01.06.18 07:00 Uhr	*Freitag* 01.06.18 19:00 Uhr
AIDAperla 10 Stunden am Cruise Center Steinwerder	*Samstag* 02.06.18 08:00 Uhr	*Samstag* 02.06.18 18:00 Uhr
AIDAsol 10 Stunden am Cruise Center HafenCity	*Samstag* 02.06.18 08:00 Uhr	*Samstag* 02.06.18 18:00 Uhr
MSC Magnifica 14 Stunden am Cruise Center Altona	*Samstag* 02.06.18 07:00 Uhr	*Samstag* 02.06.18 21:00 Uhr
Prinsendam 40 Stunden am Cruise Center HafenCity	*Sonntag* 03.06.18 14:00 Uhr	*Dienstag* 05.06.18 06:00 Uhr
AIDAvita 10 Stunden am Cruise Center Altona	*Dienstag* 05.06.18 08:00 Uhr	*Dienstag* 05.06.18 18:00 Uhr
Balmoral 21 Stunden am Cruise Center HafenCity	*Mittwoch* 06.06.18 21:00 Uhr	*Donnerstag* 07.06.18 18:00 Uhr
Costa Pacifica 8 Stunden am Cruise Center Altona	*Mittwoch* 06.06.18 09:00 Uhr	*Mittwoch* 06.06.18 17:00 Uhr
Costa Mediterranea 13 Stunden am Cruise Center Steinwerder	*Freitag* 08.06.18 07:30 Uhr	*Freitag* 08.06.18 20:30 Uhr
AIDAperla 10 Stunden am Cruise Center Steinwerder	*Samstag* 09.06.18 08:00 Uhr	*Samstag* 09.06.18 18:00 Uhr
MSC Meraviglia 14 Stunden am Cruise Center Steinwerder	*Sonntag* 10.06.18 06:00 Uhr	*Sonntag* 10.06.18 20:00 Uhr
Seabourn Ovation Erstanlauf 30 Stunden am Cruise Center Altona	*Sonntag* 10.06.18 17:00 Uhr	*Montag* 11.06.18 23:00 Uhr
AIDAsol 10 Stunden am Cruise Center Steinwerder	*Dienstag* 12.06.18 08:00 Uhr	*Dienstag* 12.06.18 18:00 Uhr

Termin- und Liegeplatzänderungen möglich.
Angaben ohne Gewähr. Stand: 10. Januar 2018

JUNI

Schiff		Ankunft	Abfahrt
MSC Magnifica 14 Stunden am Cruise Center Altona		Dienstag 12.06.18 07:00 Uhr	Dienstag 12.06.18 21:00 Uhr
Hamburg 12 Stunden am Cruise Center HafenCity		Donnerstag 14.06.18 07:00 Uhr	Donnerstag 14.06.18 19:00 Uhr
AIDAperla 10 Stunden am Cruise Center Steinwerder		Samstag 16.06.18 08:00 Uhr	Samstag 16.06.18 18:00 Uhr
Costa Pacifica 8 Stunden am Cruise Center Steinwerder		Sonntag 17.06.18 09:00 Uhr	Sonntag 17.06.18 17:00 Uhr
Sea Cloud II 9 Stunden an der Überseebrücke		Sonntag 17.06.18 08:00 Uhr	Sonntag 17.06.18 17:00 Uhr
AIDAperla 10 Stunden am Cruise Center Steinwerder		Samstag 23.06.18 08:00 Uhr	Samstag 23.06.18 18:00 Uhr
MSC Magnifica 14 Stunden am Cruise Center Altona		Samstag 23.06.18 07:00 Uhr	Samstag 23.06.18 21:00 Uhr
MSC Meraviglia 13 Stunden am Cruise Center Steinwerder		Sonntag 24.06.18 07:00 Uhr	Sonntag 24.06.18 20:00 Uhr
Queen Victoria 12 Stunden am Cruise Center Altona		Sonntag 24.06.18 07:00 Uhr	Sonntag 24.06.18 19:00 Uhr
Boudicca 33 ½ Stunden am Cruise Center Altona		Montag 25.06.18 22:00 Uhr	Mittwoch 27.06.18 07:30 Uhr
Europa 11 Stunden am Cruise Center HafenCity		Dienstag 26.06.18 07:00 Uhr	Dienstag 26.06.18 18:00 Uhr
Costa Pacifica 8 Stunden am Cruise Center Steinwerder		Donnerstag 28.06.18 09:00 Uhr	Donnerstag 28.06.18 17:00 Uhr
AIDAsol 10 Stunden am Cruise Center Altona		Freitag 29.06.18 08:00 Uhr	Freitag 29.06.18 18:00 Uhr
AIDAperla 10 Stunden am Cruise Center Steinwerder		Samstag 30.06.18 08:00 Uhr	Samstag 30.06.18 18:00 Uhr

Kreuzfahrtplaner 2018

11.07. bis 18.07.18 OCEAN MAJESTY 8-tägige Reise **ab 1.199 €** p.P.
Zauberhafte Welt der Fjorde — Kiel - Auf See - Vik (Norwegen) - Flåm (Norwegen) - Hellesylt (Norwegen) - Geiranger (Norwegen) - Molde (Norwegen) - Andelsnes (Norwegen) - Bergen (Norwegen) - Auf See - **Hamburg**

09.07. bis 26.07.18 EUROPA 17-tägige Reise **ab 9.180 €** p.P.
Im Reich der Nordlichter — Kiel - Auf See - Bergen (Norwegen) - Molde/Moldefjord (Norwegen) - Andalsnes/Romsdalsfjord (Norwegen) - Trondheim (Norwegen) - Leknes/Lofoten (Norwegen) - Svolvaer (Norwegen) - Skarsvag (Norwegen) - Hammerfest (Norwegen) - Tromsø (Norwegen) - Auf See - Hellesylt/Sunnylvenfjord (Norwegen) - Geiranger/Geirangerfjord (Norwegen) - Vik/Sognefjord (Norwegen) - Flam/Aurlandsfjord (Norwegen) - Auf See - Oslo (Norwegen) - Auf See - **Hamburg**

18.07. bis 29.07.18 EUROPA 2 11-tägige Reise **ab 6.390 €** p.P.
Vom Tejo bis an die Elbe — Linienflug von Deutschland Lissabon (Portugal) - Auf See - La Coruña (Spanien) - Bilbao (Spanien) - Auf See - St. Malo (Frankreich) - St. Peter Port/ Guernsey (Kanalinseln) - Antwerpen (Belgien) - Amsterdam (Niederlande) - **Hamburg**

12.08. bis 21.08.18 QUEEN MARY 2 10-tägige Reise **ab 2.340 €** p.P.
Transatlantikfahrt — New York (USA) - Sechs Tage auf See - Southampton (England) - Auf See - **Hamburg**

19.08. bis 21.08.18 QUEEN MARY 2 3-tägige Reise **ab 540 €** p.P.
Schnupperreise — Southampton (England) - Auf See - **Hamburg**

11.08. bis 25.08.18 EUROPA 14-tägige Reise **ab 7.590 €** p.P.
Ein Königreich für Gartenfreunde — Kiel - Auf See - Leith (Schottland) - Ullapool (Schottland) - Tobermory (Schottland) - Douglas/Isle of Man (England) - Liverpool (England) - Dublin (Irland) - Tresco/Scillyinseln (England) - Fowey (England) - Cowes/Isle of Wight (England) - Dover (England) - Auf See - **Hamburg**

25.08. bis 29.08.18 AIDAluna 4-tägige Reise **ab 685 €** p.P.
Kurzreise nach Hamburg — Kiel - Kopenhagen (Dänemark - Oslo (Norwegen) - Auf See - **Hamburg**

20.08. bis 01.09.18 EUROPA 2 12-tägige Reise **ab 7.090 €** p.P.
Spätsommer an der Ostsee — Kiel - Auf See - Stockholm (Schweden) - Tallinn (Estland) - Zwei Tage St. Petersburg (Russland) - Helsinki (Finnland) - Auf See - Klaipedia (Litauen) - Binz/Rügen - Tagespassage Nord-Ostsee-Kanal - **Hamburg**

31.08. bis 06.09.18 MEIN SCHIFF 4 6-tägige Reise **ab 998 €** p.P.
Kurzreise Kopenhagen & Stavanger — Kiel - Kopenhagen (Dänemark) - Oslo (Norwegen) - Kristiansund (Norwegen) - Stavanger (Norwegen) - Auf See - **Hamburg**

29.08. bis 11.09.18 EUROPA 13-tägige Reise **ab 6.520 €** p.P.
Glanz und Gloria an der Ostsee — Kiel - Auf See - Riga (Lettland) - Tallinn (Estland) - Drei Tage St. Petersburg (Russland) - Helsinki (Finnland) - Zwei Tage Stockholm (Schweden) - Klaipedia (Litauen) - Abendpassage Nord-Ostsee-Kanal - **Hamburg**

10.09. bis 19.09.18 EUROPA 2 9-tägige Reise **ab 5.590 €** p.P.
British Originals — Linienflug von Deutschland nach Dublin (Irland) - Douglas/Isle of Man (England) - Belfast (Nordirland) - Portree (Schottland) - Ullapool (Schottland) - Kirkwall/Orkney-Inseln (Schottland) - Edinburgh (Schottland) - Auf See - **Hamburg**

11.09. bis 29.09.18 AMADEA 18-tägige Reise **ab 3.103 €** p.P. inkl. Hinflug
Das Beste der St. Lorenz-Region mit Kurs Europa Montreal (Kanada) - Trois-Rivières (Kanada) - Saguenay (Kanada) - Sept-Îles (Kanada) - Gaspé (Kanada) - Charlottetown (Kanada) - Sydney (Kanada) - Saint-Pierre und Miquelon (Französisches Überseegebiet) - St. John's/Neufundland (Kanada) - Vier Tage auf See - Cork (Irland) - Falmouth (England) - Portsmouth (England) - Auf See - **Hamburg**

13.09. bis 01.10.18 HANSEATIC 18-tägige Reise **ab 8.720 €** p.P.
Expedition: Ostgrönland mit Disko-Bucht — Sonderflug von Düsseldorf Kangerlussuaq (Grönland) - Westküste Grönlands (Disko Bucht, Sisimiut, Nuuk) - Qasiarsuk - Prins-Christian-Sund - Ostküste Grönlands (Skjoldungensund, Ammassalik, Ittoqqortoormiit, Scoresbysund, König-Oskar-Fjord, Alpefjord) - Kirkwall/Orkney-Inseln (Schottland) - Auf See - **Hamburg**

13.10. bis 18.10.18 AIDAaura 5-tägige Reise **ab 860 €** p.P.
Kurzreise ab Kiel — Kiel - Kopenhagen (Dänemark) - Oslo (Norwegen) - Kristiansand (Norwegen) - Auf See - **Hamburg**

20.10. bis 24.10.18 AIDAmar 4-tägige Reise **ab 595 €** p.P.
Kurzreise nach Hamburg — Warnemünde - Kopenhagen (Dänemark) - Oslo (Norwegen) - Auf See - **Hamburg**

20.10. bis 29.10.18 QUEEN MARY 2 10-tägige Reise **ab 1.940 €** p.P.
Transatlantikfahrt — New York (USA) - Sechs Tage auf See - Southampton (England) - Auf See - **Hamburg**

27.10. bis 29.10.18 QUEEN MARY 2 3-tägige Reise **ab 540 €** p.P.
Schnupperreise — Southampton (England) - Auf See - **Hamburg**

10.11. bis 28.11.18 ALBATROS 18-tägige Reise **ab 1.199 €** p.P.
Zu den Glanzlichtern des Ärmelkanals Bremerhaven - Portsmouth (England) - Zwei Tage auf See - Lissabon (Portugal) - Auf See - Agadir (Marokko) - Arrecife/Lanzarote (Spanien) - Santa Cruz/Teneriffa (Spanien) - Los Cristianos/Teneriffa (Spanien) - San Sebastián/La Gomera (Spanien) - Santa Cruz/La Palma (Spanien) - Funchal/Madeira (Portugal) - Auf See - Leixões (Portugal) - Auf See - Cherbourg (Frankreich) - Auf See - **Hamburg**

ÄNDERUNGEN VORBEHALTEN // ANGABEN OHNE GEWÄHR // WEITER AUF SEITE 217

LIEGEZEITEN IM HAMBURGER HAFEN

JULI	Ankunft	Abfahrt
Norwegian Jade 10 Stunden am Cruise Center Steinwerder	*Sonntag* 01.07.18 07:00 Uhr	*Sonntag* 01.07.18 17:00 Uhr
Viking Sun Erstanlauf 29 Stunden am Cruise Center HafenCity	*Mittwoch* 04.07.18 09:00 Uhr	*Donnerstag* 05.07.18 14:00 Uhr
MSC Meraviglia 14 Stunden am Cruise Center Steinwerder	*Donnerstag* 05.07.18 06:00 Uhr	*Donnerstag* 05.07.18 20:00 Uhr
AIDAperla 10 Stunden am Cruise Center Steinwerder	*Samstag* 07.07.18 08:00 Uhr	*Samstag* 07.07.18 18:00 Uhr
MSC Magnifica 14 Stunden am Cruise Center Altona	*Samstag* 07.07.18 07:00 Uhr	*Samstag* 07.07.18 21:00 Uhr
Queen Victoria 12 Stunden am Cruise Center Steinwerder	*Sonntag* 08.07.18 07:00 Uhr	*Sonntag* 08.07.18 19:00 Uhr
AIDAsol 10 Stunden am Cruise Center Altona	*Dienstag* 09.07.18 08:00 Uhr	*Dienstag* 09.07.18 18:00 Uhr
Costa Pacifica 8 Stunden am Cruise Center Steinwerder	*Dienstag* 09.07.18 09:00 Uhr	*Dienstag* 09.07.18 17:00 Uhr
AIDAperla 10 Stunden am Cruise Center Steinwerder	*Samstag* 14.07.18 08:00 Uhr	*Samstag* 14.07.18 18:00 Uhr
AIDAcara 10 Stunden am Cruise Center Steinwerder	*Sonntag* 15.07.18 08:00 Uhr	*Sonntag* 15.07.18 18:00 Uhr
Norwegian Jade 10 Stunden am Cruise Center Altona	*Sonntag* 15.07.18 07:00 Uhr	*Sonntag* 15.07.18 17:00 Uhr
MSC Magnifica 14 Stunden am Cruise Center Altona	*Dienstag* 17.07.18 07:00 Uhr	*Dienstag* 17.07.18 21:00 Uhr

JULI	Ankunft	Abfahrt
Ocean Majesty 10 Stunden am Cruise Center HafenCity	*Mittwoch* 18.07.18 09:00 Uhr	*Mittwoch* 18.07.18 19:00 Uhr
AIDAsol 10 Stunden am Cruise Center Altona	*Donnerstag* 19.07.18 08:00 Uhr	*Donnerstag* 19.07.18 18:00 Uhr
MSC Meraviglia 14 Stunden am Cruise Center Steinwerder	*Donnerstag* 19.07.18 06:00 Uhr	*Donnerstag* 19.07.18 20:00 Uhr
AIDAperla 10 Stunden am Cruise Center Steinwerder	*Samstag* 21.07.18 08:00 Uhr	*Samstag* 21.07.18 18:00 Uhr
Norwegian Jade 10 Stunden am Cruise Center Altona	*Sonntag* 22.07.18 07:00 Uhr	*Sonntag* 22.07.18 17:00 Uhr
Europa 8 Stunden am Cruise Center HafenCity	*Donnerstag* 26.07.18 07:00 Uhr	*Donnerstag* 26.07.18 15:00 Uhr
AIDAperla 10 Stunden am Cruise Center Steinwerder	*Samstag* 28.07.18 08:00 Uhr	*Samstag* 28.07.18 18:00 Uhr
Europa 2 20 Stunden am Cruise Center HafenCity	*Samstag* 28.07.18 22:00 Uhr	*Sonntag* 29.07.18 18:00 Uhr
MSC Magnifica 14 Stunden am Cruise Center Altona	*Samstag* 28.07.18 07:00 Uhr	*Samstag* 28.07.18 21:00 Uhr
AIDAsol 10 Stunden am Cruise Center Altona	*Sonntag* 29.07.18 08:00 Uhr	*Sonntag* 29.07.18 18:00 Uhr
MSC Meraviglia 14 Stunden am Cruise Center Steinwerder	*Sonntag* 29.07.18 06:00 Uhr	*Sonntag* 29.07.18 20:00 Uhr
Norwegian Jade 10 Stunden am Cruise Center Altona	*Montag* 30.07.18 07:00 Uhr	*Montag* 30.07.18 17:00 Uhr

Termin- und Liegeplatzänderungen möglich.
Angaben ohne Gewähr. Stand: 10. Januar 2018

Kreuzfahrtplaner 2018

Die bequemste Art zu reisen: 132 Kreuzfahrten ab/an Hamburg

05.01. bis 25.03.18 QUEEN VICTORIA 81-tägige Reise **ab 13.090 €** p.P.
Weltreise Hamburg - Auf See - Southampton (England) - Hamilton (Bermuda) - Fort Lauderdale (USA) - Philipsburg (Sint Maarten) - Roseau (Dominica) - Bridgetown (Barbados) - Fortaleza (Brasilien) - Salvador de Bahia (Brasilien) - Armacao dos Buzios (Brasilien) - Rio de Janeiro (Brasilien) - Montevideo (Uruguay) - Buenos Aires (Argentinien) - Puerto Madryn (Argentinien) - Ushuaia (Argentinien) - Punta Arenas (Chile) - Puerto Montt (Chile) - Valparaiso (Chile) - Coquimbo (Chile) - Arica (Chile) - Callao (Peru) - Manta (Peru) - Montego Bay (Jamaika) - Belize-Stadt (Belize) - Costa Maya (Mexiko) - Fort Lauderdale (USA) - Port Canaveral (USA) - Charleston (USA) - Praia Da Vitoria/Azoren (Portugal) - Southampton (England) - **Hamburg**

10.02. bis 24.02.18 AIDAcara 14-tägige Reise **ab 1.615 €** p.P.
Winter im hohen Norden Hamburg - Auf See - Haugesund (Norwegen) - Auf See - Bodø (Norwegen) - Tromsø (Norwegen) - Alta (Norwegen) - Sortland/Vesterålen (Norwegen) - Auf See - Trondheim (Norwegen) - Bergen (Norwegen) - Auf See - **Hamburg**

24.02. bis 10.03.18 AIDAcara 14-tägige Reise **ab 1.615 €** p.P.
Winter im hohen Norden Hamburg - Auf See - Haugesund (Norwegen) - Auf See - Bodø (Norwegen) - Tromsø (Norwegen) - Alta (Norwegen) - Sortland/Vesterålen (Norwegen) - Auf See - Trondheim (Norwegen) - Bergen (Norwegen) - Auf See - **Hamburg**

10.03. bis 24.03.18 AIDAcara 14-tägige Reise **ab 1.615 €** p.P.
Winter im hohen Norden Hamburg - Auf See - Haugesund (Norwegen) - Auf See - Bodø (Norwegen) - Tromsø (Norwegen) - Alta (Norwegen) - Sortland/Vesterålen (Norwegen) - Auf See - Trondheim (Norwegen) - Bergen (Norwegen) - Auf See - **Hamburg**

17.03. bis 24.03.18 AIDAperla 7-tägige Reise **ab 975 €** p.P.
Metropolenroute 1 Hamburg - Auf See - Southampton (England) - Le Havre (Frankreich) - Zeebrügge (Belgien) - Rotterdam (Niederlande) - **Hamburg**

24.03. bis 31.03.18 AIDAperla 7-tägige Reise **ab 1.080 €** p.P.
Metropolenroute 1 Hamburg - Auf See - Southampton (England) - Le Havre (Frankreich) - Zeebrügge (Belgien) - Rotterdam (Niederlande) - **Hamburg**

25.03. bis 05.04.18 AIDAvita 11-tägige Reise **ab 1.825 €** p.P.
Nordische Inseln & Norwegen Hamburg - Auf See - Invergordon (Schottland) - Kirkwall/Orkney-Inseln (Schottland) - Lerwick/Shetland-Inseln (Schottland) - Auf See - Ålesund (Norwegen) - Bergen (Norwegen) - Ulvik/Eidfjord (Norwegen) - Stavanger/Lysefjord (Norwegen) - Auf See - **Hamburg**

30.03. bis 06.04.18 ALBATROS 7-tägige Reise **ab 599 €** p.P.
Zu den Glanzlichtern des Ärmelkanals Hamburg - Auf See - Dover (England) - Le Havre (Frankreich) - Portland (England) - Zeebrügge (Belgien) - Ijmuiden (Niederlande) - **Hamburg**

31.03. bis 07.04.18 AIDAperla 7-tägige Reise **ab 1.080 €** p.P.
Metropolenroute 1 Hamburg - Auf See - Southampton (England) - Le Havre (Frankreich) - Zeebrügge (Belgien) - Rotterdam (Niederlande) - **Hamburg**

31.03. bis 07.04.18 MSC MAGNIFICA 8-tägige Reise **ab 899 €** p.P.
Metropolen Nordeuropas Hamburg - Auf See - Southampton (England) - Le Havre (Frankreich) - Zeebrügge (Belgien) - Amsterdam (Niederlande) - **Hamburg**

05.04. bis 16.04.18 AIDAvita 11-tägige Reise **ab 1.655 €** p.P.
Nordische Inseln & Norwegen Hamburg - Auf See - Invergordon (Schottland) - Kirkwall/Orkney-Inseln (Schottland) - Lerwick/Shetland-Inseln (Schottland) - Auf See - Ålesund (Norwegen) - Bergen (Norwegen) - Ulvik/Eidfjord (Norwegen) - Stavanger/Lysefjord (Norwegen) - Auf See - **Hamburg**

07.04. bis 14.04.18 AIDAperla 7-tägige Reise **ab 1.045 €** p.P.
Metropolenroute 1 Hamburg - Auf See - Southampton (England) - Le Havre (Frankreich) - Zeebrügge (Belgien) - Rotterdam (Niederlande) - **Hamburg**

07.04. bis 11.04.18 AIDAsol 4-tägige Reise **ab 685 €** p.P.
Kurzreise Hamburg - Ijmuiden (Niederlande) - Dover (England) - Auf See - **Hamburg**

07.04. bis 14.04.18 MSC MAGNIFICA 8-tägige Reise **ab 849 €** p.P.
Metropolen Nordeuropas Hamburg - Auf See - Southampton (England) - Le Havre (Frankreich) - Zeebrügge (Belgien) - Amsterdam (Niederlande) - **Hamburg**

11.04. bis 15.04.18 AIDAsol 4-tägige Reise **ab 685 €** p.P.
Kurzreise Hamburg - Ijmuiden (Niederlande) - Dover (England) - Auf See - **Hamburg**

14.04. bis 21.04.18 AIDAperla 7-tägige Reise **ab 1.045 €** p.P.
Metropolenroute 1 Hamburg - Auf See - Southampton (England) - Le Havre (Frankreich) - Zeebrügge (Belgien) - Rotterdam (Niederlande) - **Hamburg**

14.04. bis 21.04.18 MSC MAGNIFICA 8-tägige Reise **ab 849 €** p.P.
Metropolen Nordeuropas Hamburg - Auf See - Southampton (England) - Le Havre (Frankreich) - Zeebrügge (Belgien) - Amsterdam (Niederlande) - **Hamburg**

15.04. bis 19.04.18 AIDAsol 4-tägige Reise **ab 645 €** p.P.
Kurzreise Hamburg - Ijmuiden (Niederlande) - Dover (England) - Auf See - **Hamburg**

16.04. bis 27.04.18 AIDAvita 11-tägige Reise **ab 1.395 €** p.P.
Norwegens Fjorde Hamburg - Auf See - Bergen (Norwegen) - Skjolden (Norwegen) - Olden (Norwegen) - Trondheim (Norwegen) - Kristiansund (Norwegen) - Rosendal (Norwegen) - Haugesund (Norwegen) - Auf See - **Hamburg**

19.04. bis 23.04.18 AIDAsol 4-tägige Reise **ab 685 €** p.P.
Kurzreise Hamburg - Ijmuiden (Niederlande) - Dover (England) - Auf See - **Hamburg**

21.04. bis 28.04.18 AIDAperla 7-tägige Reise **ab 1.045 €** p.P.
Metropolenroute 1 Hamburg - Auf See - Southampton (England) - Le Havre (Frankreich) - Zeebrügge (Belgien) - Rotterdam (Niederlande) - **Hamburg**

21.04. bis 28.04.18 MSC MAGNIFICA 8-tägige Reise **ab 849 €** p.P.
Metropolen Nordeuropas Hamburg - Auf See - Southampton (England) - Le Havre (Frankreich) - Zeebrügge (Belgien) - Amsterdam (Niederlande) - **Hamburg**

23.04. bis 27.04.18 AIDAsol 4-tägige Reise **ab 595 €** p.P.
Kurzreise Hamburg - Ijmuiden (Niederlande) - Dover (England) - Auf See - **Hamburg**

27.04. bis 01.05.18 AIDAsol 4-tägige Reise **ab 715 €** p.P.
Kurzreise Hamburg - Ijmuiden (Niederlande) - Dover (England) - Auf See - **Hamburg**

27.04. bis 11.05.18 AIDAvita 14-tägige Reise **ab 2.215 €** p.P.
Frankreich, Belgien & England Hamburg - Auf See - Portsmouth (England) - Falmouth (England) - Cobh (Irland) - Auf See - Saint-Malo (Frankreich) - Rouen (Frankreich) - Auf See - Tilbury (England) - Antwerpen (Belgien) - Auf See - **Hamburg**

28.04. bis 05.05.18 AIDAperla 7-tägige Reise **ab 1.080 €** p.P.
Metropolenroute 1 Hamburg - Auf See - Southampton (England) - Le Havre (Frankreich) - Zeebrügge (Belgien) - Rotterdam (Niederlande) - **Hamburg**

28.04. bis 12.05.18 MSC MAGNIFICA 15-tägige Reise **ab 1.849 €** p.P.
Die Iberische Halbinsel Hamburg - Auf See - Southampton (England) - Le Havre (Frankreich) - Auf See - Leixões (Portugal) - Lissabon (Portugal) - Cadiz (Spanien) - Malaga (Spanien) - Auf See - La Coruña (Spanien) - Auf See - Amsterdam (Niederlande) - **Hamburg**

29.04. bis 10.05.18 MSC MERAVIGLIA 12-tägige Reise **ab 1.499 €** p.P.
Schottland, Irland & Orkneys Hamburg - Auf See - Invergordon (Schottland) - Kirkwall/Orkney-Inseln (Schottland) - Auf See - Greenock (Schottland) - Dublin (Irland) - Cork (Irland) - Auf See - Southampton (England) - Auf See - **Hamburg**

01.05. bis 05.05.18 AIDAsol 4-tägige Reise **ab 685 €** p.P.
Kurzreise Hamburg - Ijmuiden (Niederlande) - Dover (England) - Auf See - **Hamburg**

05.05. bis 12.05.18 AIDAperla 7-tägige Reise **ab 1.080 €** p.P.
Metropolenroute 1 Hamburg - Auf See - Southampton (England) - Le Havre (Frankreich) - Zeebrügge (Belgien) - Rotterdam (Niederlande) - **Hamburg**

05.05. bis 09.05.18 AIDAsol 4-tägige Reise **ab 685 €** p.P.
Kurzreise Hamburg - Ijmuiden (Niederlande) - Dover (England) - Auf See - **Hamburg**

09.05. bis 13.05.18 AIDAsol 4-tägige Reise **ab 715 €** p.P.
Kurzreise Hamburg - Ijmuiden (Niederlande) - Dover (England) - Auf See - **Hamburg**

10.05. bis 14.05.18 HAMBURG 5-tägige Reise **ab 549 €** p.P.
Heimathäfen Nordsee Hamburg - Sylt - Borkum - Helgoland - **Hamburg**

10.05. bis 20.05.18 MSC MERAVIGLIA 11-tägige Reise **ab 1.499 €** p.P.
Norwegen & Nordkap Hamburg - Auf See - Bergen (Norwegen) - Auf See - Honningsvag/Nordkap (Norwegen) - Tromsø (Norwegen) - Auf See - Molde (Norwegen) - Ålesund (Norwegen) - Auf See - **Hamburg**

11.05. bis 25.05.18 AIDAvita 14-tägige Reise **ab 2.215 €** p.P.
Großbritannien & Irland Hamburg - Auf See - Dover (England) - Isle of Portland (England) - Auf See - Cobh (Irland) - Dublin (Irland) - Belfast (Nordirland) - Greenock (Schottland) - Liverpool (England) - Fishguard (Wales) - Auf See - Le Havre (Frankreich) - Auf See - **Hamburg**

12.05. bis 19.05.18 AIDAperla 7-tägige Reise **ab 1.080 €** p.P.
Metropolenroute 1 Hamburg - Auf See - Southampton (England) - Le Havre (Frankreich) - Zeebrügge (Belgien) - Rotterdam (Niederlande) - **Hamburg**

12.05. bis 22.05.18 MSC MAGNIFICA 11-tägige Reise **ab 1.349 €** p.P.
Norwegens Fjorde mit Stavanger & Olden Hamburg - Auf See - Southampton (England) - Le Havre (Frankreich) - Auf See - Stavanger (Norwegen) - Bergen (Norwegen) - Olden (Norwegen) - Ålesund (Norwegen) - Auf See - **Hamburg**

13.05. bis 23.05.18 AIDAsol 10-tägige Reise **ab 1.675 €** p.P.
Norwegens Fjorde Hamburg - Auf See - Bergen (Norwegen) - Hellesylt (Norwegen) - Geiranger Fjord (Norwegen) - Åndalsnes (Norwegen) - Molde (Norwegen) - Trondheim (Norwegen) - Ålesund (Norwegen) - Eidfjord (Norwegen) - Stavanger/Lysefjord (Norwegen) - Auf See - **Hamburg**

19.05. bis 26.05.18 AIDAperla 7-tägige Reise **ab 1.145 €** p.P.
Metropolenroute 1 Hamburg - Auf See - Southampton (England) - Le Havre (Frankreich) - Zeebrügge (Belgien) - Rotterdam (Niederlande) - **Hamburg**

20.05. bis 31.05.18 MSC MERAVIGLIA 12-tägige Reise **ab 1.699 €** p.P.
Rund um Island Hamburg - Auf See - Kirkwall/Orkney-Inseln (Schottland) - Auf See - Akureyri (Island) - Ísafjörður (Island) - Zwei Tage Reykjavik (Island) - Auf See - Invergordon (Schottland) - Auf See - **Hamburg**

22.05. bis 02.06.18 MSC MAGNIFICA 12-tägige Reise **ab 1.699 €** p.P.
Der Golf von Biscaya Hamburg - Auf See - Southampton (England) - Le Havre (Frankreich) - Auf See - La Coruña (Spanien) - Bilbao (Spanien) - Le Verdon-sur-Mer (Frankreich) - Auf See - Amsterdam (Niederlande) - **Hamburg**

23.05. bis 02.06.18 AIDAsol 10-tägige Reise **ab 1.725 €** p.P.
Norwegens Fjorde Hamburg - Auf See - Bergen (Norwegen) - Hellesylt (Norwegen) - Geiranger Fjord (Norwegen) - Åndalsnes (Norwegen) - Molde (Norwegen) - Trondheim (Norwegen) - Ålesund (Norwegen) - Eidfjord (Norwegen) - Stavanger/Lysefjord (Norwegen) - Auf See - **Hamburg**

ÄNDERUNGEN VORBEHALTEN // ANGABEN OHNE GEWÄHR // WEITER AUF SEITE 219

LIEGEZEITEN IM HAMBURGER HAFEN

AUGUST	Ankunft	Abfahrt
AIDAperla 10 Stunden am Cruise Center Steinwerder	*Samstag* 04.08.18 08:00 Uhr	*Samstag* 04.08.18 18:00 Uhr
AIDAcara 10 Stunden am Cruise Center Steinwerder	*Sonntag* 05.08.18 08:00 Uhr	*Sonntag* 05.08.18 18:00 Uhr
Norwegian Jade 10 Stunden am Cruise Center Altona	*Sonntag* 05.08.18 07:00 Uhr	*Sonntag* 05.08.18 17:00 Uhr
MSC Magnifica 14 Stunden am Cruise Center Altona	*Dienstag* 07.08.18 07:00 Uhr	*Dienstag* 07.08.18 21:00 Uhr
Ocean Majesty 6 ½ Stunden am Cruise Center HafenCity	*Dienstag* 07.08.18 09:30 Uhr	*Dienstag* 07.08.18 16:00 Uhr

AUGUST	Ankunft	Abfahrt
AIDAsol 10 Stunden am Cruise Center Altona	*Mittwoch* 08.08.18 08:00 Uhr	*Mittwoch* 08.08.18 18:00 Uhr
MSC Meraviglia 12 Stunden am Cruise Center Steinwerder	*Donnerstag* 09.08.18 07:00 Uhr	*Donnerstag* 09.08.18 19:00 Uhr
AIDAperla 10 Stunden am Cruise Center Steinwerder	*Samstag* 11.08.18 08:00 Uhr	*Samstag* 11.08.18 18:00 Uhr
Norwegian Jade 10 Stunden am Cruise Center Altona	*Sonntag* 12.08.18 07:00 Uhr	*Sonntag* 12.08.18 17:00 Uhr
Queen Mary 2 12 Stunden am Cruise Center Steinwerder	*Sonntag* 12.08.18 07:00 Uhr	*Sonntag* 12.08.18 19:00 Uhr

Cruise Liner in Hamburg 2019

Der Hafen bietet den Traumschiffen der Weltmeere eine eindrucksvolle Kulisse. Die schönsten Motive aus unserem Bildarchiv stellt der Kalender vor. Ein besonderes Geschenk! 14 Blatt mit farbigen Abbildungen Spiralbindung, DIN A3

18 € versandkostenfrei innerhalb Deutschlands

Online-Bestellung
www.eurodruck.org/verlag.html
ISBN 978-3-9816738-7-6
Lieferbar ab August 2018

EUROCARIBE Druck und Verlag GmbH

www.cruise-liner-in-hamburg.de

AUGUST

Schiff		Ankunft	Abfahrt
Europa 2 23 Stunden am Cruise Center HafenCity		*Freitag* 17.08.18 05:00 Uhr	*Samstag* 18.08.18 04:00 Uhr
Queen Mary 2 12 Stunden am Cruise Center Steinwerder		*Freitag* 17.08.18 07:00 Uhr	*Freitag* 17.08.18 19:00 Uhr
AIDAperla 10 Stunden am Cruise Center Steinwerder		*Samstag* 18.08.18 08:00 Uhr	*Samstag* 18.08.18 18:00 Uhr
AIDAsol 10 Stunden am Cruise Center Altona		*Samstag* 18.08.18 08:00 Uhr	*Samstag* 18.08.18 18:00 Uhr
Ocean Majesty 8 Stunden am Cruise Center HafenCity		*Sonntag* 19.08.18 09:00 Uhr	*Sonntag* 19.08.18 17:00 Uhr
MSC Magnifica 14 Stunden am Cruise Center Altona		*Dienstag* 21.08.18 07:00 Uhr	*Dienstag* 21.08.18 21:00 Uhr
MSC Meraviglia 14 Stunden am Cruise Center Steinwerder		*Donnerstag* 23.08.18 06:00 Uhr	*Donnerstag* 23.08.18 20:00 Uhr
Norwegian Jade 10 Stunden am Cruise Center Altona		*Donnerstag* 23.08.18 07:00 Uhr	*Donnerstag* 23.08.18 17:00 Uhr
AIDAperla 10 Stunden am Cruise Center Steinwerder		*Samstag* 25.08.18 08:00 Uhr	*Samstag* 25.08.18 18:00 Uhr
Europa 19 Stunden am Cruise Center HafenCity		*Samstag* 25.08.18 07:00 Uhr	*Sonntag* 26.08.18 02:00 Uhr
AIDAcara 10 Stunden am Cruise Center Steinwerder		*Sonntag* 26.08.18 08:00 Uhr	*Sonntag* 26.08.18 18:00 Uhr
AIDAsol 10 Stunden am Cruise Center Altona		*Dienstag* 28.08.18 08:00 Uhr	*Dienstag* 28.08.18 18:00 Uhr

Termin- und Liegeplatzänderungen möglich.
Angaben ohne Gewähr. Stand: 10. Januar 2018

Kreuzfahrtplaner 2018

25.05. bis 05.06.18 AIDAvita 11-tägige Reise **ab 1.645 €** p.P.
Norwegens Fjorde Hamburg - Auf See - Bergen (Norwegen) - Skjolden (Norwegen) - Olden (Norwegen) - Trondheim (Norwegen) - Kristiansund (Norwegen) - Rosendal (Norwegen) - Haugesund (Norwegen) - Auf See - **Hamburg**

26.05. bis 02.06.18 AIDAperla 7-tägige Reise **ab 1.145 €** p.P.
Metropolenroute 1 Hamburg - Auf See - Southampton (England) - Le Havre (Frankreich) - Zeebrügge (Belgien) - Rotterdam (Niederlande) - **Hamburg**

31.05. bis 10.06.18 MSC MERAVIGLIA 11-tägige Reise **ab 1.599 €** p.P.
Norwegen & Nordkap Hamburg - Auf See - Bergen (Norwegen) - Auf See - Honningsvag/Nordkap (Norwegen) - Tromsø (Norwegen) - Molde (Norwegen) - Ålesund (Norwegen) - Auf See - **Hamburg**

02.06. bis 09.06.18 AIDAperla 7-tägige Reise **ab 1.080 €** p.P.
Metropolenroute 1 Hamburg - Auf See - Southampton (England) - Le Havre (Frankreich) - Zeebrügge (Belgien) - Rotterdam (Niederlande) - **Hamburg**

02.06. bis 12.06.18 AIDAsol 10-tägige Reise **ab 1.795 €** p.P.
Norwegens Fjorde Hamburg - Auf See - Bergen (Norwegen) - Hellesylt (Norwegen) - Geiranger Fjord (Norwegen) - Åndalsnes (Norwegen) - Molde (Norwegen) - Trondheim (Norwegen) - Ålesund (Norwegen) - Eidfjord (Norwegen) - Stavanger/Lysefjord (Norwegen) - Auf See - **Hamburg**

02.06. bis 12.06.18 MSC MAGNIFICA 11-tägige Reise **ab 1.549 €** p.P.
Großbritannien & Atlantikküste Hamburg - Auf See - Southampton (England) - Le Havre (Frankreich) - Auf See - Invergordon (Schottland) - South Queensferry (Schottland) - Newcastle upon Tyne (England) - Amsterdam (Niederlande) - **Hamburg**

06.06. bis 17.06.18 COSTA PACIFICA 11-tägige Reise **ab 1.879 €** p.P.
Mitternachtssonne Hamburg - Auf See - Molde (Norwegen) - Åndalsnes (Norwegen) - Auf See - Honningsvåg (Norwegen) - Tromsø (Norwegen) - Leknes/Lofoten (Norwegen) - Trondheim (Norwegen) - Hellesylt (Norwegen) - Bergen (Norwegen) - Auf See - **Hamburg**

09.06. bis 16.06.18 AIDAperla 7-tägige Reise **ab 1.080 €** p.P.
Metropolenroute 1 Hamburg - Auf See - Southampton (England) - Le Havre (Frankreich) - Zeebrügge (Belgien) - Rotterdam (Niederlande) - **Hamburg**

10.06. bis 24.06.18 MSC MERAVIGLIA 15-tägige Reise **ab 2.199 €** p.P.
Nordkap & Spitzbergen Hamburg - Auf See - Bergen (Norwegen) - Auf See - Tromsø (Norwegen) - Longyearbyen/Spitzbergen (Norwegen) - Auf See - Zwei Tage Honningsvåg/Nordkap (Norwegen) - Hellesylt/Geiranger (Norwegen) - Stavanger (Norwegen) - Auf See - **Hamburg**

12.06. bis 29.06.18 AIDAsol 17-tägige Reise **ab 3.025 €** p.P.
Highlights am Polarkreis 2 Hamburg - Auf See - Kirkwall/Orkney-Inseln (Schottland) - Auf See - Reykjavik (Island) - Ísafjörður (Island) - Akureyri (Island) - Zwei Tage auf See - Longyearbyen (Norwegen) - Nordkap/Honningsvag (Norwegen) - Hammerfest (Norwegen) - Tromsø (Norwegen) - Leknes/Lofoten (Norwegen) - Auf See - Bergen (Norwegen) - Auf See - **Hamburg**

12.06. bis 23.06.18 MSC MAGNIFICA 12-tägige Reise **ab 1.699 €** p.P.
Der Golf von Biscaya Hamburg - Auf See - Southampton (England) - Le Havre (Frankreich) - Auf See - La Coruña (Spanien) - Bilbao (Spanien) - Le Verdon-sur-Mer (Frankreich) - Auf See - Amsterdam (Niederlande) - **Hamburg**

16.06. bis 23.06.18 AIDAperla 7-tägige Reise **ab 1.080 €** p.P.
Metropolenroute 1 Hamburg - Auf See - Southampton (England) - Le Havre (Frankreich) - Zeebrügge (Belgien) - Rotterdam (Niederlande) - **Hamburg**

17.06. bis 28.06.18 COSTA PACIFICA 11-tägige Reise **ab 1.879 €** p.P.
Mitternachtssonne Hamburg - Auf See - Ålesund (Norwegen) - Auf See - Honningsvåg (Norwegen) - Tromsø (Norwegen) - Leknes/Lofoten (Norwegen) - Trondheim (Norwegen) - Hellesylt (Norwegen) - Geiranger (Norwegen) - Bergen (Norwegen) - Auf See - **Hamburg**

23.06. bis 30.06.18 AIDAperla 7-tägige Reise **ab 1.080 €** p.P.
Metropolenroute 1 Hamburg - Auf See - Southampton (England) - Le Havre (Frankreich) - Zeebrügge (Belgien) - Rotterdam (Niederlande) - **Hamburg**

23.06. bis 07.07.18 MSC MAGNIFICA 15-tägige Reise **ab 1.949 €** p.P.
Die Iberische Halbinsel Hamburg - Auf See - Southampton (England) - Le Havre (Frankreich) - Auf See - Leixões (Portugal) - Lissabon (Portugal) - Cadiz (Spanien) - Malaga (Spanien) - Auf See - La Coruña (Spanien) - Auf See - Amsterdam (Niederlande) - **Hamburg**

24.06. bis 05.07.18 MSC MERAVIGLIA 12-tägige Reise **ab 1.899 €** p.P.
Island & Schottland Hamburg - Auf See - South Queensferry (Schottland) - Kirkwall/Orkney-Inseln (Schottland) - Auf See - Zwei Tage Reykjavik (Island) - Auf See - Ísafjörður (Island) - Akureyri (Island) - Auf See - Invergordon (Schottland) - Auf See - **Hamburg**

28.06. bis 09.07.18 COSTA PACIFICA 11-tägige Reise **ab 1.929 €** p.P.
Mitternachtssonne Hamburg - Auf See - Ålesund (Norwegen) - Auf See - Honningsvåg (Norwegen) - Tromsø (Norwegen) - Leknes/Lofoten (Norwegen) - Trondheim (Norwegen) - Hellesylt (Norwegen) - Geiranger (Norwegen) - Bergen (Norwegen) - Auf See - **Hamburg**

29.06. bis 09.07.18 AIDAsol 10-tägige Reise **ab 1.845 €** p.P.
Norwegens Fjorde Hamburg - Auf See - Bergen (Norwegen) - Hellesylt (Norwegen) - Geiranger Fjord (Norwegen) - Åndalsnes (Norwegen) - Molde (Norwegen) - Trondheim (Norwegen) - Ålesund (Norwegen) - Eidfjord (Norwegen) - Stavanger/Lysefjord (Norwegen) - Auf See - **Hamburg**

ÄNDERUNGEN VORBEHALTEN // ANGABEN OHNE GEWÄHR // WEITER AUF SEITE 221

LIEGEZEITEN IM HAMBURGER HAFEN

AUGUST

	Ankunft	Abfahrt
Navigator of the Seas 10 Stunden am Cruise Center Steinwerder	*Dienstag* 28.08.18 07:00 Uhr	*Dienstag* 28.08.18 17:00 Uhr
AIDAluna 10 Stunden am Cruise Center Steinwerder	*Mittwoch* 29.08.18 08:00 Uhr	*Mittwoch* 29.08.18 18:00 Uhr
Europa 2 20 Stunden am Cruise Center HafenCity	*Freitag* 31.08.18 22:00 Uhr	*Samstag* 01.09.18 18:00 Uhr

SEPTEMBER

	Ankunft	Abfahrt
AIDAperla 10 Stunden am Cruise Center Steinwerder	*Samstag* 01.09.18 08:00 Uhr	*Samstag* 01.09.18 18:00 Uhr
MSC Magnifica 14 Stunden am Cruise Center Altona	*Samstag* 01.09.18 07:00 Uhr	*Samstag* 01.09.18 21:00 Uhr
MSC Meraviglia 14 Stunden am Cruise Center Steinwerder	*Sonntag* 02.09.18 06:00 Uhr	*Sonntag* 02.09.18 20:00 Uhr
Azura 9 Stunden am Cruise Center Steinwerder	*Montag* 03.09.18 08:00 Uhr	*Montag* 03.09.18 17:00 Uhr
AIDAvita 10 Stunden am Cruise Center Steinwerder	*Dienstag* 04.09.18 08:00 Uhr	*Dienstag* 04.09.18 18:00 Uhr
Deutschland / World Odyssey 129 Stunden am Cruise Center Altona	*Dienstag* 04.09.18 08:00 Uhr	*Sonntag* 09.09.18 17:00 Uhr
Mein Schiff 4 13 ½ Stunden am Cruise Center Steinwerder	*Donnerstag* 06.09.18 05:30 Uhr	*Donnerstag* 06.09.18 19:00 Uhr
AIDAsol 10 Stunden am Cruise Center Steinwerder	*Freitag* 07.09.18 08:00 Uhr	*Freitag* 07.09.18 18:00 Uhr
AIDAperla 10 Stunden am Cruise Center Steinwerder	*Samstag* 08.09.18 08:00 Uhr	*Samstag* 08.09.18 18:00 Uhr

SEPTEMBER

	Ankunft	Abfahrt
Silver Wind 22 ½ Stunden am Cruise Center Altona	*Sonntag* 09.09.18 19:30 Uhr	*Montag* 10.09.18 18:00 Uhr
Europa 11 Stunden am Cruise Center HafenCity	*Dienstag* 11.09.18 07:00 Uhr	*Dienstag* 11.09.18 18:00 Uhr
MSC Magnifica 14 Stunden am Cruise Center Altona	*Dienstag* 11.09.18 07:00 Uhr	*Dienstag* 11.09.18 21:00 Uhr
MSC Meraviglia 14 Stunden am Cruise Center Steinwerder	*Donnerstag* 13.09.18 06:00 Uhr	*Donnerstag* 13.09.18 20:00 Uhr
Royal Princess Erstanlauf 12 Stunden am Cruise Center HafenCity	*Donnerstag* 13.09.18 07:00 Uhr	*Donnerstag* 13.09.18 19:00 Uhr
AIDAperla 10 Stunden am Cruise Center Steinwerder	*Samstag* 15.09.18 08:00 Uhr	*Samstag* 15.09.18 18:00 Uhr
AIDAvita 10 Stunden am Cruise Center HafenCity	*Samstag* 15.09.18 08:00 Uhr	*Samstag* 15.09.18 18:00 Uhr
Artania 28 Stunden am Cruise Center Altona	*Samstag* 15.09.18 15:00 Uhr	*Sonntag* 16.09.18 19:00 Uhr
AIDAcara 10 Stunden am Cruise Center HafenCity	*Sonntag* 16.09.18 08:00 Uhr	*Sonntag* 16.09.18 18:00 Uhr
Mein Schiff 4 13 ½ Stunden am Cruise Center Steinwerder	*Sonntag* 16.09.18 05:30 Uhr	*Sonntag* 16.09.18 19:00 Uhr
AIDAsol 10 Stunden am Cruise Center Altona	*Montag* 17.09.18 08:00 Uhr	*Montag* 17.09.18 18:00 Uhr
Europa 2 12 Stunden Cruise Center Altona	*Mittwoch* 19.09.18 07:00 Uhr	*Mittwoch* 19.09.18 19:00 Uhr

Termin- und Liegeplatzänderungen möglich. Angaben ohne Gewähr. Stand: 10. Januar 2018

Kreuzfahrtplaner 2018

30.06. bis 07.07.18 🚢 **AIDAperla** 7-tägige Reise **ab 1.145 €** p.P.
🚢 **Metropolenroute 1** 🚢 **Hamburg** - Auf See - Southampton (England) - Le Havre (Frankreich) - Zeebrügge (Belgien) - Rotterdam (Niederlande) - **Hamburg**

01.07. bis 15.07.18 🚢 **NORWEGIAN JADE** 14-tägige Reise **ab 2.799 €** p.P.
🚢 **Norwegen, Island und Großbritannien** 🚢 **Hamburg** - Auf See - Ålesund (Norwegen) - Bergen (Norwegen) - Lerwick/Shetland-Inseln (Schottland) - Auf See - Zwei Tage Reykjavík (Island) - Akureyri (Island) - Auf See - Tórshavn (Färöer-Inseln) - Invergordon (Schottland) - Edinburgh (Schottland) - Auf See - **Hamburg**

05.07. bis 20.07.18 🚢 **MSC MERAVIGLIA** 15-tägige Reise **ab 2.199 €** p.P.
🚢 **Nordkap & Spitzbergen** 🚢 **Hamburg** - Auf See - Bergen (Norwegen) - Auf See - Tromsø (Norwegen) - Auf See - Longyearbyen/Spitzbergen (Norwegen) - Auf See - Zwei Tage Honningsvag/Nordkap (Norwegen) - Hellesylt/Geiranger (Norwegen) - Stavanger (Norwegen) - Auf See - **Hamburg**

07.07. bis 14.07.18 🚢 **AIDAperla** 7-tägige Reise **ab 1.145 €** p.P.
🚢 **Metropolenroute 1** 🚢 **Hamburg** - Auf See - Southampton (England) - Le Havre (Frankreich) - Zeebrügge (Belgien) - Rotterdam (Niederlande) - **Hamburg**

07.07. bis 17.07.18 🚢 **MSC MAGNIFICA** 11-tägige Reise **ab 1.449 €** p.P.
🚢 **Norwegens Fjorde mit Stavanger & Olden** 🚢 **Hamburg** - Auf See - Southampton (England) - Le Havre (Frankreich) - Auf See - Stavanger (Norwegen) - Bergen (Norwegen) - Olden (Norwegen) - Ålesund (Norwegen) - Auf See - **Hamburg**

09.07. bis 19.07.18 🚢 **AIDAsol** 10-tägige Reise **ab 1.865 €** p.P.
🚢 **Norwegens Fjorde** 🚢 **Hamburg** - Auf See - Bergen (Norwegen) - Hellesylt (Norwegen) - Geiranger Fjord (Norwegen) - Åndalsnes (Norwegen) - Molde (Norwegen) - Trondheim (Norwegen) - Ålesund (Norwegen) - Eidfjord (Norwegen) - Stavanger/Lysefjord (Norwegen) - Auf See - **Hamburg**

14.07. bis 21.07.18 🚢 **AIDAperla** 7-tägige Reise **ab 1.195 €** p.P.
🚢 **Metropolenroute 1** 🚢 **Hamburg** - Auf See - Southampton (England) - Le Havre (Frankreich) - Zeebrügge (Belgien) - Rotterdam (Niederlande) - **Hamburg**

15.07. bis 05.08.18 🚢 **AIDAcara** 21-tägige Reise **ab 3.975 €** p.P.
🚢 **Island & Grönland** 🚢 **Hamburg** - Auf See - Invergordon (Schottland) - Auf See - Seydisfjörður (Island) - Akureyri (Island) - Auf See - Prinz-Christian-Sund (Grönland) - Auf See - Nuuk (Grönland) - Ilulissat (Grönland) - Auf See - Qaqortoq (Grönland) - Auf See - Reykjavik (Island) - Lerwick/Shetland-Inseln (Schottland) - Kirkwall/Orkney-Inseln (Schottland) - Auf See - **Hamburg**

15.07. bis 22.07.18 🚢 **NORWEGIAN JADE** 7-tägige Reise **ab 1.549 €** p.P.
🚢 **Norwegische Fjorde** 🚢 **Hamburg** - Auf See - Hellesylt (Norwegen) - Geiranger (Norwegen) - Flåm (Norwegen) - Ålesund (Norwegen) - Bergen (Norwegen) - Auf See - **Hamburg**

17.07. bis 28.07.18 🚢 **MSC MAGNIFICA** 12-tägige Reise **ab 1.799 €** p.P.
🚢 **Spanische und französische Atlantikküste** 🚢 **Hamburg** - Auf See - Southampton (England) - Le Havre (Frankreich) - Auf See - La Coruña (Spanien) - Bilbao (Spanien) - Le Verdon-sur-Mer (Frankreich) - Auf See - Amsterdam (Niederlande) - **Hamburg**

18.07. bis 07.08.18 🚢 **OCEAN MAJESTY** 21-tägige Reise **ab 3.499 €** p.P.
🚢 **Arktischer Polarsommer auf Grönland & Island** 🚢 **Hamburg** - Auf See - Lerwick (Shetland Inseln) - Auf See - Akureyri (Island) - Auf See - Prinz-Christian-Sund - Qaqortoq (Grönland) - Sisimiut (Grönland) - Qeqertarsuaq (Grönland) - Nuuk (Grönland) - Kap Farvel (Grönland) - Auf See - Reykjavik (Island) - Heimaey/Westmänner-Inseln (Island) - Torshavn (Färöer-Inseln) - Invergordon (Schottland) - Auf See - **Hamburg**

19.07. bis 29.07.18 🚢 **AIDAsol** 10-tägige Reise **ab 1.865 €** p.P.
🚢 **Norwegens Fjorde** 🚢 **Hamburg** - Auf See - Bergen (Norwegen) - Hellesylt (Norwegen) - Geiranger Fjord (Norwegen) - Åndalsnes (Norwegen) - Molde (Norwegen) - Trondheim (Norwegen) - Ålesund (Norwegen) - Eidfjord (Norwegen) - Stavanger/Lysefjord (Norwegen) - Auf See - **Hamburg**

19.07. bis 29.07.18 🚢 **MSC MERAVIGLIA** 11-tägige Reise **ab 1.599 €** p.P.
🚢 **Norwegen & Nordkap** 🚢 **Hamburg** - Auf See - Bergen (Norwegen) - Auf See - Honningsvag/Nordkap (Norwegen) - Tromsø (Norwegen) - Auf See - Molde (Norwegen) - Ålesund (Norwegen) - Auf See - **Hamburg**

21.07. bis 28.07.18 🚢 **AIDAperla** 7-tägige Reise **ab 1.195 €** p.P.
🚢 **Metropolenroute 1** 🚢 **Hamburg** - Auf See - Southampton (England) - Le Havre (Frankreich) - Zeebrügge (Belgien) - Rotterdam (Niederlande) - **Hamburg**

22.07. bis 30.07.18 🚢 **NORWEGIAN JADE** 8-tägige Reise **ab 1.669 €** p.P.
🚢 **Norwegische Fjorde** 🚢 **Hamburg** - Auf See - Ålesund (Norwegen) - Geiranger (Norwegen) - Hellesylt (Norwegen) - Flåm (Norwegen) - Olden (Norwegen) - Haugesund (Norwegen) - Auf See - **Hamburg**

28.07. bis 04.08.18 🚢 **AIDAperla** 7-tägige Reise **ab 1.195 €** p.P.
🚢 **Metropolenroute 1** 🚢 **Hamburg** - Auf See - Southampton (England) - Le Havre (Frankreich) - Zeebrügge (Belgien) - Rotterdam (Niederlande) - **Hamburg**

28.07. bis 07.08.18 🚢 **MSC MAGNIFICA** 11-tägige Reise **ab 1.449 €** p.P.
🚢 **Norwegens Fjorde mit Stavanger & Olden** 🚢 **Hamburg** - Auf See - Southampton (England) - Le Havre (Frankreich) - Auf See - Stavanger (Norwegen) - Bergen (Norwegen) - Olden (Norwegen) - Ålesund (Norwegen) - Auf See - **Hamburg**

29.07. bis 08.08.18 🚢 **AIDAsol** 10-tägige Reise **ab 1.865 €** p.P.
🚢 **Norwegens Fjorde** 🚢 **Hamburg** - Auf See - Bergen (Norwegen) - Hellesylt (Norwegen) - Geiranger Fjord (Norwegen) - Åndalsnes (Norwegen) - Molde (Norwegen) - Trondheim (Norwegen) - Ålesund (Norwegen) - Eidfjord (Norwegen) - Stavanger/Lysefjord (Norwegen) - Auf See - **Hamburg**

29.07. bis 17.08.18 🚢 **EUROPA 2** 19-tägige Reise **ab 10.990 €** p.P.
🚢 **Heiße Quellen im kühlen Norden** 🚢 **Hamburg** - Auf See - Lerwick/Shetland-Inseln (Schottland) - Auf See - Reykjavik (Island) - Auf See - Spitzbergen (Norwegen) - Skarsvag (Norwegen) - Tromsø - Auf See - Svolvaer/Lofoten (Norwegen) - Auf See - Geiranger/Geirangerfjord (Norwegen) - Bergen (Norwegen) - Auf See - **Hamburg**

29.07. bis 09.08.18 🚢 **MSC MERAVIGLIA** 12-tägige Reise **ab 1.899 €** p.P.
🚢 **Island, Schottland & Shetlands** 🚢 **Hamburg** - Auf See - Lerwick/Shetland-Inseln (Schottland) - Auf See - Zwei Tage Reykjavik (Island) - Ísafjörður (Island) - Akureyri (Island) - Auf See - Invergordon (Schottland) - Auf See - **Hamburg**

30.07. bis 05.08.18 🚢 **NORWEGIAN JADE** 6-tägige Reise **ab 1.479 €** p.P.
🚢 **Norwegische Fjorde** 🚢 **Hamburg** - Auf See - Geiranger (Norwegen) - Hellesylt (Norwegen) - Ålesund (Norwegen) - Flåm (Norwegen) - Auf See - **Hamburg**

04.08. bis 11.08.18 🚢 **AIDAperla** 7-tägige Reise **ab 1.195 €** p.P.
🚢 **Metropolenroute 1** 🚢 **Hamburg** - Auf See - Southampton (England) - Le Havre (Frankreich) - Zeebrügge (Belgien) - Rotterdam (Niederlande) - **Hamburg**

05.08. bis 26.08.18 🚢 **AIDAcara** 21-tägige Reise **ab 3.825 €** p.P.
🚢 **Island & Grönland** 🚢 **Hamburg** - Auf See - Invergordon (Schottland) - Auf See - Seydisfjörður (Island) - Akureyri (Island) - Auf See - Prinz-Christian-Sund - Auf See - Nuuk (Grönland) - Ilulissat (Grönland) - Auf See - Qaqortoq (Grönland) - Auf See - Reykjavik (Island) - Lerwick/Shetland-Inseln (Schottland) - Kirkwall/Orkney-Inseln (Schottland) - Auf See - **Hamburg**

05.08. bis 12.08.18 🚢 **NORWEGIAN JADE** 7-tägige Reise **ab 1.639 €** p.P.
🚢 **Norwegische Fjorde** 🚢 **Hamburg** - Auf See - Ålesund (Norwegen) - Hellesylt (Norwegen) - Geiranger (Norwegen) - Olden (Norwegen) - Bergen (Norwegen) - Auf See - **Hamburg**

07.08. bis 21.08.18 🚢 **MSC MAGNIFICA** 15-tägige Reise **ab 2.099 €** p.P.
🚢 **Spanische Atlantikküste & Portugal** 🚢 **Hamburg** - Auf See - Southampton (England) - Le Havre (Frankreich) - Auf See - Leixões (Portugal) - Lissabon (Portugal) - Cadiz (Spanien) - Malaga (Spanien) - Auf See - La Coruña (Spanien) - Auf See - Amsterdam (Niederlande) - **Hamburg**

07.08. bis 19.08.18 🚢 **OCEAN MAJESTY** 13-tägige Reise **ab 2.199 €** p.P.
🚢 **Zu Gast in England, Irland & Schottland** 🚢 **Hamburg** - Auf See - Leith (Schottland) - Kirkwall/Orkney-Inseln (Schottland) - Ullapool (Schottland) - Greenock (Schottland) - Belfast (Nordirland) - Dublin (Irland) - Plymouth (England) - London (England) - Auf See - **Hamburg**

08.08. bis 18.08.18 🚢 **AIDAsol** 10-tägige Reise **ab 1.865 €** p.P.
🚢 **Norwegens Fjorde** 🚢 **Hamburg** - Auf See - Bergen (Norwegen) - Hellesylt (Norwegen) - Geiranger Fjord (Norwegen) - Åndalsnes (Norwegen) - Molde (Norwegen) - Trondheim (Norwegen) - Ålesund (Norwegen) - Eidfjord (Norwegen) - Stavanger/Lysefjord (Norwegen) - Auf See - **Hamburg**

09.08. bis 23.08.18 🚢 **MSC MERAVIGLIA** 15-tägige Reise **ab 2.199 €** p.P.
🚢 **Nordkap & Spitzbergen** 🚢 **Hamburg** - Auf See - Bergen (Norwegen) - Auf See - Tromsø (Norwegen) - Auf See - Longyearbyen/Spitzbergen (Norwegen) - Auf See - Zwei Tage Honningsvag/Nordkap (Norwegen) - Hellesylt/Geiranger (Norwegen) - Stavanger (Norwegen) - Auf See - **Hamburg**

11.08. bis 18.08.18 🚢 **AIDAperla** 7-tägige Reise **ab 1.195 €** p.P.
🚢 **Metropolenroute 1** 🚢 **Hamburg** - Auf See - Southampton (England) - Le Havre (Frankreich) - Zeebrügge (Belgien) - Rotterdam (Niederlande) - **Hamburg**

12.08. bis 23.08.18 🚢 **NORWEGIAN JADE** 11-tägige Reise **ab 2.449 €** p.P.
🚢 **Norwegen & Nordkap** 🚢 **Hamburg** - Auf See - Hellesylt (Norwegen) - Geiranger (Norwegen) - Auf See zum Svartisen-Gletscher - Leknes/Lofoten (Norwegen) - Tromsø (Norwegen) - Honningsvåg/Nordkap (Norwegen) - Ålesund (Norwegen) - Bergen (Norwegen) - Auf See - **Hamburg**

18.08. bis 25.08.18 🚢 **AIDAperla** 7-tägige Reise **ab 1.145 €** p.P.
🚢 **Metropolenroute 1** 🚢 **Hamburg** - Auf See - Southampton (England) - Le Havre (Frankreich) - Zeebrügge (Belgien) - Rotterdam (Niederlande) - **Hamburg**

18.08. bis 28.08.18 🚢 **AIDAsol** 10-tägige Reise **ab 1.845 €** p.P.
🚢 **Norwegens Fjorde** 🚢 **Hamburg** - Auf See - Bergen (Norwegen) - Hellesylt (Norwegen) - Geiranger Fjord (Norwegen) - Åndalsnes (Norwegen) - Molde (Norwegen) - Trondheim (Norwegen) - Ålesund (Norwegen) - Eidfjord (Norwegen) - Stavanger/Lysefjord (Norwegen) - Auf See - **Hamburg**

21.08. bis 01.09.18 🚢 **MSC MAGNIFICA** 12-tägige Reise **ab 1.799 €** p.P.
🚢 **Der Golf von Biscaya** 🚢 **Hamburg** - Auf See - Southampton (England) - Le Havre (Frankreich) - Auf See - La Coruña (Spanien) - Bilbao (Spanien) - Le Verdon-sur-Mer (Frankreich) - Auf See - Amsterdam (Niederlande) - **Hamburg**

21.08. bis 29.08.18 🚢 **QUEEN MARY 2** 9-tägige Reise **ab 1.690 €** p.P.
🚢 **Norwegische Fjorde** 🚢 **Hamburg** - Auf See - Bergen (Norwegen) - Ålesund (Norwegen) - Olden (Norwegen) - Auf See - Stavanger (Norwegen) - Auf See - **Hamburg**

23.08. bis 02.09.18 🚢 **MSC MERAVIGLIA** 11-tägige Reise **ab 1.599 €** p.P.
🚢 **Grossbritannien & Irland** 🚢 **Hamburg** - Auf See - Southampton (England) - Auf See - Cork (Irland) - Dublin (Irland) - Greenock (Schottland) - Invergordon (Schottland) - Auf See - **Hamburg**

25.08. bis 01.09.18 🚢 **AIDAperla** 7-tägige Reise **ab 1.080 €** p.P.
🚢 **Metropolenroute 1** 🚢 **Hamburg** - Auf See - Southampton (England) - Le Havre (Frankreich) - Zeebrügge (Belgien) - Rotterdam (Niederlande) - **Hamburg**

26.08. bis 16.09.18 🚢 **AIDAcara** 21-tägige Reise **ab 3.675 €** p.P.
🚢 **Island & Grönland** 🚢 **Hamburg** - Auf See - Invergordon (Schottland) - Auf See - Seydisfjörður (Island) - Akureyri (Island) - Auf See - Prinz-Christian-Sund (Grönland) - Auf See - Nuuk (Grönland) - Ilulissat (Grönland) - Auf See - Qaqortoq (Grönland) - Auf See - Reykjavik (Island) - Lerwick/Shetland-Inseln (Schottland) - Kirkwall/Orkney-Inseln (Schottland) - Auf See - **Hamburg**

ÄNDERUNGEN VORBEHALTEN // ANGABEN OHNE GEWÄHR // WEITER AUF SEITE 223

LIEGEZEITEN IM HAMBURGER HAFEN

SEPTEMBER

	Ankunft	Abfahrt
AIDAperla 10 Stunden am Cruise Center Steinwerder	*Samstag* 22.09.18 08:00 Uhr	*Samstag* 22.09.18 18:00 Uhr
MSC Magnifica 14 Stunden am Cruise Center Altona	*Samstag* 22.09.18 07:00 Uhr	*Samstag* 22.09.18 21:00 Uhr
Artania 8 Stunden am Cruise Center Altona	*Sonntag* 23.09.18 10:00 Uhr	*Sonntag* 23.09.18 18:00 Uhr
MSC Meraviglia 13 Stunden am Cruise Center Steinwerder	*Montag* 24.09.18 06:00 Uhr	*Montag* 24.09.18 19:00 Uhr
AIDAsol 10 Stunden am Cruise Center Altona	*Donnerstag* 27.09.18 08:00 Uhr	*Donnerstag* 27.09.18 18:00 Uhr
Artania 8 Stunden am Cruise Center Altona	*Freitag* 28.09.18 10:00 Uhr	*Freitag* 28.09.18 18:00 Uhr
AIDAperla 10 Stunden am Cruise Center Steinwerder	*Samstag* 29.09.18 08:00 Uhr	*Samstag* 29.09.18 18:00 Uhr
MSC Magnifica 14 Stunden am Cruise Center Altona	*Samstag* 29.09.18 07:00 Uhr	*Samstag* 29.09.18 21:00 Uhr
Amadea 9 Stunden am Cruise Center HafenCity	*Samstag* 29.09.18 09:00 Uhr	*Samstag* 29.09.18 18:00 Uhr

OKTOBER

	Ankunft	Abfahrt
AIDAsol 10 Stunden am Cruise Center Altona	*Montag* 01.10.18 08:00 Uhr	*Montag* 01.10.18 18:00 Uhr
Hanseatic 41 Stunden am Cruise Center HafenCity	*Montag* 01.10.18 07:00 Uhr	*Dienstag* 02.10.18 24:00 Uhr
Viking Sky Erstanlauf 29 Stunden am Cruise Center Steinwerder	*Mittwoch* 03.10.18 09:00 Uhr	*Donnerstag* 04.10.18 14:00 Uhr
Pacific Princess Erstanlauf 15 Stunden am Cruise Center Steinwerder	*Donnerstag* 04.10.18 07:00 Uhr	*Donnerstag* 04.10.18 22:00 Uhr
AIDAsol 10 Stunden am Cruise Center Altona	*Freitag* 05.10.18 08:00 Uhr	*Freitag* 05.10.18 18:00 Uhr
AIDAperla 10 Stunden am Cruise Center Steinwerder	*Samstag* 06.10.18 08:00 Uhr	*Samstag* 06.10.18 18:00 Uhr
MSC Magnifica 14 Stunden am Cruise Center Altona	*Samstag* 06.10.18 07:00 Uhr	*Samstag* 06.10.18 21:00 Uhr
AIDAaura 12 Stunden am Cruise Center Altona	*Montag* 08.10.18 08:00 Uhr	*Montag* 08.10.18 20:00 Uhr
AIDAsol 10 Stunden am Cruise Center Altona	*Dienstag* 09.10.18 08:00 Uhr	*Dienstag* 09.10.18 18:00 Uhr
Astoria 12 Stunden am Cruise Center Altona	*Donnerstag* 11.10.18 12:00 Uhr	*Donnerstag* 11.10.18 24:00 Uhr
AIDAperla 10 Stunden am Cruise Center Steinwerder	*Samstag* 13.10.18 08:00 Uhr	*Samstag* 13.10.18 18:00 Uhr
AIDAsol 12 Stunden am Cruise Center HafenCity	*Samstag* 13.10.18 08:00 Uhr	*Samstag* 13.10.18 20:00 Uhr
MSC Magnifica 14 Stunden am Cruise Center Altona	*Samstag* 13.10.18 07:00 Uhr	*Samstag* 13.10.18 21:00 Uhr
Queen Mary 2 12 Stunden am Cruise Center Steinwerder	*Dienstag* 16.10.18 07:00 Uhr	*Dienstag* 16.10.18 19:00 Uhr
Amadea 7 Stunden am Cruise Center Altona	*Freitag* 19.10.18 10:00 Uhr	*Freitag* 19.10.18 17:00 Uhr

Termin- und Liegeplatzänderungen möglich.
Angaben ohne Gewähr. Stand: 10. Januar 2018

Kreuzfahrtplaner 2018

28.08. bis 07.09.18 AIDAsol 10-tägige Reise **ab 1.795 €** p.P.
Norwegens Fjorde Hamburg - Auf See - Bergen (Norwegen) - Hellesylt (Norwegen) - Geiranger Fjord (Norwegen) - Åndalsnes (Norwegen) - Molde (Norwegen) - Trondheim (Norwegen) - Ålesund (Norwegen) - Eidfjord (Norwegen) - Stavanger/Lysefjord (Norwegen) - Auf See - **Hamburg**

01.09. bis 08.09.18 AIDAperla 7-tägige Reise **ab 1.080 €** p.P.
Metropolenroute 1 Hamburg - Auf See - Southampton (England) - Le Havre (Frankreich) - Zeebrügge (Belgien) - Rotterdam (Niederlande) - **Hamburg**

01.09. bis 11.09.18 MSC MAGNIFICA 11-tägige Reise **ab 1.549 €** p.P.
England, Schottland & Amsterdam Hamburg - Auf See - Southampton (England) - Le Havre (Frankreich) - Auf See - South Queensferry (Schottland) - Invergordon (Schottland) - Newcastle upon Tyne (England) - Amsterdam (Niederlande) - **Hamburg**

02.09. bis 13.09.18 MSC MERAVIGLIA 12-tägige Reise **ab 1.399 €** p.P.
Ostsee mit St. Petersburg Hamburg - Auf See - Oslo (Norwegen) - Auf See - Nynäshamn (Schweden) - Tallinn (Estland) - Zwei Tage St. Petersburg (Russland) - Helsinki (Finnland) - Zwei Tage auf See - **Hamburg**

06.09. bis 16.09.18 MEIN SCHIFF 4 10-tägige Reise **ab 1.798 €** p.P.
Westeuropa mit Brest Hamburg - Auf See - Southampton (England) - Portland (England) - Brest (Frankreich) - Auf See - Le Havre (Frankreich) - Zeebrügge (Belgien) - Amsterdam (Niederlande) - Auf See - **Hamburg**

08.09. bis 15.09.18 AIDAperla 7-tägige Reise **ab 1.045 €** p.P.
Metropolenroute 1 Hamburg - Auf See - Southampton (England) - Le Havre (Frankreich) - Zeebrügge (Belgien) - Rotterdam (Niederlande) - **Hamburg**

07.09. bis 17.09.18 AIDAsol 10-tägige Reise **ab 1.725 €** p.P.
Norwegens Fjorde Hamburg - Auf See - Bergen (Norwegen) - Hellesylt (Norwegen) - Geiranger Fjord (Norwegen) - Åndalsnes (Norwegen) - Molde (Norwegen) - Trondheim (Norwegen) - Ålesund (Norwegen) - Eidfjord (Norwegen) - Stavanger/Lysefjord (Norwegen) - Auf See - **Hamburg**

11.09. bis 22.09.18 MSC MAGNIFICA 12-tägige Reise **ab 1.649 €** p.P.
Der Golf von Biscaya Hamburg - Auf See - Southampton (England) - Le Havre (Frankreich) - Auf See - La Coruña (Spanien) - Bilbao (Spanien) - Le Verdon-sur-Mer (Frankreich) - Auf See - Amsterdam (Niederlande) - **Hamburg**

13.09. bis 24.09.18 MSC MERAVIGLIA 12-tägige Reise **ab 1.299 €** p.P.
Ostsee mit St. Petersburg Hamburg - Auf See - Oslo (Norwegen) - Auf See - Nynäshamn (Schweden) - Tallinn (Estland) - Zwei Tage St. Petersburg (Russland) - Helsinki (Finnland) - Zwei Tage auf See - **Hamburg**

15.09. bis 22.09.18 AIDAperla 7-tägige Reise **ab 1.045 €** p.P.
Metropolenroute 1 Hamburg - Auf See - Southampton (England) - Le Havre (Frankreich) - Zeebrügge (Belgien) - Rotterdam (Niederlande) - **Hamburg**

16.09. bis 23.09.18 ARTANIA 7-tägige Reise **ab 872 €** p.P.
Kurzurlaub in Skandinavien Hamburg - Auf See - Haugesund (Norwegen) - Molde (Norwegen) - Åndalsnes (Norwegen) - Geiranger (Norwegen) - Ålesund (Norwegen) - Bergen (Norwegen) - Auf See - **Hamburg**

17.09. bis 27.09.18 AIDAsol 10-tägige Reise **ab 1.675 €** p.P.
Norwegens Fjorde Hamburg - Auf See - Bergen (Norwegen) - Hellesylt (Norwegen) - Geirangerfjord (Norwegen) - Åndalsnes (Norwegen) - Molde (Norwegen) - Trondheim (Norwegen) - Ålesund (Norwegen) - Eidfjord (Norwegen) - Stavanger/Lysefjord (Norwegen) - Auf See - **Hamburg**

22.09. bis 29.09.18 AIDAperla 7-tägige Reise **ab 1.045 €** p.P.
Metropolenroute 1 Hamburg - Auf See - Southampton (England) - Le Havre (Frankreich) - Zeebrügge (Belgien) - Rotterdam (Niederlande) - **Hamburg**

22.09. bis 29.09.18 MSC MAGNIFICA 8-tägige Reise **ab 899 €** p.P.
Metropolen Nordeuropas Hamburg - Auf See - Southampton (England) - Le Havre (Frankreich) - Zeebrügge (Belgien) - Amsterdam (Niederlande) - **Hamburg**

23.09. bis 28.09.18 ARTANIA 5-tägige Reise **ab 484 €** p.P.
Kurzurlaub in Skandinavien Hamburg - Esbjerg (Dänemark) - Aalborg (Dänemark) - Oslo (Norwegen) - Auf See - **Hamburg**

24.09. bis 06.10.18 MSC MERAVIGLIA 13-tägige Reise **ab 1.249 €** p.P.
Rund um Westeuropa Hamburg - Auf See - Le Havre (Frankreich) - Southampton (England) - Auf See - La Coruña (Spanien) - Lissabon (Portugal) - Gibraltar (Großbritannien) - Auf See - Valencia (Spanien) - Marseille (Frankreich) - Genua (Italien)

27.09. bis 01.10.18 AIDAsol 4-tägige Reise **ab 685 €** p.P.
Kurzreise Hamburg - Ijmuiden (Niederlande) - Dover (England) - Auf See - **Hamburg**

29.09. bis 06.10.18 AIDAperla 7-tägige Reise **ab 1.080 €** p.P.
Metropolenroute 1 Hamburg - Auf See - Southampton (England) - Le Havre (Frankreich) - Zeebrügge (Belgien) - Rotterdam (Niederlande) - **Hamburg**

29.09. bis 06.10.18 MSC MAGNIFICA 8-tägige Reise **ab 999 €** p.P.
Metropolen Nordeuropas Hamburg - Auf See - Southampton (England) - Le Havre (Frankreich) - Zeebrügge (Belgien) - Amsterdam (Niederlande) - **Hamburg**

01.10. bis 05.10.18 AIDAsol 4-tägige Reise **ab 685 €** p.P.
Kurzreise Hamburg - Ijmuiden (Niederlande) - Dover (England) - Auf See - **Hamburg**

06.10. bis 13.10.18 AIDAperla 7-tägige Reise **ab 1.080 €** p.P.
Metropolenroute 1 Hamburg - Auf See - Southampton (England) - Le Havre (Frankreich) - Zeebrügge (Belgien) - Rotterdam (Niederlande) - **Hamburg**

05.10. bis 09.10.18 AIDAsol 4-tägige Reise **ab 685 €** p.P.
Kurzreise Hamburg - Ijmuiden (Niederlande) - Dover (England) - Auf See - **Hamburg**

06.10. bis 13.10.18 MSC MAGNIFICA 8-tägige Reise **ab 999 €** p.P.
Metropolen Nordeuropas Hamburg - Auf See - Southampton (England) - Le Havre (Frankreich) - Zeebrügge (Belgien) - Amsterdam (Niederlande) - **Hamburg**

08.10. bis 02.02.19 AIDAaura 117-tägige Reise **ab 12.995 €** p.P.
Weltreise Hamburg - Auf See - La Coruña (Spanien) - Leixoes (Portugal) - Funchal/Madeira (Portugal) - Mindelo (Kapverden) - Auf See - Salvador (Brasilien) - Auf See - Rio de Janeiro (Brasilien) - Auf See - Montevideo (Uruguay) - Buenos Aires (Argentinien) - Auf See - Puerto Madryn (Argentinien) - Auf See - Ushuaia (Argentinien) - Punta Arenas (Chile) - Amalia Gletscher (Chile) - Auf See - Puerto Montt (Chile) - Auf See - San Antonio (Chile) - Robinson Crusoe (Chile) - Auf See - Osterinsel (Chile) - Auf See - Papeete (Französisch-Polynesien) - Bora Bora (Französisch-Polynesien) - Auf See - Apia (Samoa) - Auf See - Lautoka (Fiji) - Auf See - Port Vila (Vanuatu) - Mystery Island (Vanuatu) - Île des Pins (Neukaledonien) - Nouméa (Neukaledonien) - Auf See - Sydney (Australien) - Auf See - Burnie (Australien) - Melbourne (Australien) - Auf See - Fremantle (Australien) - Auf See - Port Louis (Mauritius) - Saint-Denis/Réunion (Frankreich) - Ehoala (Madagaskar) - Auf See - Richards Bay (Südafrika) - Durban (Südafrika) - Auf See - Port Elizabeth (Südafrika) - Auf See - Kapstadt (Südafrika) - Auf See - Lüderitz (Namibia) - Walvis Bay (Namibia) - Auf See - Dakar (Senegal) - Auf See - Santa Cruz/Teneriffa (Spanien) - Auf See - Lissabon (Portugal) - Auf See - Honfleur (Frankreich) - Auf See - **Hamburg**

09.10. bis 13.10.18 AIDAsol 4-tägige Reise **ab 685 €** p.P.
Kurzreise Hamburg - Ijmuiden (Niederlande) - Dover (England) - Auf See - **Hamburg**

13.10. bis 20.10.18 AIDAperla 7-tägige Reise **ab 1.080 €** p.P.
Metropolenroute 1 Hamburg - Auf See - Southampton (England) - Le Havre (Frankreich) - Zeebrügge (Belgien) - Rotterdam (Niederlande) - **Hamburg**

13.10. bis 20.10.18 MSC MAGNIFICA 8-tägige Reise **ab 899 €** p.P.
Metropolen Nordeuropas Hamburg - Auf See - Southampton (England) - Le Havre (Frankreich) - Zeebrügge (Belgien) - Amsterdam (Niederlande) - **Hamburg**

20.10. bis 27.10.18 AIDAperla 7-tägige Reise **ab 1.080 €** p.P.
Metropolenroute 1 Hamburg - Auf See - Southampton (England) - Le Havre (Frankreich) - Zeebrügge (Belgien) - Rotterdam (Niederlande) - **Hamburg**

20.10. bis 31.10.18 MSC MAGNIFICA 12-tägige Reise **ab 1.049 €** p.P.
Rund um Westeuropa Hamburg - Auf See - Southampton (England) - Le Havre (Frankreich) - Auf See - Leixões (Portugal) - Lissabon (Portugal) - Cadiz (Spanien) - Auf See - Barcelona (Spanien) - Marseille (Frankreich) - Genua (Italien)

24.10. bis 03.11.18 AIDAmar 10-tägige Reise **ab 1.490 €** p.P.
Skandinavien Hamburg - Auf See - Bergen (Norwegen) - Stavanger (Norwegen) - Kristiansand (Norwegen) - Zwei Tage Oslo (Norwegen) - Kopenhagen (Dänemark) - Göteborg (Schweden) - Auf See - **Hamburg**

27.10. bis 31.10.18 AIDAperla 4-tägige Reise **ab 645 €** p.P.
Metropolenroute 1 Hamburg - Auf See - Rotterdam (Niederlande) - **Hamburg**

31.10. bis 04.11.18 AIDAperla 4-tägige Reise **ab 615 €** p.P.
Metropolenroute 1 Hamburg - Auf See - Rotterdam (Niederlande) - **Hamburg**

03.11. bis 10.11.18 AIDAmar 7-tägige Reise **ab 745 €** p.P.
Metropolen Hamburg - Auf See - Southampton (England) - Le Havre (Frankreich) - Zeebrügge (Belgien) - Zwei Tage Rotterdam (Niederlande) - **Hamburg**

10.11. bis 17.11.18 AIDAmar 7-tägige Reise **ab 745 €** p.P.
Metropolen Hamburg - Auf See - Southampton (England) - Le Havre (Frankreich) - Zeebrügge (Belgien) - Zwei Tage Rotterdam (Niederlande) - **Hamburg**

17.11. bis 24.11.18 AIDAmar 7-tägige Reise **ab 695 €** p.P.
Metropolen Hamburg - Auf See - Southampton (England) - Le Havre (Frankreich) - Zeebrügge (Belgien) - Zwei Tage Rotterdam (Niederlande) - **Hamburg**

Anreise ohne Stress: 35 Kreuzfahrten ab Hamburg

24.03. bis 08.04.18 AIDAcara 15-tägige Reise **ab 1.795 €** p.P.
Winter im hohen Norden Hamburg - Auf See - Haugesund (Norwegen) - Auf See - Bodø (Norwegen) - Tromsø (Norwegen) - Alta (Norwegen) - Sortland/Vesterålen (Norwegen) - Auf See - Trondheim (Norwegen) - Bergen (Norwegen) - Auf See - Aarhus (Dänemark) - Kiel

07.05. bis 13.05.18 ASTOR 7-tägige Reise **ab 1.139 €** p.P.
Tschüss, Hafengeburtstag - ahoi, Nordsee Hamburg - Rotterdam (Niederlande) - Honfleur (Frankreich) - Antwerpen (Belgien) - Ijmuijden (Niederlande) - Bremerhaven

09.05. bis 13.05.18 AIDAbella 4-tägige Reise **ab 715 €** p.P.
Kurzreise bis Kiel Hamburg - Auf See - Oslo (Norwegen) - Kopenhagen (Dänemark) - Kiel

10.05. bis 12.05.18 QUEEN ELIZABETH 3-tägige Reise **ab 450 €** p.P.
Schnupperreise Hamburg - Auf See - Southampton (England)

10.05. bis 19.05.18 QUEEN ELIZABETH 10-tägige Reise **ab 2.090 €** p.P.
England & Portugal Hamburg - Auf See - Southampton (England) - Auf See - Southampton (England) - Auf See - Vigo (Spanien) - Lissabon (Portugal) - Porto (Portugal) - Auf See - St. Peter Port/Guernsey (Kanalinseln) - Southampton (England)

ÄNDERUNGEN VORBEHALTEN // ANGABEN OHNE GEWÄHR // WEITER AUF SEITE 225

LIEGEZEITEN IM HAMBURGER HAFEN

OKTOBER

	Ankunft	Abfahrt
AIDAperla 10 Stunden am Cruise Center Steinwerder	*Samstag* 20.10.18 08:00 Uhr	*Samstag* 20.10.18 18:00 Uhr
MSC Magnifica 12 Stunden am Cruise Center Altona	*Samstag* 20.10.18 07:00 Uhr	*Samstag* 20.10.18 19:00 Uhr
Balmoral 12 Stunden am Cruise Center Altona	*Dienstag* 23.10.18 05:00 Uhr	*Dienstag* 23.10.18 17:00 Uhr
AIDAmar 10 Stunden am Cruise Center Steinwerder	*Mittwoch* 24.10.18 08:00 Uhr	*Mittwoch* 24.10.18 18:00 Uhr
AIDAperla 10 Stunden am Cruise Center Steinwerder	*Samstag* 27.10.18 08:00 Uhr	*Samstag* 27.10.18 18:00 Uhr
Braemar 9 Stunden am Cruise Center HafenCity	*Samstag* 27.10.18 07:30 Uhr	*Samstag* 27.10.18 16:30 Uhr
Columbus 9 Stunden am Cruise Center Steinwerder	*Dienstag* 30.10.18 12:00 Uhr	*Dienstag* 30.10.18 21:00 Uhr
AIDAperla 10 Stunden am Cruise Center Steinwerder	*Mittwoch* 31.10.18 08:00 Uhr	*Mittwoch* 31.10.18 18:00 Uhr

NOVEMBER

	Ankunft	Abfahrt
AIDAmar 10 Stunden am Cruise Center Altona	*Samstag* 03.11.18 08:00 Uhr	*Samstag* 03.11.18 18:00 Uhr
AIDAperla 10 Stunden am Cruise Center Steinwerder	*Sonntag* 04.11.18 08:00 Uhr	*Sonntag* 04.11.18 18:00 Uhr
AIDAmar 10 Stunden am Cruise Center Steinwerder	*Samstag* 10.11.18 08:00 Uhr	*Samstag* 10.11.18 18:00 Uhr
AIDAmar 10 Stunden am Cruise Center Steinwerder	*Samstag* 17.11.18 08:00 Uhr	*Samstag* 17.11.18 18:00 Uhr

NOVEMBER

	Ankunft	Abfahrt
AIDAmar 10 Stunden am Cruise Center Steinwerder	*Samstag* 24.11.18 08:00 Uhr	*Samstag* 24.11.18 18:00 Uhr
Albatros 13 ½ Stunden am Cruise Center Altona	*Mittwoch* 28.11.18 10:00 Uhr	*Mittwoch* 28.11.18 23:30 Uhr

DEZEMBER

	Ankunft	Abfahrt
AIDAnova Erstanlauf 34 Stunden am Cruise Center Steinwerder	*Samstag* 01.12.18 08:00 Uhr	*Sonntag* 02.12.18 18:00 Uhr
Saga Pearl II 27 Stunden am Cruise Center Altona	*Freitag* 07.12.18 14:00 Uhr	*Samstag* 08.12.18 17:00 Uhr
Columbus 11 Stunden am Cruise Center Steinwerder	*Samstag* 08.12.18 12:00 Uhr	*Samstag* 08.12.18 23:00 Uhr
Albatros 29 ½ Stunden am Cruise Center Altona	*Dienstag* 11.12.18 18:00 Uhr	*Mittwoch* 12.12.18 23:30 Uhr
Aurora 14 Stunden am Cruise Center Steinwerder	*Mittwoch* 12.12.18 07:00 Uhr	*Mittwoch* 12.12.18 21:00 Uhr
Columbus 8 ½ Stunden am Cruise Center Steinwerder	*Samstag* 15.12.18 12:30 Uhr	*Samstag* 15.12.18 21:00 Uhr
Saga Sapphire 24 Stunden am Cruise Center Altona	*Samstag* 15.12.18 10:00 Uhr	*Sonntag* 16.12.18 10:00 Uhr
Albatros 23 Stunden am Cruise Center Altona	*Dienstag* 18.12.18 18:00 Uhr	*Mittwoch* 19.12.18 17:00 Uhr
Balmoral 21 ¾ Stunden am Cruise Center HafenCity	*Mittwoch* 19.12.18 02:00 Uhr	*Mittwoch* 19.12.18 23:45 Uhr
Oceana 16 Stunden am Cruise Center Altona	*Montag* 31.12.18 07:00 Uhr	*Montag* 31.12.18 23:00 Uhr

Kreuzfahrtplaner 2018

13.05. bis 19.05.18 MEIN SCHIFF 1 7-tägige Reise **ab 1.348** € p.P.
Jungfernfahrt Hamburg - Auf See - Bergen (Norwegen) - Stavanger (Norwegen) - Auf See - Kopenhagen (Dänemark) - Kiel

27.05. bis 01.06.18 QUEEN MARY 2 6-tägige Reise **ab 1.090** € p.P.
Rock'n'Sail mit Peter Maffay Hamburg - Auf See - St. Peter/Guernsey (Kanalinseln) - Auf See - Southampton (England)

05.06. bis 22.06.18 AIDAvita 17-tägige Reise **ab 2.445** € p.P.
Von Hamburg nach New York Hamburg - Auf See - Invergordon (Schottland) - Kirkwall/Orkney-Inseln (Schottland) - Auf See - Reykjavik (Island) - Vier Tage auf See - St. John's (Kanada) - Auf See - Halifax (Kanada) - Bar Harbor (USA) - Boston (USA) - Auf See - New York (USA)

12.06. bis 21.06.18 QUEEN ELIZABETH 10-tägige Reise **ab 1.790** € p.P.
Skandinavien, Russland Hamburg - Auf See - Kopenhagen (Dänemark) - Auf See - Stockholm (Schweden) - Tallinn (Estland) - Über Nacht in St. Petersburg (Russland) - Auf See - Kiel

17.06. bis 01.07.18 SEA CLOUD II 15-tägige Reise **ab 6.595** € p.P.
Weiße Nächte und Ostseemetropolen Hamburg - Auf See - Skagen (Dänemark) - Kopenhagen (Dänemark) - Gdansk (Polen) - Klaipeda (Litauen) -Auf See - Stockholm (Schweden) - Mariehamn (Finnland) - Auf See - Zwei Tage St. Petersburg (Russland) - Tallinn (Estland)

26.06. bis 09.07.18 EUROPA 13-tägige Reise **ab 7.280** € p.P.
Eine Reise durch goldene Zeiten Hamburg - Nachtpassage Nord-Ostsee-Kanal - Kopenhagen (Dänemark) - Auf See - Zwei Tage Stockholm (Schweden) - Helsinki (Finnland) - Zwei Tage St. Petersburg (Russland) - Tallinn (Estland) - Riga (Lettland) - Danzig (Polen) - Auf See - Kiel

09.07. bis 20.07.18 COSTA PACIFICA 11-tägige Reise **ab 1.929** € p.P.
Mitternachtssonne Hamburg - Auf See - Ålesund (Norwegen) - Auf See - Honningsvåg (Norwegen) - Tromsø (Norwegen) - Leknes/Lofoten (Norwegen) - Trondheim (Norwegen) - Åndalsnes (Norwegen) - Bergen (Norwegen) - Auf See - Kiel

26.07. bis 30.07.18 EUROPA 4-tägige Reise **ab 2.170** € p.P.
Willkommen zum Treffen der Legenden
Hamburg - Zwei Tage List/Sylt - Nachtpassage Nord-Ostsee-Kanal - Aeröskøbing/Aerö (Dänemark) - Kiel

17.08. bis 20.08.18 EUROPA 2 3-tägige Reise **ab 1.890** € p.P.
Fashion2Night: Catwalk meets Design
Hamburg - Tagespassage Nord-Ostsee-Kanal - Kopenhagen (Dänemark) - Kiel

19.08. bis 01.09.18 OCEAN MAJESTY 14-tägige Reise **ab 2349** € p.P.
Große Island-Kreuzfahrt Hamburg - Auf See - Lerwick/Shetland-Inseln (Schottland) - Auf See - Seydisfjörður (Island) - Siglufjörður (Island) - Akureyri (Island) - Ísafjörður (Island) - Grundarfjörður (Island) - Reykjavik (Island) - Heimaey/Westmänner-Inseln (Island) - Torshavn (Färöer-Inseln) - Invergordon (Schottland) - Auf See - Bremerhaven

23.08. bis 25.08.18 NORWEGIAN JADE 2-tägige Reise **ab 399** € p.P.
Kurzreise Hamburg - Auf See - Southampton (England)

24.08. bis 06.09.18 EUROPA 2 9-tägige Reise **ab 5.590** € p.P.
Best of Britain Hamburg - Auf See - Portsmouth (England) - St. Peter Port/Guernsey (Kanalinseln) - Fowey (England) - Scilly-Inseln (Großbritannien) - Cork (Irland) - Liverpool (England) - Dublin (Irland)

25.08. bis 29.08.18 EUROPA 4-tägige Reise **ab 2.170** € p.P.
Vorhang auf für einen nordischen Kurztrip
Hamburg - Tagespassage Nord-Ostsee-Kanal - Wismar - Kopenhagen (Dänemark) - Kiel

29.08. bis 15.09.18 AIDAluna 17-tägige Reise **ab 2.395** € p.P.
Von Hamburg nach New York Hamburg - Auf See - Bergen (Norwegen) - Kirkwall/Orkney-Inseln (Schottland) - Auf See - Reykjavik (Island) - Auf See - Prinz-Christian-Sund (Grönland) - Qaqortoq (Grönland) - Auf See - St. John's (Kanada) - Auf See - Halifax (Kanada) - Bar Harbor (USA) - Auf See - New York (USA)

29.08. bis 31.08.18 QUEEN MARY 2 3-tägige Reise **ab 540** € p.P.
Schnupperreise Hamburg - Auf See - Southampton (England)

29.08. bis 07.09.18 QUEEN MARY 2 10-tägige Reise **ab 2.340** € p.P.
Transatlantikfahrt Hamburg - Auf See - Southampton (England) - Sechs Tage auf See - New York (USA)

11.09. bis 26.09.18 EUROPA 15-tägige Reise **ab 7.600** € p.P.
Rendezvous mit Kunst und Genuss Hamburg - Auf See - Honfleur (Frankreich) - St. Malo (Frankreich) - Auf See - Gijon (Spanien) - Lissabon (Portugal) - Malaga (Spanien) - Valencia (Spanien) - Sète (Frankreich) - Toulon (Frankreich) - Nizza (Frankreich)

16.09. bis 26.09.18 MEIN SCHIFF 4 10-tägige Reise **ab 1.753** € p.P.
Hamburg bis Mallorca Hamburg - Auf See - Southampton (England) - Auf See - La Coruña (Spanien) - Auf See - Lissabon (Portugal) - Cádiz (Spanien) - Malaga (Spanien) - Auf See - Palma de Mallorca (Spanien)

19.09. bis 02.10.18 EUROPA 2 13-tägige Reise **ab 6.990** € p.P.
Absolut Atlantik Hamburg - Auf See - Amsterdam (Niederlande) - Auf See - Honfleur (Frankreich) - St. Malo (Frankreich) - Brest (Frankreich) - Le Palais/Belle-Ile (Frankreich) - Bordeaux (Frankreich) - Auf See - Lissabon (Portugal)

24.09. bis 06.10.18 MSC MERAVIGLIA 13-tägige Reise **ab 1.699** € p.P.
Rund um Westeuropa Hamburg - Auf See - Le Havre (Frankreich) - Southampton (England) - Auf See - La Coruña (Spanien) - Zwei Tage Lissabon (Portugal) - Gibraltar (Gibraltar) - Auf See - Valencia (Spanien) - Marseille (Frankreich) - Genua (Italien)

28.09. bis 16.10.18 ARTANIA 18-tägige Reise **ab 1.745** € p.P.
Ein Hoch auf die Azoren Hamburg - Auf See - Falmouth (England) - Cork (Irland) - Zwei Tage auf See - Praia da Vitória/Azoren (Portugal) - Horta/Azoren (Portugal) - Ponta Delgada/Azoren (Portugal) - Auf See - Porto Santo/Madeira (Portugal) - Funchal/Madeira (Portugal) - Auf See - Gibraltar (Großbritannien) - Málaga (Spanien) - Cartagena (Spanien) - Mahón/Menorca (Spanien) - Ajaccio/Korsika (Frankreich) - Genua (Italien)

29.09. bis 10.10.18 HANSEATIC 11-tägige Reise **ab 3.960** € p.P.
Rund um Westeuropa Hamburg - Auf See - Oostende (Belgien) - Porthmouth (England) - Honfleur (Frankreich) - St.-Malo (Frankreich) - Auf See - Aviles (Spanien) - Celeiro (Spanien) - Marin (Spanien) - Viana do Castelo (Portugal) - Lissabon (Portugal)

13.10. bis 23.10.18 AIDAsol 10-tägige Reise **ab 1.345** € p.P.
Nach Mallorca Hamburg - Auf See - Southampton (England) - Auf See - Ferrol (Spanien) - Auf See - Lissabon (Portugal) - Cádiz (Spanien) - Auf See - Barcelona (Spanien) - Palma de Mallorca (Spanien)

19.10. bis 23.12.18 AMADEA 65-tägige Reise **ab 9.999** € p.P.
Afrika-Umrundung mit Inselträumen Hamburg - Auf See - Leixões (Portugal) - Auf See - Funchal/Madeira (Portugal) - Santa Cruz/La Palma (Spanien) - Auf See - Porto Novo/Santo Antao (Kapverdische Inseln) - Mindelo/São Vicente (Kapverdische Inseln) - Praia/Santiago (Kapverdische Inseln) - Auf See - Georgetown/Ascension (Großbritannien) - Auf See - Jamestown/St. Helena (Großbritannien) - Auf See - Walfischbai (Namibia) - Lüderitz (Namibia) - Auf See - Kapstadt (Südafrika) - Mossel Bay (Südafrika) - Port Elizabeth (Südafrika) - East London (Südafrika) - Durban (Südafrika) - Richard's Bay (Südafrika) - Maputo (Mosambik) - Auf See - Tolagnaro (Madagaskar) - Auf See - Le Port/La Réunion (Frankreich) - Port Louis (Mauritius) - Le Port/La Réunion (Frankreich) - Antsiranana (Madagaskar) - Auf See - Port Victoria/Mahé (Seychellen) - Praslin (Seychellen) - La Digue (Seychellen) - Auf See - Salalah (Oman) - Auf See - Aqaba (Jordanien) - Eilat (Israel) - Sharm-el-Sheikh/Sinai (Ägypten) - Durchfahrt Suez-Kanal - Port Said (Ägypten) - Auf See - Nizza (Frankreich)

03.11. bis 05.11.18 QUEEN MARY 2 3-tägige Reise **ab 540** € p.P.
Schnupperreise Hamburg - Auf See - Southampton (England)

03.11. bis 12.11.18 QUEEN MARY 2 10-tägige Reise **ab 2.140** € p.P.
Transatlantikfahrt Hamburg - Auf See - Southampton (England) - Sechs Tage auf See - New York (USA)

04.11. bis 22.11.18 AIDAperla 18-tägige Reise **ab 1.455** € p.P.
Von Hamburg nach Barbados Hamburg - Auf See - Southampton (England) - Auf See - Ferrol (Spanien) - Auf See - Lissabon (Portugal) - Auf See - Santa Cruz/Teneriffa (Spanien) - Sechs Tage auf See - Philipsburg/St. Maarten (Niederlande) - Fort De France/Martinique (Frankreich) - St. Georges (Grenada) - Bridgetown (Barbados)

24.11. bis 07.12.18 AIDAmar 13-tägige Reise **ab 1.455** € p.P.
Von Hamburg nach Mallorca Hamburg - Auf See - Rotterdam (Niederlande) - Dover (England) - Le Havre (Frankreich) - Auf See - Ferrol (Spanien) - Auf See - Zwei Tage Lissabon (Portugal) - Cadiz (Spanien) - Auf See - Barcelona (Spanien) - Palma de Mallorca (Spanien)

02.12. bis 12.12.18 AIDAnova 10-tägige Reise **ab 1.220** € p.P.
Von Hamburg nach Teneriffa Hamburg - Auf See - Southampton (England) - Auf See - La Coruña (Spanien) - Auf See - Lissabon (Portugal) - Auf See - Zwei Tage Funchal/Madeira (Portugal) - Santa Cruz/Teneriffa (Spanien)

19.12. bis 14.05.19 ALBATROS 146-tägige Reise **ab 11.999** € p.P.
Die Weltreise der besonderen Art Hamburg - Auf See - Funchal/Madeira (Portugal) - Sechs Tage auf See - Îles des Saintes (Guadeloupe) - Fort-de-France (Martinique) - Castries (St. Lucia) - Kralendijk/Bonaire (Niederländische Antillen) - Oranjestad/Aruba (Niederländische Antillen) - Cartagena (Kolumbien) - San Blas Inseln (Panama) - Durchfahrt Panama-Kanal - Manta (Ecuador) - Guayaquil (Ecuador) - Auf See - Salaverry/Trujillo (Peru) - Callao/Lima (Peru) - Hangaroa/Osterinsel (Chile) - Auf See - Adamstown/Pitcairn (Großbritannien) - Kreuzen im Tuamotu-Atoll - Fakarava/Tuamotu-Archipel (Französisch Polynesien) - Papeete/Tahiti (Französisch Polynesien) - Moorea (Französisch Polynesien) - Huahine (Französisch Polynesien) - Bora Bora (Französisch Polynesien) - Aitutaki-Atoll (Cook Inseln) - Avarua/Rarotonga (Cook Inseln) - Auf See - Vulkan-Island/White Island (Neuseeland) - Mount Maunganui/Tauranga (Neuseeland) - Auckland (Neuseeland) - Bay of Islands/Russell (Neuseeland) - Auf See - Sydney (Australien) - Auf See - Brisbane (Australien) - Fraser Island (Australien) - Gladstone (Australien) - Kreuzen am Great Barrier Reef - Cairns (Australien) - Auf See - Alotau (Papua-Neuguinea) - Auf See - Madang (Papua-Neuguinea) - Wewak (Papua-Neuguinea) - Auf See - Koror/Karolinen (Palau) - Auf See - White Beach/Boracay (Philippinen) - Manila (Philippinen) - Auf See - Kaohsiung (Taiwan) - Keelung/Taipeh (Taiwan) - Ishigaki/Saki (Japan) - Naha/Okinawa (Japan) - Auf See - Kochi/Shikoku (Japan) - Osaka/Honshu (Japan) - Nagoya/Honshu (Japan) - Yokohama/Tokio (Japan) - Auf See - Wladiwostok (Russland) - Auf See - Busan (Südkorea) - Jeju Insel (Südkorea) - Schanghai (China) - Auf See - Hongkong (China) - Auf See - Halong Bucht (Vietnam) - Auf See - Nha Trang (Vietnam) - Auf See - Tioman Insel (Malaysia) - Singapur (Singapur) - Auf See - Insel Langkawi (Malaysia) - Sabang (Indonesien) - Auf See - Colombo (Sri Lanka) - Kochi (Indien) - New Mangalore (Indien) - Mormugao/Goa (Indien) - Auf See - Muscat (Oman) - Auf See - Dubai (Vereinigte Arabische Emirate) - Abu Dhabi (Vereinigte Arabische Emirate) - Sir Bani Yas Island (Vereinigte Arabische Emirate) - Khalifa Bin Salman/Manama (Bahrain) - Straße von Hormuz - Muscat (Oman) - Auf See - Salalah (Oman) - Auf See - Hurghada (Ägypten) - Eilat (Israel) - Aqaba (Jordanien) - Sharm-el-Sheikh/Sinai (Ägypten) - Durchfahrt Suez-Kanal - Port Said (Ägypten) - Auf See - Valletta (Malta) - Auf See - Genua (Italien)

**HIGHLIGHT: vom 8. Januar bis 30. April 2019 mit „Queen Victoria"
ab/an Hamburg auf WELTREISE • 111 Nächte ab 16.711 Euro p.P.**

ÄNDERUNGEN VORBEHALTEN // ANGABEN OHNE GEWÄHR

2018
HAMBURGER HAFENGEBURTSTAG

Die Highlights

Hafenmeile
Do 10. Mai   10:00 – 22:00 Uhr
Fr 11. Mai   10:00 – 24:00 Uhr
Sa 12. Mai   10:00 – 24:00 Uhr
So 13. Mai   10:00 – 21:00 Uhr

Eröffnungsgottesdienst Hauptkirche St. Michaelis
Do 10. Mai   14:30 – 15:30 Uhr

Große Einlaufparade
Do 10. Mai   16:30 – 17:30 Uhr

Schlepperballett
Sa 12. Mai   18:00 – 19:00 Uhr

Traditionelles Feuerwerk vor Hafenpanorama
Sa 12. Mai   um 21:45 Uhr

Traditioneller Fischmarkt auf dem Fischmarktgelände
So 13. Mai   5:00 – 10:00 Uhr

Große Auslaufparade
So 13. Mai   18:00 – 19:00 Uhr

Praktisch und preisgünstig ist die Hamburg CARD
Sie bietet freie Fahrt in öffentlichen Verkehrsmitteln (Bus, Bahn, Hafenfähren) im Großbereich Hamburg. Bis zu 50 Prozent Rabatt bei rund 150 Angeboten, wie zum Beispiel Hafen-, Alster- und Stadtrundfahrten sowie Museen, bis zu 25 Prozent Rabatt bei Shopping-Partnern, im Parkhaus und auf Souvenirs. **Ab 9,90 Euro**

Der Hafen feiert Party

Für viele Schiffsbegeisterte ist es ein fester Termin im Kalender: Der Hamburger Hafengeburtstag. Zum 829sten Mal wird rund um die Landungsbrücken eine riesige Geburtstagsparty ausgerichtet. Vom 10. bis zum 13. Mai gibt es für die Gäste zahlreiche maritime Highlights zu erleben und zu bestaunen. Den klassischen Auftakt bildet die spektakuläre Einlaufparade am Donnerstagnachmittag. Das Rahmenprogramm bietet nicht nur musikalische und kulinarische Attraktionen auf der Hafenmeile, sondern auch das beliebte Schlepperballett sowie das faszinierende Feuerwerk, dass AIDA Cruises auch diesmal veranstaltet. Abschließender Höhepunkt ist die Auslaufparade am Sonntag

www.hamburg-tourism.de
www.hafengeburtstag.de

www.cruise-liner-in-hamburg.de   Das nächste Jahrbuch erscheint im Februar 2019

IMPRESSUM

Jahrbuch 2018: Cruise Liner in Hamburg

Herausgeber: Werner Wassmann

Redaktion: Ricarda Gerhardt, Behrend Oldenburg, Achim Schneider, Hans-Jürgen Simmersbach

Schiffsporträts: Ricarda Gerhardt, Jörg Mucke

Gestaltung und Realisation: Gisela und Werner Wassmann

Schlussredaktion: Achim Schneider

Anschrift der Redaktion:
EUROCARIBE Druck und Verlag GmbH
Schnackenburgallee 158, 22525 Hamburg
Telefon 040-432 26 26
E-Mail cruiseliner@hamburg.de

Fotovermerke: Titel: Torsten Wendt, Hapag-Lloyd Cruises, Hapag-Lloyd AG Hamburg, Werner Wassmann; Seite 3: Bertold Fabricius; Seite 5: EMS PreCab, Hapag-Lloyd AG Hamburg, Werner Wassmann; Seite 6: EBC Hochschule; Seite 7: TUI Cruises; Seite 8: Torsten Wendt; Seite 10–15: Torsten Wendt; Seite 16–17: Werner Wassmann, Torsten Wendt; Seite 18–19: Werner Wassmann, AIDA Cruises, Philip Plisson/Ponant, MSC Kreuzfahrten, NYK Cruises, Ponant, P&O Cruises, Princess Cruises, Royal Caribbean Line, Seabourn Cruise Line, TUI Cruises, Viking Cruises; Seite 20–21: Torsten Wendt; Seite 22–23: Torsten Wendt; Seite 24–28: Hapag-Lloyd Cruises; Seite 30–32: Norwegian Cruise Line; Seite 34–40: Werner Wassmann; Seite 42–43: BMW/Bosch/Vattenfall, Torsten Wendt; Seite 44–46: Stefanie Leinfelder; Seite 48–49: Cunard Line, Fotolia, Zughansa; Seite 50: Hotel Louis C. Jacob, Werner Wassmann; Seite 53–56: Torsten Wendt; Seite 57: Fotolia; Seite 58–61: Werner Wassmann; Seite 62–63: Werner Wassmann; Seite 64–67: Werner Wassmann; Seite 68–69: Werner Wassmann; Seite 70–71: AIDA Cruises, Werner Wassmann, Werner Wassmann; Seite 72–73: AIDA Cruises; Seite 74–77: Werner Wassmann; Seite 78–79: Torsten Wendt; Seite 80–85: Werner Wassmann; Seite 86–87: Torsten Wendt; Seite 88–89: Werner Wassmann; Seite 90–91: Torsten Wendt; Seite 92–93: Werner Wassmann; Seite 94–95: Cruise & Maritime Voyages; Seite 96–97: NYK Cruises; Seite 98–99: P&O Cruises, Werner Wassmann; Seite 100–101: P&O Cruises; Seite 102–103: Fred. Olsen Cruises Lines, Werner Wassmann; Seite 104–105: Fred. Olsen Cruises Lines, Werner Wassmann; Seite 106–107: Fred. Olsen Cruises Lines, Werner Wassmann; Seite 108–109: Cruise & Maritime Voyages; Seite 110–111: Werner Wassman, Torsten Wendt; Seite 112–113: Torsten Wendt; Seite 114–115: Werner Wassmann; Seite 116–117: Werner Wassmann; Seite 118–119: Hapag-Lloyd Cruises; Seite 120–121: Torsten Wendt; Seite 122–123: Werner Wassmann; Seite 124–125: Torsten Wendt; Seite 126–127: Werner Wassmann; Seite 128–129: Hapag-Lloyd Cruises; Seite 130–131: Nathalie Michel/Ponant, Francois Lefebvre/Ponant; Seite 132–133: TUI Cruises; Seite 134–137: Werner Wassmann, Torsten Wendt; Seite 138–139: Werner Wassmann, Torsten Wendt; Seite 140–141: MSC Kreuzfahrten; Seite 142–143: Royal Caribbean Line; Seite 144–147: Norwegian Cruise Line, Werner Wassmann; Seite 148–149: P&O Cruises; Seite 150–151: Werner Wassmann; Seite 152–153: Princess Cruises; Seite 154–155: Werner Wassmann; Seite 156–157: Torsten Wendt, Werner Wassmann; Seite 158–161: Werner Wassmann; Seite 162–163: Werner Wassmann, Cunard Line; Seite 164–165: Princess Cruises; Seite 166–169: Saga Cruises; Seite 170–171: Seabourn Cruise Line; Seite 172–173: Werner Wassmann; Seite 174–175: Werner Wassmann, Silversea Cruises; Seite 176–179: Viking Cruises; Seite 180–181: Werner Wassmann; Seite 182–186: Hapag-Lloyd AG Hamburg; Seite 188–192: Werner Wassmann; Seite 194–195: Werner Wassmann, AIDA Cruises; Seite 197–199: Werner Wassmann; Seite 200–203: Peter Grimm, Nina Markgraf, Wehmann's Bistro, Werner Wassmann, Gisela Wassmann; Seite 204: Peter Kaufner/Cinedesign, Christina Kuntze; Seite 206: Watten Fährlinien, Stefan Stengel; Seite 208: NYK Cruises, Peter Neumann/Fairplay, Werner Wassmann, Torsten Wendt; Seite: 226: Werner Wassmann

Verlag: EUROCARIBE Druck und Verlag GmbH
Rüdiger Kern, Schnackenburgallee 158, 22525 Hamburg
Telefon 040-432 26 26, Fax 040-439 72 64
E-Mail verlag@eurodruck.org, www.eurodruck.org
Anzeigen: Gisela Wassmann, Telefon 040-889 13 902
Kontakt und Datenanlieferung: cruiseliner@hamburg.de

Druck und Verarbeitung: eurodruck, Hamburg

Vertriebsberatung: Lenz Consulting & Services
Telefon 040-890 18 066, Mobil 0151-240 34 373
E-Mail lenz-consulting-services@t-online.de

ISBN 978-3-9816738-6-9   © 2018 – 12. Jahrgang

Verantwortlich im Sinne des Presserechts: Werner Wassmann